STORY 안중근

영웅인가! 테러리스트인가?

韓·日 知性이 서로 만나게 되는

STORY 안중근

여순순국선열기념재단 편저

청파랑

　　우리 겨레의 영원한 스승이신, 안중근 의사 의거일이 111돌을 넘어서고 있습니다. 오늘의 우리들이 안 의사를 이처럼 온 겨레의 표상으로, 위인(偉人)으로, 스승으로 받들고, 그 장쾌(壯快)한 의거를 거듭거듭 기리는 까닭은, 그분이 결정적인 시기에 결정적인 행동으로 결정적으로 나라의 원수를 처단해 주었다는, 그 고마움과 통쾌함 때문만이 아닙니다.

　　또한 그분의 뜨겁게 불타는 애국심만을 기려서도 아닙니다. 애국심으로만 말한다면, 당시 이토 히로부미(伊藤博文)도 제 나라 제 민족의 입장에서는 분명 애국이었을 것이기 때문입니다. 또 요즘도 지구촌 곳곳에서 횡행 빈발하고 있는 각종 테러도 각기 제 나름의 애국·애족이라는 명분이 있을 것이 분명하니, 그 상대적 관점에서 볼 때 그들의 애국심과 무엇이 다르다 하겠습니까?

　　21세기 대명천지가 되었다는 현재도, 애국이라는 명분만으로, 불특정 다수를 향해, 그것도 무고한 민간인까지 마구 무차별 살상하는 행위들이 지구 곳곳에서 빈발하고 있지 않습니까? 하지만 안 의사는, 분명 이런 류의 애국이나 애족과는 날을 같이 하여 논할 수 없는, 또 함께 논해서도 안 되는 높은 사상과 깊은 철학이 있었습니다. 그분에게는 감히 흉내 낼 수 없는 숭고한 도덕성이 내재해 있었습니다.

또한 안 의사는, 이미 110여 년 전에 인간의 감정적 차원을 초탈(超脫)했을 뿐 아니라, 장차 인류가 나아가야 할 새로운 역사의 지평까지 제시했습니다. 순국 당시, 불과 32세 청년이었지만, 그때 벌써 당신의 조국(祖國)만이 아니라 동양평화, 세계평화, 그리고 전체 인류복지까지 달관한 위대한 사상가요, 철인(哲人)이요, 성자(聖者)였습니다.

본래 안 의사는 고향에서 일찍부터 민족교육과 국민계몽운동에 헌신하던 온건개혁주의자였습니다. 그러나 결정적으로 나라가 위기를 당하자 신속히 의병창의(義兵倡義, 국난에 의병을 일으킴)로 방향을 급선회했으니, 이 또한 고루하지 않은 대인의 큰 도량, 바로 그것이었습니다. 거사 후 옥중에서 쓴 '동양평화론'이 또한 그러하고, 삼엄한 공판정에서 당당하고 떳떳하게 개진한 정론 앞에 적의 재판관들까지 놀라고 당혹케 했던 사실이 그러합니다. 담당 간수는 물론, 당시 여순 감옥의 높고 낮은 일본인 관헌들이 안 의사의 그 고매한 인품과 절도있는 언행에 매료·감화되어, 안 의사의 휘호 하나 받는 것을 더없는 영광으로 알았던 사실이 또한 그러하니, 이런 분을 어찌 한 나라 한 겨레만을 사랑한 애국지사라고만 할 수 있겠습니까?

따라서 이제 우리는, 지난 시대의 안 의사의 의거를 찬양하고 기리는 것만으로 소임을 다했다고 할 수 없습니다. 진정으로 우리가 해야 할 일은, 지난날에 안 의사가 무슨 일을 했느냐보다도, 무엇을 생각하셨는가를 헤아리는 일이라 하겠습니다. 그분의 위대한 사상과 철학이, 유사 이래 온 인류가 그렇게도 갈망해오던 평화 속에서 공생 공영해가는 최상의 보편적 가치와 이념으로 정립 승화되는 것입니다. 그래서 우리의 안 의사님을 온 세상 사람들이 다 함께 성자(聖者)로 받들어 모시게 되는 그날까지 우리의 모든 역량을 다 합쳐 나아가야 하겠습니다.

이것은 결코 우리가 남을 향해, 세계를 향해, 뻐기고 자랑하기 위함이 아닙니다. 물질적 풍요와 소유만 늘리면 마냥 행복할 줄만 알았던 오늘의 인류는, 지금 극심한 가치의 혼돈 속에 빠져 허덕이고 있습니다. 그 어떤 사상도, 그 어떤 이념도, 그 어떤 철학도 이것을 치유하지 못하고 있습니다. 이럴 때 안 의사의 위대한 사상과 철학과 역사의식이 새롭게 정립되어 제시된다면, 그것은 우리 겨레에게만이 아니라 진정 오늘의 인류에게 하늘이 주시는 따뜻한 구원의 손길이요, 희망의 등불이라 아니할 수 없습니다.

이런 의미에서 발간되는 이 책은, 안중근 의사의 애국심만을 선양(宣揚)하는 차원을 넘어섭니다. 저희 여순순국선열기념재단이 엄선해 지원하고 읽히도록 했던 한·일 양국의 대표적 논저 중 두 권의 책을 선정, 정리해서 서로 비교할 수 있도록 기획하였습니다. 편집 방향도 한·일 두 나라 지성의 목소리를 동등하게 담고자 노력하였습니다. 이를 통해 종래 한쪽에서 테러리스트 살인범 등으로 매도하던 독단적 평가에서도, 안 의사는 이미 벗어나고 있다는 것을 새삼 깨닫게 될 것입니다.

한국 지성은 '거사(擧事)와 순국(殉國)의 현장'을 있는 그대로 객관적 시각에서 서술하고, 일본 지성은 '이토 히로부미'로 대표되는 일본제국주의의 시대적 본질을 짚어나가며, 안 의사의 존재와 역할이 진실로 어떤 것이었는지를 밝히는 것이, 이 책의 핵심이 되고 있습니다. 일본 지성으로부터 "진정한 평화의 사도였다!"는 감탄이 새어 나오게 했던 안중근 의사. 이 사실이 한국은 물론 일본에서도 큰 역사적 교훈(敎訓)이 되기를 기대합니다.

안중근 의사를 기리기 위한 공익법인 여순순국선열기념재단의 창설과 운영에 큰 힘을 실어주신 문선명·한학자 총재 양위분께 감사드리며, 이 책이 나오기까지 물심양면으로 애쓰신 여순순국선열기념재단 박귀언 상임이사를 비롯하여 출판을 맡아준 이경현 대표 등 관계자 여러분들에게 격려의 뜻을 전합니다. 이 책을 통해 앞으로 더 많은 독자의 공감이 있기를 기대합니다.

2020년 10월
여순순국선열기념재단 이사장 홍 일 식

| 차 | 례 |

1부 거사와 순국의 현장

2부 죽은 자의 죄를 묻는다

부록

왜 안중근인가

박귀언

여순순국선열기념재단 상임이사

나는 늘 대한국인(大韓國人) 안중근을 생각한다. 그는 시대정신을 누구보다 바로 보고 판단하여 실천했던 선각자요, 우리 민족과 인류의 사표이기 때문이다. 그는 확정된 죽음을 일자(日字)로 헤아리는 순간에도 흔들림 없는 거인의 모습을 보여준 영웅이다. 그가 죽음을 한 달여 남겨 놓고 있던 여순(旅順)감옥에서, 그를 죽음으로 몰고 온 일본인 고위인사들의 청탁으로 200여 폭의 주옥같은 유묵을 남겼다.

그가 남긴 유묵은 모두가 받는 사람의 상황에 맞는 시의적절한 문장들로 귀감이 되기에 충분한 것들이지만, 나는 유독 '見利思義 見危授命(견리사의 견위수명)'을 그의 대표적 유묵으로 삼고 싶다. 왜냐하면 그가 쓰고 실천한 언행일치의 모범이고, 실제 목숨으로 보여준 산교육 자료이기 때문이다. '이익 앞에서 옳은 것인지 생각하고 위험에 닥친 상황에서는 목숨을 바쳐 대처하라'는 명귀는 논어 '헌문(憲問)'편 13장을 인용한 것으로, 이를 몸소 실천하신 순국자이기 때문이다.

그는 풍전등화의 국권상실기를 살았던 인물이다. 당시의 시대정신은 국권수호라 할 수 있었다. 이를 위해 동분서주하며 목숨을 바쳐 실천하는 모범으로 영원히 민족의 산 스승이 되었다. 그는 혜안으로 시대정신을 읽었고, 바른 판단으로 실천운동을 전개했으며, 그 완성을 위해 목숨을 바친 분이다. 비단 이 유묵의 명귀를 말하지 않더라도 그의 사표(師表)

됨은 많지만, 아직도 여러 측면에서 그를 진실로 알려고 하는 노력이 부족한 점은 늘 안타깝게 생각한다. 그러던 차에 이번에 생각해오던 부분을 공유할 수 있도록 정리해 보태자는 마음으로 글을 쓰게 된다.

나는 안중근 의사께서 순국하신 중국 여순지역의 관련 유물유적 발굴보존을 진행해 왔다. 또 옥중생활과 재판과정 등에서 안 의사께서 대처하신 내용을 추적해, 그의 정신과 얼을 이어받도록 선양활동을 하는 공익법인 '여순순국선열기념재단(旅順殉國先烈紀念財團)'에서 30여 년간 활동하고 있다. 안 의사의 전 생애는 우리의 귀감이 되기에 충분하다. 그중에 나의

▶ 유묵자료 '見利思義 見危授命(견리사의 견위수명)'

활동과 연관되어 늘 주목했던 하얼빈의거부터 순국까지의 기간에 더욱 관심을 갖게 되었다. 그래서 나는 안 의사의 또 다른 면을 깊이 알도록 안내하는 옥중투쟁과 법정투쟁을 통한 교훈을 주로 정리해 보고자 한다.

옥중에서 안 의사는 염원인 조국의 완전한 독립이 동양평화의 전제 없이는 보장되기 어렵다는 생각을 피력했다. 늘 구상하던 동양평화에 대한 견해를 정리한 유고집 '동양평화론'의 서언에, 동양평화를 위한 의로운 전쟁이 하얼빈에서 이토를 격살하므로 시작되었고, 그 담판석을 여순에 두었다고 적고 자신의 견해를 정리한다. 이를 통해보면 안 의사의 전투는 이토를 사살하는 것이 최종목표라기보다, 또 다른 진짜 의도가 있었다는 점을 유추하게 한다. 나는 이러한 관점으로 안 의사 쾌거를 세가지로 나누어 정리하고, 이를 3대(大)승리로 명명하고자 한다.

첫째는 말할 나위도 없이 하얼빈 전투의 승리로, 이토의 격살이다.

둘째는 법정투쟁의 승리다. 세계의 이목이 집중된 가운데 진행된 일본제국주의 재판부와의 논쟁이다. 이를 통해 한국민의 바라는 바와 고종황제가 헤이그밀사를 통해 이루고자 했던 뜻을 웅변으로 설파했다. 이는 영국, 프랑스, 독일, 러시아, 중국, 일본 등 각국 언론에 보도됨으로써 헤이그 만국평화회의의 미완성 외교를 성공시키는 쾌거였다.

셋째는 옥중투쟁의 승리다. 일본제국주의 상징인 이토를 사살하여 증오의 대상으로 감시받던 안 의사. 생활을 통해 주변일본인들에게 친구로 변했으며, 종국에 그를 추모하고 숭배하는 대상이 되었던 점은 완전한 인간승리라고 평하고 싶다.

이와 같은 3대 승리 중 하얼빈 전투는 영화로도 나왔고 많은 연구와 홍보를 통해 익히 알고 있기에 생략하기로 하고, 나머지를 좀 더 정리하면서 같이 공감해 나가고자 한다.

우선 법정투쟁의 승리이다.

안중근의 법정투쟁 또한 여러 각도로 접근할 수 있지만 나는 우선 당시 상황과 연관지어 생각해보려고 한다. 일본은 러일전쟁의 승리로 중국과 한국에서의 우월적 위치를 확보하고, 1905년 을사늑약을 체결하여 대한제국의 외교권을 찬탈한다. 한국에 통감부를 설치한 일본은 갖은 악행과 이권을 갈취하는 등 식민정책을 시행했다. 그러면서도 대외적으로는 한국민이 원하여 통감부를 설치했고, 한국의 발전과 번영을 도와 큰 성과를 내고 있어 한국민 모두가 일본에 감사하고 있다는 등으로 선전하였다.

을사늑약으로 외교권이 박탈된 상황에서, 고종황제 등은 일본의 만행과 한국의 자주독립의지를 밝히고 일본을 몰아낼 궁리를 했다. 그 와중에 러시아로부터 1907년 헤이그에서 만국평화회의를 개최한다는 소식을 접하게 된다. 고종황제는 절호의 기회라고 생각해 헤이그에 특사를 파견하여 일본의 죄상을 알리고 한국의 안타까움을 호소하여 세계여론을 업고 일본을 몰아낼 계획을 세운다.

고종은 이상설을 정사로 이위종과 이준을 부사로 밀사단을 조직하여 만국평화회의가 열리는 헤이그에 파견한다. 이들은 을사늑약의 무효와 대한제국의 안타까운 사정을 세계각국대표에게 알리고 일본 제국주의의 만행을 규탄하는 한편, 확고한 대한제국의 자주독립의지를 천명하는 등의 임무를 수행했다. 그러나 일본의 방해로 밀사의 활동은 제지되고 이준 열사는 헤이그에서 순국하게 된다.

1907년 7월15일 헤이그 만국평화회의가 막을 내리자 일본은 고종황제에게 밀사파견의 책임을 추궁하고 을사늑약을 위반한 점 등으로 압박, 7월18일에 강제로 퇴위시키고 어린 순종을 추대하여 꼭두각시로 삼는다. 그뿐 아니라 24일에는 정미7조약이라는 새로운 조약을 강요하여 모든 관리임면에 통감의 승인을 받도록 하고, 각 분야에 차관은 일본인을 두도록 하여 실권을 행사케 하는 등 실질적인 속국(屬國)화를 강화하게 된다. 더 나아가 7월말에는 대한제국의 군대를 강제해산하기에 이르는데, 이는 한국민의 정서를 한껏 자극하는 사건으로 이후 전국 각지에서 우후죽순으로 의병이 봉기하게 된다.

당시의 정서로 조금이라도 의식이 있는 국민이라면 누구나 고종황제의 억울한 사정을 안타깝게 생각했고, 헤이그 만국평화회의에 보낸 특사의 사명에 대해서도 잘 알고 있었다. 그 사명의 좌절에 대해서도 너무나 억울해 하는 상황이었는데, 그 사건을 빌미로 강압으로 황제를 폐위시키고 신조약에 이어 군대까지 해산시키니 전 국민적 울분으로 승화되었던 것이다.

이에 뜻있는 지성들은 누구든지 국권수호에 대한 의지를 불태우며 의병으로 뭉쳤고, 일시적으로 일본제국에 큰 타격을 준 것도 사실이다. 하지만 조직적으로 훈련된 일제의 군대 앞에 맘이 앞선 열혈 의병들은 아까운 목숨을 잃게 되었고 너무도 많은 의로운 죽음이 있었던 시기였다. 안중근 의사도 젊은 지성으로서 블라디보스토크에서 의병을 조직하여 함경도 지방으로 진격하여 일군에 타격을 주기도 했지만 결국 와해되고 다시 연해주로 돌아가게 된다.

1909년 2월에는 러시아 크라스키노(延秋) 근처 카리(下里)에서 12명의 동지들과 단지동맹을 결성하고 국권수호의지를 더욱 강화하는 결사대를 조직한다. 안 의사는 연해주에서 발행되는 〈대동공보〉에 기고도 하고 보급에 힘쓰며 언론활동을 했다. 또 실제 순회강연 등 구국운동을 위한 동포 계몽과 규합하는 일에 힘을 쏟던 중, 이토의 중국방문 소식을 접하고 하얼빈의거를 준비하여 완성한 것이었다.

이와 같이 헤이그밀사사건으로 빚어진 일련의 당시 시대상황 속에서 안중근 의사는 여순법정에서 재판형식을 통해 이토 죄상 15개조를 정리하여 조목조목 웅변했다. 일제의 죄악과 한국민의 안타까운 사정이 드러나고 을사늑약의 부당성 등이 폭로되는 웅변이 이어지니 재판부는 이를 제지하고 안 의사는 계속하는 갈등이 이어졌다. 급기야 정회가 선언되고 비공개 재판으로 이어지는 등 일제의 재판부는 수세에 몰리고 안 의사의 공판은 점점 더 언론과 참석자들의 관심을 고조시켰던 것이다.

세계 이목이 집중된 가운데 이루어진 안 의사의 재판은 결국 일제의 무리한 진행으로 1910년 2월14일 제6차 공판의 사형언도를 끝으로 대미를 장식했다. 이를 지켜본 각국 언론은 안 의사의 재판과 근황 등을 시시각각으로 보도하여 뜨거운 관심을 보였으며, 최종 승리는 안 의사에게 돌아갔다고 평가했다.

대영제국 〈더그래픽(The Graphic)〉지의 찰스 머리모 특파원은 4면을 할애하여 안 의사 특집기사를 실었다. 재판광경 스케치부터 논평까지 실으면서, "세기적인 재판의 승리자는 청년 안중근이다. 그는 승리의 월계관을 쓰고 당당히 법정을 나섰으며 일제의 상징적 인물 이토 히로부미는 그의 입을 통해 한낱 파렴치한 독재자로 전락하고 말았다"고 하였다. 이로써 안중근 의사는 헤이그밀사 파견의 목적을 완수하는 승리를 거두고, 그 여파로 퇴위당한 고종황제의 한을 해원했으며, 온 국민이 억울해하며 이루고자 했던 숙원을 완성시킨 쾌거를 이루었다.

우리의 뇌리에서 쉽게 떠올리기 어려운 안중근 의사의 재판과정과 내용·결과가, 이렇듯 제2의 안 의사 쾌거이다. 그러나 이 점을 인식하고 기억해주는 우리 국민이 얼마나 될까를 생각하면 안 의사께 죄송함마저 드는 상황이다.

필자는 이러한 안 의사의 제2 쾌거현장인 관동도독부 여순(旅順)법정이 사라질 위기에 처했을 때 중국정부와 협상하여 보존토록 하고, 여순순국선열기념재단의 중국 현지법인 '대련평화여유관광유한공사'를 통해 법원건물 사용권을 확보했다.

또 100여 년이 지나 폐허에 가까운 건물을 한국의 김영중 교수 등 건축학자와 윤병석 교수 등 역사학자들로 자문위원단을 구성하여 고증하고 원형을 회복하여, 안중근 의사의 얼과 정신을 계승하고 선양하는 현장으로 '여순일본관동법원구지(旅順日本關東法院舊址)' 전시관을 운영하고 있다.

이제는 제3의 쾌거에 가름할 완전승리의 현장 여순감옥으로 가볼 차례다. 안중근 의사는 1909년 10월26일 이토 히로부미를 사살하고 동년 11월3일부터 1910년 3월26일 순국하기까지 중국 여순감옥에서 옥고를 치렀다. 나는 이 기간을 안 의사의 옥중투쟁으로 보고 어떻게 완전한 인간승리를 이루는지를 독자와 함께 공감하고자 한다.

안 의사는 이토를 사살하고 당시 하얼빈을 점유하고 있던 재정러시아 헌병에게 현장에서 체포됐다. 러시아 헌병초소에서 간단한 조사를 마치자 바로 주 하얼빈 일본영사관으로 넘겨졌다. 이 또한 국제관례에 어긋나는 처사이며 안 의사의 재판관할권 관련 유감스런 일로, 너무나 엄청난 사건을 당한 러시아가 지레 겁을 먹고 관련자를 일본 측에 바로 넘겨준 것이다.

안 의사를 넘겨받은 일본은 하얼빈주재 일본영사관에서 기본적인 사건개요를 파악한 다음, 안 의사를 일본제국주의 법정이 있는 여순감옥으로 이송했다. 이로써 시작된 옥중생활은 초기에는 삼엄하기 그지없는 상황이었다. 중국 여순주재 관동군은 일본군대 중에서도 가장 투철한 군인정신의 소유자들로, 일본제국주의 열차의 기관이라 할 이토가 사살당한 일로 침통해 있었다. 그러던 차에 그 사건의 주모자가 나타나자 저주와 증오를 퍼부었고, 다투어 그를 감시하고 괴롭히려고 자청하였다.

그런데 감옥과 여순지역에서 안중근을 감시하고 단죄해야 할 일본인들이, 숭상하던 일본영웅 이토를 사살한 조선의 범죄자를 오히려 존경하고 감싸는 어이없는 일이 벌어졌다. 당시 일본은 물론 세계의 언론들도 안중근을 테러리스트라고 하였고, 일본 지배층들도 대한제국을 병탄(倂呑)한 이토를 사살한 한국의군 참모중장 안중근을 테러리스트로 여기고 있었다. 그런데 여순감옥에서 안 의사를 직접 접한 일본인들은 대다

안중근 의사가 법정투쟁을 통해 전세계에 조국의 실상을 알렸던 '여순일본관동법원구지'

수가 안 의사를 존경하게 되었다.

　담당 간수(看守) 치바 토시치(千葉十七), 여순감옥소장 구리하라 사다기치(栗原貞吉), 검찰관 야스오카 세이시로(安岡靜四郎), 안중근을 직접 취조한 미조부치 타카오(溝淵孝雄), 감옥의 교회사(敎誨師) 치다 카이준(津田海純)스님, 통역관 소노키 스에요시(園木末嬉) 등 거의 대부분 일제 관헌들이 안중근에게 호의적이었다.

　이들은 안중근을 단죄해야 하는 위치에 있었던 일본인들이었으나 거꾸로 안중근을 동정하고 흠모하게 되었다. 감옥내의 일본인들은 안 의사를 위해 무엇인가 해주고 싶어 오히려 안달이었다. 이들은 안 의사 구명활동까지 벌였다. 예정된 안중근의 죽음을 안타깝게 여겼던 이들은 또한 조선을 핍박하는 일제에 혐오감을 느끼게 되었다. 일부는 관직까지 버리고 귀향해 안중근의 명복을 빌며 여생을 보냈다.

앞장서 안 의사의 죄를 단죄해야할 여순감옥의 구리하라 사다기치(栗原貞吉) 소장은 자신의 본분을 망각한 채 거꾸로 안중근 구명운동에 앞장섰다. 소장은 재판장이었던 마나베(眞鍋)와 고등법원장이었던 히라이시(平石) 등 상부에 안중근의 선처를 탄원했다. 그는 안 의사가 '동양평화론'을 완성할 때까지 만이라도 사형집행을 연기해달라고 상급기관에 요청했다. 그러나 일제 수뇌부는 이미 안중근을 사형시키기로 정해놓고 있었던 사실이 일본외상 고무라 주타로(小村壽太郎)의 지령으로 확인되고 있다.

당시 일본 내에서는 사상범에게는 관대한 분위기가 있었다. 결국 교도소장은 자신이 할 수 있는 한 최대한의 정성을 안 의사에게 쏟았다. 소장은 안 의사에게 담배를 넣어주었고 식사도 특식으로 제공했다. 소장은 안 의사를 위해 자신의 부인에게 한복을 짓게 했다. 안중근 처형으로 죄책감에 시달리던 소장은, 안 의사 사형이후 소장직을 사임하고 고향인 히로시마로 돌아간다. 이후 그는 일체의 공직을 맡지 않고 의학 관련 일에만 전념하다 1941년 사망했다.

검찰관이었던 야스오카 세이시로(安岡靜四郎)도 안중근을 기소하고 단죄해야하는 자신의 본분과 정반대의 행동을 보였다. 그 또한 안 의사의 인품과 덕성에 고개를 숙인 일본인이었다. 그도 '國家安危勞心焦思(국가안위 노심초사)'란 휘호를 받았다. 뛰어난 학식에 글 솜씨가 빼어났던 안중근은 문무를 겸비한 인격자였다. 안 의사는 옥중에서 무려 200여 점의 유묵(遺墨)을 남겼다고 《韓國痛史》(한국통사, 박은식 지음)에서는 밝히고 있으나, 현재까지 약 60여 점이 확인되어 관리되고 있으며 그중 26점이 국가보물로 지정되었다. 이들 대부분이 일인(日人)들의 요청에 의해 쓴 붓글씨 작품으로, 짧은 생을 조국의 독립과 평화를 위해 의(義)를 좇아 불꽃처럼 살았던 자신의 분신과도 같은 유묵들이었다.

유묵을 받아 간직한 이들 중에 안 의사를 기소했던 검찰관 야스오카 세이시로(安岡靜四郎)가 임종하기 전에 자신의 며느리에게 남겼다는 말 또한 가관이었다. 그는 "안중근은 깊은 교양의 소유자"라는 말을 토로했는데, 이 말을 들은 며느리는 "초대 총리대신을 죽인 암살자를 그렇게 평가해도 될까요?"라며 화들짝 놀랐다고 한다. 이 검찰관은 안 의사의 인품과 신앙심에 감화되어 카톨릭 신자가 되었다.

안중근을 아주 치밀하게 심문했던 미조부치 타카오(溝淵孝雄)도 인간적으로는 안중근을 지사로서 존경했으며, 담배나 음식 등을 최고급으로 대접했고 초기에 심문을 하고 나서는 안 의사를 '동양의 의사'라 하면서 사형받을 일은 없을 것이니 걱정말라는 말을 했다. 안 의사는 그에게 사회를 맡은 책임이 막중하다는 뜻의 '人類社會 代表重任(인류사회 대표중임)'이란 글귀를 써주었다. 안 의사는 자신에게 사형을 구형한 그를 훌륭한 재목으로 평가했던 것이다.

오늘날의 군종에 해당하는 교회사(敎誨師) 츠다 카이준(津田海純) 스님은 안 의사의 친필을 열심히 모아 다량의 유묵과 안 의사 사진들을 가지고 일본으로 돌아갔다. 감옥교회사 승려였던 그는 안 의사를 잘 돌봐주었으며, 많은 교류를 통해 안 의사의 인품에 감화되었고, 유품을 챙기는 일도 게을리 하지 않았다. 그의 유품이 현재는 귀한 자료가 되어 일본 교토의 류코쿠대학(龍谷大学) 등에서 관리 중으로 한·일 교류의 소재가 되고 있다.

그러나 누구보다도 안중근을 흠모하고 숭앙한 일본인은, 그를 감시하고 호위하며 적개심에 불탔던 철저한 일본제국주의 헌병 치바 토시치(千葉十七)였다. 그는 간수와 죄수라는 한계를 초월해 안중근과 각별한 우정을 나누게 되는데, 안중근의 인물됨을 가장 가까이서 지켜본 일본인이었다. 그는 이토 저격현장인 하얼빈에서부터 안중근을 호송했던 인물로 5개월 동안 안 의사의 간수 역할을 맡았다.

처음에 치바는 안중근을 권총으로 죽이려 했다. 일본의 영웅 이토를 살해한 안중근에게 치바가 적대감을 품은 것은 당연했다. 초대 조선통감을 역임한 이토는 명치시대의 대정치가로 초대 총리대신 등을 네 번이나 지내며 근대일본을 설계한 일본 최고의 영웅으로 추앙받던 인물이었다. 분노한 치바는 안 의사를 죽이겠다고 위협했다. 그러나 법정에서 신념을 굽히지 않는 안 의사의 당당한 자세와 일관된 논조 그리고 품위 있는 언행과 태도에 치바는 점차 마음을 바꿔나갔다.

결국 그는 안 의사가 이토를 저격한 것은 민족의 독립과 동양 평화를 위한 것이라는 안 의사의 입장에 공감하게 된다. 권총으로 안 의사를 위협하던 치바는 안 의사에게 머리를 숙였다. 죄수 안중근을 감시해야하는 간수가 오히려 안중근에게 동조하고 그를 흠모하게 된 것이다. 재판에 회부된 안중근은 정연한 논리로 '동양평화론'을 역설했다. 거사가 일

개인을 위한 것이 아니라 동양의 평화를 위한 것이라는 안 의사의 말에 치바는 감명을 받았다.

천주교를 통해 세상을 접했던 안 의사는 세계정세에 대해서도 탁월한 식견을 보였다. 동양평화론의 내용 또한 그런 배경에서 정리된 것이라는 분석도 있다. 예컨대 현대 일본의 양식있는 학자들 사이에 안중근 연구가 활발하게 진행되고 있는데, 마키노 에이지(牧野英二) 일본 호세이(法政)대 교수 같은 이는 안중근의 '동양평화론'이 칸트의 '영구평화론' 영향으로 정리되었다고 주장하기도 한다.

사형 선고를 받았음에도 불구하고 의연하게 수감생활에 임한 안 의사의 정갈한 모습은 눈이 부실 정도였다. 교양인의 정수를 보여준 안중근은 독실한 카톨릭 신자로서의 평온하고 의연한 모습을 보여 헌병 간수인 치바의 눈에 성자의 모습으로 비친 것이다.

안 의사의 인품에 매료된 치바는 "안중근 씨, 일본이 당신 나라의 독립을 위협하게 된 것은 정말 미안한 일이오. 일본인의 한사람으로서 깊이 사과드리는 바입니다"라고 개인적인 사과를 하며 또 "안중근 씨! 나는 일본 군인이기 때문에 간수로써 당신과 같은 훌륭한 분을 이렇게 대해야 하는 것이 매우 괴롭습니다" 치바는 의로운 일로 죽음을 당할 처지에 놓인 안중근에 대한 죄책감에 시달리게 된다. 안 의사를 존경하게 된 치바는 사형집행 바로 전날 한편의 글을 안 의사로부터 받게 된다.

안 의사의 사형집행일인 1910년 3월26일 날이 밝아왔다. 감방 밖에서는 봄을 재촉하는 궂은비가 내리고 있었다. 안 의사는 평소대로 몸가짐을 바로한 채 천주님께 기도를 올렸다. 이생에서의 마지막 아침밥을 먹었다. 식사 후 간수 치바가 찾아와 기웃거렸다. 사형집행 몇 시간 전 흰 명주 한복을 정갈하게 차려입은 안 의사는 치바를 그의 독방으로 불렀다. 치바의 괴로운 심정을 헤아린 안 의사는 말없이 일필휘지로 '爲國獻身軍人本分(위국헌신군인본분)'을 혼신을 다해 써내려갔다.

'나라를 위해 몸 바치는 것은 군인의 본분'이라는 글을 주면서 치바에게 당신의 간수 임무는 개인적인 것이 아니라 군인으로서의 임무인 것이니 본분에 충실한 것으로 조금도 미안해하지 마세요라는 뜻의 글귀였다. 안 의사를 감시해야 하는 자신의 임무에 괴로워하던 치바의 감격은 이루 말할 수 없었다. 글쓰기를 마친 안 의사는 서명 후 무명지가 잘린 손바닥으로 수결까지 했다.

"신품(神品)입니다."

지켜보던 치바의 입에서 나온 탄성이었다.

"그동안 고마웠소."

안 의사가 짧게 화답했다.

"가보로 간직하겠습니다!"

치바는 감격했다.

"동양에 평화가 찾아와 한일 우호가 살아날 때 다시 태어나 또 만나고 싶군요."

안 의사가 말했다.

안 의사는 31살, 치바는 25살이었다.

1910년 3월26일 여순감옥에는 무거운 공기가 흐르는 가운데 오전 10시 안중근은 형장의 이슬로 사라졌다. 안중근의 짧지만 강렬한 삶이 막을 내렸다. 교수형 집행현장에 참석한 사람은 일인 검찰관과 구리하라 소장이었다. 이들은 안 의사를 위해 아무것도 할 수가 없었다. 치바는 양심의 가책에 시달렸다. 그는 더 이상 참을 수가 없었다.

"일본인의 한 명으로 안중근 씨에게 사과하고 싶습니다. 죄송합니다!"

죽음을 맞이하는 안중근에게 치바는 마지막 말을 던졌다.

교도소장도 괴롭고 무거운 심정이었다. 그는 이날 집에 돌아와 부인에게 "아까운 사람을 죽였네!"라고 읊조렸다. 소장은 최고의 목재로 된 관을 지어 안 의사의 최후를 예우했다.

안중근의 죽음을 손수 배웅한 치바는 이후 군인의 길을 스스로 포기하고 안 의사의 사진과 유묵을 간직하고 고향으로 돌아가 철도역장이 되어 여생을 보낸다. 그는 집안에 안 의사 사진과 유묵을 걸어두고 매일 참배하며 연모의 정을 이어갔다. 치바는 고향집에서 1944년 사망할 때까지 안중근의 사진과 유묵 족자를 신주 모시듯 집안에 걸어두고 안 의사의 명복을 빌었다.

작고직전 치바는 안 의사의 유묵(휘호)을 가보로 삼고 그의 위패와 함께 모시도록 유언하여, 부인도 남편처럼 안 의사의 사진과 유묵 앞에서 조석으로 예를 드렸다. 후사가 없던 치바 부부는 양녀 미후라에 의해 미야기현(宮城縣) 다이린지(大林寺)에 모셔졌으며 안중근 의사의 사진과 유묵도 함께 모셔졌다.

치바의 정성을 지켜본 마을 사람들도 그의 뜻을 알게 되었고 정신을 이어받아 사담회(史談會)를 조직하고 한일역사문화교류의 틀을 만들어

활동하고 있다. 지역주민 대다수가 참여하는 사담회원들은 매년 3월26일 안중근 의사 순국일에 남산기념관을 방문하고 추모행사에 참여하는 등 적극적인 활동을 펼치고 있다. 100여 년이 지난 현재에도 일본 미야기현 다이린지 사찰에서는 안 의사의 영정과 위패를 모시고 있으며 앞마당에 치바가 간직했던 유묵 '爲國獻身軍人本分' 대형 석비가 세워져 있다. 다이린지 사찰에서는 매년 안 의사 탄신일인 9월2일을 기준으로 9월 첫째 주일에 추도식을 개최하는데, 양국에서 수백 명의 추도 인파가 참석하여 한일문화교류의 장으로 활용되고 있다.

안중근은 죽어서 신(神)이 된 것이다.

1909년 10월26일 중국 하얼빈역사의 플랫폼에서 안중근 의사가 이토를 사살할 당시 현장에서 안 의사의 총탄을 맞아 부상당했던 피해자 다나카 세이지로(田中淸次郎) 만철(滿鐵) 이사(이토의 프랑스어 통역수행원)는 다음의 회고담을 남겼다.

"나는 당시 현장에서 10여 분간 안중근을 볼 수 있었다. 그가 총을 쏘고 나서 의연히 서있는 모습을 보는 순간 나는 신(神)을 보는 느낌이었다. 그것도 음산한 신이 아니라 광명처럼 밝은 신(神)이었다. 그는 참으로 태연하고 늠름했다. 나는 그같이 훌륭한 인물을 일찍이 본 적이 없었다."

안중근에 대한 평가는 많았다. 대한민국 임시정부의 2대 대통령을 지낸 박은식(朴殷植) 선생은 '안중근'이란 자신의 전기에서 "일본인들도 그 의를 흠모하여 그의 글씨를 받고자 하는 자가 많았다"라며 그가 여순 감옥에서 남긴 유묵이 200여 폭에 이른다고 적고 있다. 그는 안중근 의사에 대한 당시의 많은 찬사들에 대해 미진한 바가 있다며 중근은 세계적 안광을 가지고 평화의 대표임을 자임한 사람이라고 극찬했다. 중화민국 초대 대통령 쑨원(孫文)은 안 의사 추모시에서 "살아 100년을 살 수는 없더라도 죽어서 1000년을 살 것이다"라고 하였다.

안중근!

나라의 주권이 풍전등화의 위기에 처한 시대를 맞아 죽어야 사는 시대를 살아야 했던 그는, 국권수호를 위한 시대정신을 외면하지 않고 자신에게 주어지는 상황들에 당당하게 맞서 순국하였다.

죽음으로 시대정신의 실천운동을 증명했던 안중근. 우리 민족에게 영원히 산자가 되어 사표(師表)가 되고 있다. 또 바른 판단과 행동의 길로 안내하는 화신이 되어 우리와 함께 할 것이다.

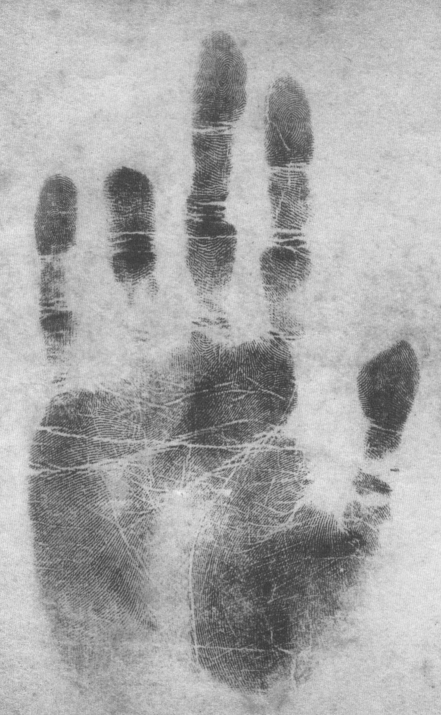

안중근 유묵에 찍힌 장인(掌印). 단지된 손가락형태가 선명하다.

1부

거사와 순국의 현장

나명순
—
(前)세계일보 편집부국장

하얼빈역의 총성

'조국의 국권을 유린한 원흉인 이토 히로부미(伊藤博文)를 응징, 나라 밖 침략에 여념이 없는 일본인들을 일깨우고 동양평화를 수호하자.'

대한국인(大韓國人) 안중근(安重根)은 자신의 조국과 민족을 향한 큰 뜻에 의기투합한 동지 우덕순을 대동하고 제정 러시아의 블라디보스토크역을 출발한다. 1909년 10월21일 오전9시30분발 하얼빈행 열차였다. 두 청년은 브라우닝식 8연발 권총을 가슴 깊숙이 품고 있었다.

국경도시 포브라니치나야에서 러시아어 통역에 필요한 유동하를 합류시킨 안중근 일행이 하얼빈역에 도착한 것은 이튿날인 22일 밤 9시경이었다. 유동하의 사돈인 김성백의 자택에서 이틀 밤을 유숙하며 정보를 수집한 안중근 일행은 '두세 군데에서 동시에 거사해야 성공가능성이 높다'고 판단하여 하얼빈 이외의 또 다른 거사장소를 찾아 나선다.

안중근 우덕순, 하얼빈에서 합류한 조도선이 24일 정오에 도착한 곳은 하얼빈 남서쪽 장춘(長春) 방면으로 2백리 남짓한 채가구(蔡家溝) 역.

하얼빈행과 장춘행 열차가 교행하는 자그마한 역이었다. 역 구내의 끽다점(喫茶店, 음료·식사·숙박을 겸함)에서 하룻밤을 지샌 안중근은 우덕순과 조도선을 채가구 거사조로 남겨두고 하얼빈으로 귀환한다.

이날 밤을 다시 김성백의 자택에서 보낸 안중근은 이튿날 아침 일찍 일어나 정거장으로 향한다. 오전 7시, 러시아병사들 외교사절단 일본거류민 등 환영객들로 역 구내가 몹시 혼잡했다. 역 구내 찻집에서 동정을 살피기 두어 시간. 오전 9시쯤 이토 일행이 탄 특별열차가 플랫폼에 멈춰 서는가 싶더니 군악대의 주악이 시작됐다. 러시아군 의장대가 일제히 경례하는 모습이 보였다. 안중근은 날쌘 동작으로 의장대의 뒤편으로 접근해갔다.

이토는 수행원들의 맨 앞에 서서 러시아의 대장대신 코코체프의 안내를 받으며 의장대 앞을 지나 도열해 있는 출영객들과 인사를 나눈 다음, 다시 의장대 쪽으로 되돌아오고 있었다.

안중근은 선두의, 흰 수염에 체구가 작은 늙은이를 향해 방아쇠를 당겼다.

"탕 탕 탕 탕"

"탕 탕 탕"

"코레아 우라! (대한 만세)"

안중근은 만세를 삼창하고 나서 러시아헌병에게 순순히 체포됐다. 9시30분경이었다.

이토는 세 발이 명중돼 열차로 옮겨져 30분 만에 숨을 거두었다. 하얼빈주재 일본총영사 가와카미(川上俊彬)는 오른팔과 폐부관통상, 수행비서관 모리(森泰二郎)는 왼팔관통상, 만주철도 이사 다나카 세이지로(田中淸次郎)는 왼발관통상이었다. 총알 하나는 나카무라(中村) 무로다(室田) 두 사람의 바지를 뚫고나가 플랫폼에서 발견됐다.

안중근은 역 구내의 러시아헌병 분파소에서 온몸 수색과 간단한 신문을 받았다. 저녁 8시쯤에는 러시아검찰관에 의해 일본영사관으로 인계돼 지하실에 감금됐다. 영사관 관리들의 두 차례 신문이 있은 다음 30일 미조부치 다카오(溝淵孝雄) 검찰관으로부터 첫 신문을 받은 안중근은 우덕순, 조도선, 유동하 등 거사연루혐의 동지 7명과 함께 호송열차 편으로 11월2일 하얼빈역을 출발, 3일 밤 여순(旅順)역에 도착하여 감옥에 수감된다.

안중근이 공식적으로 미조부치 검찰관의 신문을 받은 것은 10월30일부터 이듬해 1월26일까지 모두 열한차례. 간수 사무실 옆에 감방을 특설해 안중근을 수감해놓고도 비교적 호의적이고 정중하게 대해주던 감옥 관계자들과 검찰관의 태도가, 적어도 표면적으로는 강압적이고 무례하게 표변한 것은 1909년 12월20일의 여덟 번째 신문 때부터였다.

일본 호전파인 조슈(長洲)번 출신들에 비해 상대적으로 온건한 도사(土佐)번 출신답게 무기징역을 고려하고 있던 관동도독부 법원의 히라이시 법원장을 비롯하여 미조부치 검찰관, 미즈노 관선변호사 등에게 '극형에 처하라'는 본국정부의 밀령이 내려진 탓이었다.

안중근은 민선변호인 선임을 거부당한 채, 일본형법에 의해 일사천리로 재판을 받았다. 1910년 2월7일 1차 공판의 사실심리에서 10일의 4차 구형공판까지 매일 재판이 진행됐고, 12일 5차 공판의 최후진술에 이어 14일의 6차 언도공판에서 마나베(眞鍋十藏) 재판장은 안중근에게 살인죄를 적용하여 사형을, 우덕순에게는 살인방조죄로 3년 징역, 조도선 유동하에게는 징역 1년6월을 선고했다.

안중근은 "나는 대죄인이다. 나의 죄란 나에게 어짊(仁)과 인류애가 부족한 것"이라며 공소를 포기, 대신 자서전 '안응칠 역사'(應七은 아명, 3월15일 탈고)와 '동양평화론(東洋平和論)'의 집필완료 때까지 형 집행연기의 확약을 히라이시 법원장으로부터 받아냈다. 하지만 미완성 원고를 남겨둔 채 1910년 3월26일 오전10시 감옥내 특설교수대에서 끝내 순국, 국권회복 동양평화수호의 한을 안은 채 재소자공동묘지에 묻히고 말았다.

거사를 앞둔 결의

중국 동북3성 가운데서도 최북단인 흑룡강성 하얼빈시, 그 한가운데 자리한 하얼빈역. 1909년 10월22일 저녁 9시. 손가방 하나씩을 든 조선인 세 사람이 청국인 러시아인 여행객들에 섞여 역사를 나서고 있었다. 안중근, 우덕순, 유동하였다.

당시의 역사는 1901년 중청(中淸)철도, 1903년 동청(東淸)철도가 개통되면서 들어섰다. 규모는 작지만 오밀조밀하고 아담한 러시아식 단층건물이다. 역사 앞으로는 정원이 있고 그 사이 중앙과 좌우로 나가는 마차길이 나 있었다. 정원 주변은 술집과 식당을 겸한 여인숙촌이었다.

안중근은 흐릿한 여인숙촌의 불빛 속 낯선 풍경을 휘둘러보더니 일행을 재촉해 마차에 올랐다. 마차는 사람들을 헤치며 동북쪽 길로 내닫기 시작했다. 목적지는 열차 안에서 세 사람이 합의한 대로 레스나야가 28호 김성백의 자택이었다.

김성백은 유동하에게는 사돈될 사람으로 유동하의 누이동생과 김성백의 넷째동생 알렉산도르는 약혼한 사이였다. 안중근은 유동하의 아버지 유경집(의사)과 가까운 사이여서 때로 그의 집이 있는 국경도시 포브라니치나야를 방문하곤 했고, 거기서 김성백과도 안면을 익힌 터였다. "조선에서 오는 안중근의 처자를 마중왔다"며 유숙을 청하자 김성백의 아내는 선선히 응낙해주었다.

1909년 10월23일, 아침 일찍 안중근은 잠에서 깼다. 여독이 피부 깊숙이 배어 있으련만 이리저리 뒤척이다가 선잠에서 깨어났던 것이다. 부엌에서 아낙의 아침 짓는 소리가 들릴 뿐 집안은 조용했다. 밖은 어둠을 밀어내며 아침이 열리고 있었다. 공기가 싸늘했다. 뜸하지만 바삐 걸음을 옮기는 사람들과 엇갈리며 안중근은 하얼빈공원 안으로 들어섰다. 둥지를 박차고 날아오르는 새들의 날갯짓 소리에 공원은 잠에서 깨어나고 있었다.

공원을 돌아나와 송화강(松花江)변을 거닐며 안중근은 신문에서 봤던 이토 히로부미의 얼굴을 떠올리고 있었다. 메이지의 원훈으로 일제의 으뜸가는 원로요, 총리대신을 세 번이나 역임한 실질적인 최고 권력자, 조선통감이 되어 국권을 유린한 조선침략의 원흉이다.

'헤이그밀사 사건'을 빌미로 고종 황제를 강제 퇴위시키고 군대를 해산시킨 이토. 당초에는 조선병합에 소극적이었으나 전략적 차원에서 조선반도의 식민지화를 강력히 주장해온 군부의 요청에 따랐다. 1909년 6월14일 조선통감을 사임하고 추밀원의장이 되어 '조선 완전병합' 시나리오를 은밀히 실행에 옮기는 한편, 만주분할통치를 제정러시아와 협상하기 위해 하얼빈을 방문하게 되어있었다.

'이토를 제거하여 침략의 미몽에서 깨어나지 못하고 있는 사악한 일본인들을 깨우치고 동양평화를 수호해야 한다.'

안중근은 두 주먹을 불끈 쥐었다. 송화강 강물 위로 붉은 해가 떠오르고 있었다.

1909년 10월24일 늦은 아침, 안중근은 우덕순, 유동하와 함께 시내로 나섰다. 여기서 잠깐 우덕순과 유동화 두 사람의 신상을 간단히 짚어보자.

우덕순(禹德淳 30세). 러시아정부 발행 외국인통행증에는 가명 우연준(禹連俊 33세)으로 되어 있었다. 충청도 태생으로 부친은 우시영(禹始映), 기혼이지만 소생은 없었다. 네댓 살 때 이사한 경성에서 자라며 천자문, 동몽선습, 통감까지 떼었다. 경성에서 잡화상을 운영하다가 블라디보스토크를 거쳐 연해주 수찬(suchan)지역에 정착, 박은식(朴殷植) 집에 기거하며 엽연초 장사를 했다. 1909년 7월 블라디보스토크로 나와 고준문(高俊文)의 집에 머물다가 2년 전부터 의군활동에 의기투합한 안중근을 만나 거사에 합류했다.

유동하(劉東夏 18세). 체포될 당시 유강로(劉江露)라는 가명을 사용했다. 함경남도 원산 태생으로 아버지는 의사인 유경집(劉敬輯). 열 살 때 모친과 함께 소완구니(小王嶺)에서 약방을 경영하는 부친을 찾아갔다가 이내 포브라니치나야로 이사, 16세 때 결혼했다. 이곳에는 20여 명의 조선인이 살고 있었다. 부친의 심부름으로 약재를 구입하러 하얼빈에 가려던 차에 부친과 가까이 지내던 안중근이 러시아어통역을 부탁, 동행하게 되었다.

안중근 일행이 가장 먼저 해야 할 일은 이토의 하얼빈 방문일정을 탐문하는 것이었다. 우선 신문부터 샀다. 마침 '원동보(遠東報)'에 관련기사가 실려 있었다. 러시아의 대장대신 코코체프가 24일 하얼빈에 먼저 도착하고, 이토는 러시아 동청철도회사가 제공하는 특별귀빈 열차편으로 25일경 도착예정이라 했다.

'우선 됐다. 정거장에서 탐문하면 도착시각쯤은 알아낼 수 있겠지.'

안중근은 안도의 숨을 내쉬었다.

세 사람은 이곳저곳을 기웃거리는 것으로 오전시간을 보냈다. 신흥도시 하얼빈의 거리는 제법 부산하고 활기찼다. 당시 하얼빈의 인구는 5만, 조선인은 120여 명이 거주하고 있었다. 이들은 철도부설공사에 종사했던 인부들 가운데 공사가 끝나고 주저앉은 사람들이다. 동북평원의 중앙, 흑룡강의 최대지류인 송화강 연변에 자리하고 있는 하얼빈은 19세기말까지만 해도 자그마한 어촌이었다. 그러다 1903년 제정러시아의 중청-동청철도가 완전 개통되고 철도기지가 들어서면서 동북지방 상업 교통의 중심지가 되어 급격히 팽창, 도시의 면모를 갖추게 되었다.

점심을 간단히 빵으로 때운 안중근은 "여비가 부족해서 그러니 50원만 빌려달라"는 당부와 함께 유동하를 김성백에게 보냈다. 수중에 있는 돈은 30원. 황해도에서 의병장으로 맹활약하다 블라디보스토크로 망명한 이석산에게 "1백원만 꾸어달라"고 요청했다가 거절당하자 권총을 들이대고 빼앗아 온 1백원에서 노자로 쓰고 남은 돈이었다.

안중근은 우덕순을 끌고 이발소에 들렀다가 사진관을 찾아갔다. 거사를 앞둔 두 사람의 우정을 사진 한 장으로나마 남겨두고 싶어서였다.

사진관을 나선 안중근 일행은 조도선 동지가 묵고 있는 집을 찾아 나섰다. 심양 부근의 관성자(寬城子)까지 가면서 또 하나의 거사 지점을 찾자면 러시아말을 아는 동지가 한 사람 더 필요했기 때문이었다. 외출에서 돌아온 조도선은 안중근을 보자 몹시 반가워했다.

조도선(曹道先), 그는 또 누구인가. 함경남도 홍원 태생으로 부친은 조석화(曹錫華), 거사 당시 38세였다. 4년 전 러시아여인과 결혼했으나 소생은 없었다. 러시아 망명생활 15년의 대부분을 금광에서 광부 혹은 통역으로 일했고, 1년쯤 세탁업을 하던 야쿠츠크를 그해 3월에 떠나 이르쿠츠크와 블라디보스토크를 거쳐 8월에 하얼빈에 와서 세탁업을 준비하고 있다가 안중근을 만났다. 안중근과는 포브라니치나야의 유동하 집에서 7월에 만나 인사를 나누었다.

"정대호 동지가 내 가솔을 데리고 오게 돼 있어 마중 차 이곳에 왔소."

안중근이 짐짓 둘러댔다.

"안 동지가 왜 여기 왔는지 딴말해도 내 잘 알고 있으니 그에 대해서는 더 이상 말하지 맙시다."

조도선은 앞뒤 정황을 꿰뚫고 있었던 듯, 5연발 권총을 꺼내 천장을 향하여 빈총을 격발해 보이는 것으로 안중근의 딴청을 가로막았다.

세 사람은 어둑해질 무렵 김성백의 집으로 돌아왔다. 조도선은 팔을 베개 삼아 드러눕고, 안중근과 우덕순은 각기 탁자를 앞에 하고 등지고 앉아 생각에 잠겨들었다. 호롱불이 몸을 살라 어둠을 밀어낸 방안에는 적막이 무겁게 내려앉고 있었다.

망명 그리고 의군활동

안중근은 황해도 해주에 대대로 살아온 무반호족 명문집안에서 1879년 9월2일 수양산 정기를 타고 태어났다. 조부 안인수(安仁壽)는 진해현감을 지냈고, 6남3녀 중 셋째 아들인 부친 안태훈(安泰勳)은 과거에 급제한 성균진사로 문재(文才)가 출중했다. 모친은 조(趙)마리아. 위로 형이 있었지만 요절해 장남이 되었고, 아래로 남동생 정근(定根)과 공근(恭根), 누이 성녀(姓女)가 있었다.

어른들은 그가 성정이 가볍고 급한 데에 가까워 이름을 중근(重根)이라 지었다고 전하며, 태어나면서부터 가슴과 배에 검은 점 일곱 개가 있어 '북두칠성에 응한 출생(應其七星)'이라 하여 아명(字)을 응칠(應七)이라 했다 한다.

다섯 살 때인 1884년 부친이 박영효가 선발한 구미유학생 70명 중에 뽑혀 갑신정변에 참여했다가 실패하자, 정치적 보복을 피해 신천군(信川郡) 두라면(斗羅面) 청계동(淸溪洞)으로 식솔을 이끌고 은신한 후로 그는 이 산촌에서 성장했다. 그는 서당에서 8~9년간 한문교육을 받았는데, 정적인 학문보다는 동적인 사냥을 더 좋아했다. 특히 말타기와 사격술이 뛰어난 십대소년으로 주위에 명성을 떨쳤다.

동학혁명 이듬해인 1895년 정적(政敵)의 모함을 피해 프랑스인 신부의 천주교당에 숨어 지내던 부친이 입교한 것을 계기로, 온 가족을 비롯한 마을주민 모두 천주교신자가 됐다. 그도 빌헬름(한국명 홍석구) 신부에게서 영세를 받고 세례명 도마(多默)를 얻었다. 이후 10여 년간은 전도와 사회활동을 겸한 시기로 홍 신부와 함께 여러 고을을 순회하며 전도 집회를 열고 열심히 강론했다. 또 금융회사인 만인계(채표회사) 사장으로 활동하거나 천주교회에서 총대(總代)로 뽑혀 교인들의 크고 작은 일에 '해결사 노릇'도 했다.

그런가 하면 대학설립 필요성을 절감, 홍 신부와 함께 상경하여 뮈텔 주교에게 프랑스에서 교수요원을 초빙해 달라고 도움을 청했다가 '조선인 대학교육 시기상조'를 이유로 거절당하자 '교의 진리는 믿을지언정 외국인은 믿을 것이 못 된다'며 반년 넘게 해오던 불어공부마저 중단하기도 했다. 이 동안 그는 15세 때인 1894년 김아려(金亞麗)와 결혼. 슬하에 2남(분도,준생)1녀(현생)를 둔다.

일본의 승리를 기원하는 마음으로 러일전쟁(1904)을 지켜봤던 그는 대한독립을 보장했던 일본이 매국5적을 앞세워 이른바 '을사보호조약(1905)'을 강제체결하자 국권수호의 전면에 나서기로 결심한다. 자신이 중국으로 건너가 정세를 살피고 귀국하는 동안 부친은 가산을 정리, 진남포에 대기하고 있다가 가족 모두 중국으로 망명해 무장투쟁하기로 부친과 합의 했다. 그는 산동지방으로부터 상해에 이르기까지 두루 다니며 조선인들의 결속 가능성을 타진했지만 실망의 연속이었다. 마침 황해도에서 함께 선교활동을 했던 프랑스인 곽 신부를 만나 조언을 듣고 교육구국을 결심하고 귀국한다.

안 의사 의거 다음날 하얼빈 일본영사관에서 일본 경찰이 찍은 사진. 부인 김아려, 아들 분도(우측), 준생

이 사이 부친이 사망, 이 해 겨울을 청계동에서 사색에 잠겨 은인자중하던 그는 국권이 바로 설 때까지 술을 끊기로 맹세했다. 봄이 되자 가산을 정리해 진남포로 이사하여 삼흥(三興)학교와 돈의(敦義)학교를 세우고 스스로 교무책임을 맡아 국민교육의 전면에 나선다.

그러나 그것도 잠시였다. 1907년 7월 헤이그밀사사건을 빌미로 이토 통감이 정미7조약을 강요, 고종황제를 폐하고 군대를 해산하면서 2천만 국민이 분발하여 곳곳에서 의병이 일어난다. 하지만 의병활동에는 힘의 한계가 있었다. 그는 마침내 결심한다.

'교육으로는 백년지계는 가능하되 당장 숨넘어가는 나라를 구할 수는 없다. 우리 동포가 많이 살고 있는 북간도와 연해주 지방에 나가 힘을 길러서 일제를 몰아내자. 북으로 향하며 그는 '국권 회복 때까지 중근이란 이름대신 운명적인 이름 웅칠이란 아명으로만 행세하리라' 마음먹는다.

북간도에는 일본군대가 속속 밀려들고 있어 발붙일 데가 마땅치 않았다. 서너 달 이곳저곳 시찰한 다음 그는 엥치우를 거쳐 블라디보스토크로 들어간다. 이 항구에는 5천여 명의 동포들이 살고 있었고, 두어 군데 동포학교와 청년회도 결성되어 있었다. 그는 청년회 임시사찰로 뽑혀 여러 지역의 동포들을 찾아 유세하며 조국의 참상을 알리고 병력과 자금을 모았다.

드디어 1908년 봄 김두성(金斗星)을 총독, 이범윤(李範允)을 대장으로 추대해 의군창설에 성공한 그는 참모중장이 되어 그해 6월 3백여 명의 의군을 이끌고 두만강을 건너 경흥으로 진격해 들어간다. 몇 차례의 소규모 전투에서 승리하며 회령까지 진출했으나 중과부적으로 참패, 의군은 산산이 흩어진다. 그나마 뒤를 따르던 수십 명의 장병들마저 일본군 포로들을 방면해준 그의 처사에 불만을 품고 곁을 떠나버리고 만다. 그는 두 명의 부하만을 데리고 초근목피로 연명하며 장마 속 산길을 헤맨 끝에 한 달반 만에야 엥치우에 도착, 블라디보스토크로 귀환한다.

성모마리아의 계시

　동포사회가 참패의 악몽을 떨쳐버리지 못해 기력이 회생하지 않자 안중근은 흑룡강 상류까지 수천여 리를 오르내리며 동포들에게 구국투쟁을 독려하는 한편 청년단체를 조직하거나 청소년교육에 더욱 열정을 쏟는다. 블라디보스토크를 중심으로 그가 특히 역점을 두고 활동한 지역은 엥치우, 수찬, 하바로프스크, 소완구니, 시무와루리, 아즈미, 시즈미 등지였다. 그러나 그 성과는 좀처럼 예전같이 가시화되지 않았다.

　그러던 1908년 겨울, 한 해가 또 저물어가던 어느 날 안중근은 꿈을 꾸었다. 진남포 자신의 자택 방안에 앉아있는데 홀연 큰 무지개가 떠오르더니 그 한끝이 머리위로 내려와 닿는듯했다. 찬란한 빛이 방안 가득 차는가 싶더니 성모마리아의 거룩한 모습이 무지개 뒤편에서 떠올랐다. 그는 너무나 황송하여 머리를 조아렸다. 성모마리아는 가까이 다가와 성서 한 권을 건네주며 무슨 말인가를 해주더니 사라져갔다.

　꿈의 의미를 곰곰 되새겨보던 그는 무릎을 쳤다. 그러고는 급히 엥치우로 돌아와 이듬해 1월5일 그 인근 작은 마을 카리(下里)에 11명의 동지를 소집, 각자 도끼로 왼손 무명지 한 마디씩을 잘라 그 피로써 태극기에 '大韓獨立'이라 쓰고 하늘과 땅에 국권회복과 동양평화 사수를 맹세했다.

이때의 단지혈맹(斷指血盟) 동지는 안응칠 자신을 비롯, 김기룡(金基龍 29), 강기순(姜起順 39), 정원주(鄭元柱 29), 박봉석(朴鳳錫 31), 류치홍(柳致弘 39), 조순응(曹順應 24), 황길병(黃吉秉 24), 백남규(白南奎 26), 김백춘(金伯春 24), 김천화(金天化 25), 강계찬(姜計瓚 26) 등이었다.

그는 동지 몇 사람과 조국에 들어가 정세를 살피고자 했으나 활동자금이 없어 뜻을 이루지 못한 채, 다만 각지의 동포들을 찾아다니며 유세하는 일로 봄여름을 보내야했다. 그해 가을이 깊어가던 엥치우에서의 어느 날, 그는 까닭없이 마음이 울적하고 초조해서 견딜 수가 없었다. 그는 자리를 박차고 일어섰다.

"동지들, 나 블라디보스토크에 가야겠소이다."

"갑자기 무슨 용무라도 생겼단 말씀이오?"

"아니요, 까닭은 없소."

"그러면 언제쯤 귀환하시려오?"

"다시는 돌아오지 못할 것이오."

동지들의 만류를 뿌리치고 길을 나서며 무심코 내뱉은 이 한마디는 결국 현실이 되고 말았다.

보로실로프에 나오니 며칠 만에 한 번씩 다니는 기선이 마침 기다렸다는 듯 대기하고 있었다. 블라디보스토크에 도착, 이치권의 집에 거처

大韓義士安重根公血書

一千九百九年二月五日安重根公在俄領烟秋與同志十一人共斷手指盟約爲國獻身取其流血親書斯文

기유년이월초칠일에안의소즁근이아라스연츄방에잇셔서동지십일인과한가지로국가를위호야몸을밧치기로단지동밍을힘호고그피로써쓴글

안의소의단총
安重根公之斷銃

안의소의손가락
安重根公之手指

안의소즁근공의혈서

대한의사 안중근공 혈서엽서. 단지동맹의 혈서로 쓴 태극기와 안중근의 여러 모습, 단지한 손가락, 의거당시 사용했던 권총사진 등을 함께 실었다.

를 정한 그의 귀에 가장 먼저 들려온 소문이 이토의 하얼빈 방문이었다.

그는 그 순간 이제야 올 것이 왔다고 생각했다. 군대만 있었다면 현해탄

너머로 쳐들어가 처단하고 싶었던 이토가 아니던가. 〈대동공보(大東共報)〉의 주필 이강(李剛) 동지 등이 그 사실을 확인해주었다.

또 하나 '자기암시'를 북돋워주는 체험도 있었다. 신문사에서 얻어 본 미국신문에 한 컷의 풍자만화가 실려 있었다. 한 코리안 여인의 소지품을 강탈하고 있는 일본 군인에게 코리안 남자가 단총(권총)을 발사하는 장면이었다. '소지품'은 코리아의 외교권이요 사법권이었다. 일제를 향해 단총을 쏘는 남자, 그는 곧 이토를 사살해 일제의 침략야욕에 경종을 울리고자 결심한 안중근 자신이었다.

서둘러야 했다. 굳이 거사계획을 많은 사람이 알아야 할 이유도, 움직여야 할 필요도 없었다. 심지 굳은 두어 명의 동지만 나를 받쳐주면 된다. 민족의식이 유난히 투철하고 입이 무거운 우덕순 동지를 그는 떠올렸다. 황해도 의병대장이었던 이석산에게서 비록 권총으로 위협해 빼앗은 돈이었지만, 노자 1백 원은 이미 마련해둔 터였다. 10월 20일 오후, 거사계획에 간단히 합의한 두 사람. 그날 밤으로 떠나려고 정거장에 나갔다가 기차가 없어 이치권의 집에서 하룻밤을 함께 묵고는, 이튿날 오전 9시 30분발 하얼빈행 열차에 올랐다.

두 사람은 하바로프스크에서 검문을 피하기 위해 우등객실로 옮겨 앉았다. 하얼빈은 러시아인들의 도시, 정보 수집을 위해서는 러시아어 통역이 필요했다. 안중근은 청·러국경 못미처 러시아 국경도시 포브라니치나야에서 열차가 한 시간 남짓 머무는 사이 가깝게 지내온 의사 유경집을 찾아갔다.

"조선에서 오는 가족을 맞이하기 위해 하얼빈으로 가는 길인데 러시아말을 몰라 답답하니 동행해 달라"고 부탁하자 유경집은 "마침 약재를 구입하러 아들 녀석을 하얼빈에 보내려던 참이었는데, 잘 됐다"며 유동하를 동행시켜줬다. 거사계획을 털어놓을 수 없어 부득이 이석산 장군을 위협해야 했던 것처럼, 친근하게 지내온 유경집에게 솔직히 털어놓지 못하는 심정이 안타까웠지만 큰일 앞에선 그인들 어쩔 도리가 없었다.

장부가를 읊다

안중근은 신문지상을 빌려 블라디보스토크를 비롯한 노령 연해주 일
대의 동포들에게 거사의 목적을 널리 알릴 겸 유동하가 김성백에게서
50원을 빌려올 것에 대비, 이를 갚아주도록 뒤를 부탁하기 위해 대동공
보사 이강 주필에게 보낼 편지부터 썼다.

"삼가 아뢰옵니다. 이달 9일(양력 10월22일) 오후8시 당지 안착. 김씨
어른 성백씨 댁에 체재하고 있으며 〈원동보(遠東報)〉에서 보게 되는 그
이토 건. 이달 12일 관성자 출발 러시아철도총국 특송의 특별열차에
탑승, 그날 오후11시 하얼빈 도착함에 있어 동생들은 조도선에게 동
생의 가솔 출영을 위하여 간다고 하고 함께 관성자로 떠났습니다.
앞의 모정거장에서 이것을 기다려 같은 곳에서 드디어 일을 결행할
계획입니다. 그 어간 앞서 말한 바를 양지하기를 바라며 일의 성패
는 하늘에 있고 요행히 동포들의 선도를 기대 도와줄 것을 복망하

나이다. 또 당지 김성백씨로부터 돈 50원을 채용하였으니 지급, 갚아

주기를 천만번 앙망.

대한독립만세

우덕순

안응칠

블라디보스토크 대동공보사 이강 앞

오늘 아침8시 출발 남행 함

추이(追而) 포브라니치나야로부터 유동하와 같이 현지 도착. 다음 일

은 본사에 통지할 것임."

안중근은 편지쓰기를 마치자 우덕순과 연명으로 도장까지 눌렀다. 그러고는 눈을 감은 채 꼿꼿이 정좌, 장차 일을 하나하나 정리해 나갔다. 탁상에서 감지되던 차디찬 촉감이 조국이 처해있는 오늘의 현실처럼 느껴져 가늘게 진저리를 쳤다. 강개한 심화(心火), 억누를 길 없는 업화(業火)가 솟구쳐 올랐다. 안중근은 그런 마음을 한시로, 다시 그것을 한글로 한자 한자 써내려갔다.

장부가 세상에 처함이여 그 뜻이 크도다

때가 영웅을 지음이여 영웅이 때를 지으리로다

천하를 응시함이여 어느 날에 업을 이룰고

동풍이 점점 차가우나 장사의 뜻이 뜨겁도다

분주히 한번 감이여 반드시 목적을 이루리로다

쥐도적 이토여 어찌 즐겨 목숨을 비길고

어찌 이에 이를 줄을 헤아렸으리오 사세가 고연하도다

동포 동포여 속히 대업을 이룰지어다

만세 만세여 대한독립이로다

만세 만만세여 대한동포로다

후세에 이름하여 이를 '장부가(丈夫歌)'라 했다.

우덕순의 가슴도 이토를 향한 분노의 불길로 뜨겁게 달아오르고 있었다. 그 불길 따라 시구가 저절로 흘러나왔다.

만나려고 만나려고 원수 네놈 만나려고

평생 한번 만나는데 왜 이다지 늦다더냐

네놈 한번 만나려고 수륙만리 천신만고

다하였네 다하였네 윤선화차(輪船火車) 바꿔타며

노청양지(露淸兩地) 다닐 적에 행장마다 기도하고

(중략)

그놈들을 이토 같이 빨리빨리 주살할손

우리들이 이런 일을 하지 않고 무위편안

안주하면 국권회복 저절로는 안된단다

용감무쌍 힘을 쏟아 국민의무 다해보세

이토조매가(伊藤嘲罵歌, 이토를 비웃으며 꾸짖는 노래). 41행에 이르는 4.4

조의 긴 노래였다. 끝에는 우우산인(禹又山人)이라는 필명을 썼다. 김성백한테 돈을 빌리러갔다 돌아온 유동하가 두 사람의 시 짓기가 끝나자 "만나지 못해 돈을 빌릴 수 없었노라"며 난감한 표정을 지었다. 거사목적을 널리 알리기 위해 이강 앞으로 쓴 편지도 결국 부치지 못한 채 거사직후 압수당하고 말았다.

책갈피에 쓴 안중근의 친필 장부가. 33.4x43.2cm, 일본 죠신지(淨心寺) 소장

이토 특별열차의 출발지점으로 알려진 관성자역까지 가면서 결행에 가장 적당한 장소를 물색, 거사를 도모하려던 계획도 부득불 수정해야 했다. 안중근의 수중엔 30원이 전부였다.

안중근과 우덕순은 잠을 이룰 수가 없었다. 궁리에 궁리를 거듭하던 안중근이 새벽녘에야 입을 열었다.

"우동지, 여비가 모자라 관성자까지는 갈 수 없으니 계획을 바꿔야겠소."

"어떻게 말입니까?"

"하얼빈으로 오는 열차와 장춘으로 가는 열차가 교행하는 역으로 가서 우선 정황부터 살핀 다음 결정합시다."

"그럼 교행역 가운데 여기서 가장 가까운 역으로 가야겠군요."

"그래야겠지요."

우덕순은 안타까운지 한숨을 크게 내쉬었다. 일단 내일 일정이 합의에 이르자 두 사람은 잠시나마 눈을 붙이기로 했다. 밖에 바람이 부는지 창문 덜커덩거리는 소리가 간헐적으로 이어지고 있었다.

거사장소 물색에 나서다

제홍교(霽虹橋)는 안중근 의사가 정거장의 플랫폼을 한눈에 조망하며 여러 차례 거사계획을 가다듬었던 곳이다. 어떤 사람은 안 의사가 이곳에서 사격연습을 했다고도 하고, '플랫폼 거사가 여의치 않을 경우 제2의 저격지점으로 삼으려 했다하나 이는 상상에 의한 비약일 뿐이다. 당시에도 이곳은 통행이 빈번했고, 플랫폼에서 5백여 미터나 떨어진 지점이기 때문이다.

1909년 10월24일 이른 아침, 안중근 일행은 제홍교에 서서 하얼빈역을 내려다보고 있었다. 역사 플랫폼 선로 등 역구내 전경이 눈앞의 손금처럼 다가왔다. 특별열차가 미끄러져 들어온다. 일번 플랫폼에 멈춰 선다. 플랫폼에는 환영인파가 도열해 있다. 이토(伊藤)가 수행원들을 이끌고 열차에서 내려와서 의장대를 사열했다. 정거장은 안팎이 몹시 혼잡했다. 민간인과 군인들, 곧 도착하게 될 러시아대신 코코체프 일행을 맞으러 나온 러시아인 환영인파였다.

안중근은 조도선에게 정거장사무실에 가서 하얼빈발 장춘행 열차와 장춘발 하얼빈행 열차가 교행하는 정거장이 어딘지를 알아보라고 일렀다.

"역의 관리가 그러는데 하얼빈에서 가장 가까운 교행역은 채가구랍니다. 차비는 3원쯤 되고요."

이윽고 인파를 헤치고 나온 조도선이 그렇게 말했다.

"그렇다면 유 동지. 이 돈으로 갈 만한 역까지 우리 세 사람 차표를 사주시오." 안중근은 유동하에게 10원을 건네주었다.

"유 동지는 하얼빈에 남아서 이토가 도착하는 정확한 날짜와 시간을 수소문해주시오. 채가구역에 도착하는 대로 전보를 칠 테니 거기 주소로 답신을 보내주면 될 것이오."

채가구 다음의 삼협하역까지 차표 석장을 끊어온 유동하에게 4원을 쥐어주며 간곡히 당부한 안중근 일행은 9시발 장춘행 열차에 올랐다. 청국과 러시아사람들이 뒤섞인 열차 안은 제법 혼잡했다.

안중근 일행 사이에는 조선 사람임을 드러내지 않기 위해 될 수 있는 한 말을 아끼기로 약속돼 있었다. 기차를 타고 가는 세 시간 동안 안중근이 승강구로 나가서, 보다 치명상을 입힐 수 있는 탄두에 십자형으로 홈이 패어있는 총알 30여 발 중에서 대여섯 발을 우덕순에게 건네준 것이 언행의 전부였을 정도로 일행은 조심성을 발휘했다.

정오경 채가구에 도착한 열차는 우편열차와 교행하기 위해 반시간가량 머문다고 했다. 채가구는 한적한 시골의 역이었다. 역무원 이외에 수십 명의 청국순사와 러시아헌병들이 삼엄하게 경비를 펴고 있었다. 이토 특별열차에 대비한 경비일 터였다.

역사의 위층은 대합실과 사무실, 반지하인 아래층은 끽다점과 창고 등이 들어서 있었다. 여관이 없어 끽다점에 유숙키로 결정되자 안중근은 조도선을 시켜 하얼빈의 유동하에게 전보를 친 다음 정황을 탐문케 했다. 그 결과 객차는 하루에 두 번 정도, 화차는 두 번 혹은 한 번쯤 왕래한다 했다. 그리고 하얼빈에서 장춘을 통과하여 관성자로 가는, 이토를 위한 동청철도의 특별열차가 이날 밤 이곳을 통과해갔다가 모레 아침에 다시 이곳에 이를 것이라 했다.

하얼빈 출발 직전에 구해본 신문에도 이토의 하얼빈 도착이 26일로 나와 있었는데, 열차 안에서 구해본 다른 신문에는 27일로 도착이 연기될 가능성도 있다고 돼있어 상황판단이 헷갈렸다.

도착 직후에 타전했던 '채가구 도착, 유사시 통지요망.' 전보에 대해 저물녘 하얼빈의 유동하로부터 답신이 왔다. 그러나 그 내용이 분명치가 않았다. 조도선을 시켜 러시아인에게 읽어달라고 부탁했는데 '내일 아침 도착한다' 정도의 해석이 가능할 뿐이었다.

유동하 쪽의 탐문에 뭔가 착오가 있음을 직감한 안중근은 자신의 독자적 판단에 의해 거사계획을 확정해야한다는 결론에 도달했다. 뜬눈으로 밤을 새우다시피하며 이날(10월24일) 밤 이토 일행을 맞으러가는 특별열차가 관성자 방향으로 이곳을 통과해간 사실을 확인하고 안중근은 거사계획을 정리해 나갔다.

모레(10월26일) 이른 아침 이토 특별열차가 이곳 채가구역을 통과하여 하얼빈으로 가는 것은 이제 확실하다. 아침 6시 전후라면 아직 날이 밝기 전이니 이토가 이곳에 내리지 않고 그냥 지나쳐버릴지도 모른다. 설사 차에서 내려 환영객들 앞에 모습을 나타낸다 해도 어둠속이라 누가 이토인지 구별하기가 쉽지 않을 것이다. 더구나 우리는 신문지상의 사진만으로 이토를 기억하고 있지 않은가.

출발지인 관성자역이나 장춘역 쯤이라면 모르는데, 이는 노자가 모자라 이미 포기한 상태다. 한적한 역에 예상보다 경비순사와 헌병들이 많이 배치돼 있는 것도 마음에 걸렸다. 또 세 사람이 여기서 최소 이틀 동안 묵기에도 여비가 모자랐다. 날이 밝자 안중근은 동지들에게 자신의 계획을 설명하며 그대로 따라주기를 당부했다.

"우리가 모두 이곳에 있는 것은 좋은 방법이 아니오. 돈도 부족하고, 전보내용도 의아스럽고, 이토가 내일새벽 여기를 지나가는 것은 틀림없되 멈출지가 문젭니다. 만일 하늘이 주신 내일의 기회를 잃는다면 천추의 한이 될 것이오. 그러니 이렇게 하는 것이 좋겠소. 동지들은 이곳에서, 나는 하얼빈에서, 두 군데로 나누어 기회를 노려 행동하면 기필코 성공할 것이오. 동지들이 실패하면 내가 반드시 성공할 것이오, 내가 실패하면 동지들이 꼭 성공해야 하오. 만일 두 곳에서 뜻대로 되지 않는다면 다시 상의해서 훗날을 기약해야 할 것이오."

안중근은 굳은 악수로 동지들과 성공을 다짐하고 끽다점을 나섰다. 역구내의 경비는 여전히 삼엄했다.

"식비가 부족하면 안 되니 받아두시오."

안중근은 우덕순의 손에 주머니 돈을 모두 털어 쥐어주었다. 정오를 조금 넘겨 기차는 채가구역을 떠났다.

거사 전야

안중근이 채가구역에서 하얼빈의 김성백 자택으로 돌아온 것은 오후 4시경이었다. 마침 유동하도 외출에서 돌아와 있었다.

"어제 유 동지의 전보 답신대로라면 오늘 아침에 이토가 하얼빈에 이미 도착했어야 하는데, 어째서 그런 엉터리 정보를 보냈소?"

안중근은 잘못된 정보의 자초지종부터 따져 물었다.

"수소문해보니 그렇다고 해서 전보로 알려드린 것뿐이지 일부러 그런 것은 아닙니다."

안중근은 언짢은 표정을 짓는 유동하에게 타이르듯 일렀다.

"우리의 계획이 얼마나 중차대한지는 나이어린 유 동지라도 짐작은 하고 있을 거요. 내일 아침에 이토가 오는 것은 이제 확실해졌으니 우리가 행동에 옮길 작정이오. 그러니 유 동지는 우리 계획을 전혀 모르는 일로 하되 언행에 각별히 조심해 주시오. 그리고 우리가 신문사 앞으로 쓴 편지는 내일아침 총성이 들리거든 부쳐주면 좋겠소."

자신을 꾸짖는다고 여겼던지 유동하는 벌떡 일어나 아무 말 없이 나가버렸다.

저녁놀을 머금은 송화강의 잔물결이 처연하게 출렁이고 있었다. 안중근은 하얼빈공원을 한바퀴 돌아나와 강변에 섰다. 내륙 여객선 한 척이 선착장을 떠나 동북방 하류 쪽으로 물살을 가르고 있었다. 여객선의 머리 저편 철교 위에도 만주리를 향해 가쁜 숨을 몰아쉬며 북서쪽으로 내닫는 기차가 검은 연기와 함께 두어 번 기적소리를 토해냈다.

우리가 왜 행동에 나서는가. 거사의 논리와 행동지침은 요지부동이어서 초조할 리는 없었지만 가슴은 무거웠다. 삼엄한 경계망을 뚫고 동지들이 혹은 자신이 이토에게 접근할 수는 있을 것이며, 과연 치명상으로 목적을 달성해낼 수는 있을 것인가. 이 날 저녁 안중근은 생각에 잠겨 거리를 배회하다가 밤늦게야 김성백의 집에 돌아왔다.

'결정적 순간'을 향한 마음의 평정을 얻었기 때문이었을까. 며칠 동안 설친 몫까지 합쳐 짧은 시간 숙면에 빠져들었던 안중근은 새벽 일찍 잠자리에서 일어났다. 새 옷은 벗어 가방에 넣고 수수한 양복으로 갈아입었다. 그 위에 외투를 걸치고 운동모자를 눌러썼다. 권총은 호주머니에 넣었다. 그러고는 무릎 꿇고 앉아 성호로부터 시작돼 성호로 끝나는, 매일 아침저녁으로 습관이 되어있는 기도를 올렸다. 단 하나의 잡념도 끼어들 여지가 없는 순백의 공간에 한 줄기 불기둥만이 하늘에 닿아 있었다.

잠들어 있는지 유동하는 기척이 없다. 기도를 마친 안중근은 소리죽여 김성백의 집을 빠져나왔다. 아직 어둠이 걷히지 않은 거리에는 인적이 뜸했다. 새벽기운이 싸늘했다.

이 무렵 이토 일행의 특별열차는 장춘역을 떠나 하얼빈을 향해 내닫고 있었다. 대륙침략을 본격화하기 위해 10월12일 동경역을 출발, 만주시찰 길에 오른 이토는 함정 편으로 10월18일 여순의 일제해군기지를 거쳐 대련에 상륙하여 그곳 일본관민들로부터 성대한 환영을 받았다. 일본제국은 당시 러일전쟁의 전리품으로 획득한 청나라의 여순·대련지방에 관동도독부를 두어 식민통치하고 있었다.

10월21일, 여순의 러일전쟁 전승지를 둘러본 이토는 일제가 운영하는 남만 철도주식회사의 특별열차를 타고 순시라는 명목으로 연선을 따라 북상했다. 심양에 이르러 10월25일 러시아의 동청철도회사가 제공한 특별귀빈열차로 바꿔타고 하얼빈으로 향했다. 이 특별열차에는 이토 일행 이외에도 심양까지 출영한 러시아측의 동청철도 민정부장 아프나시, 영업과장 아킨스에 소장이하 경호원과 헌병들도 동승하고 있었다.

이토 히로부미 쓰러지다

안중근이 정거장에 도착한 것은 오전 7시경. 역사 앞에 러시아 군인들이 정렬해 있고 역사 안팎으로 출영객이 들어차 혼잡했다. 구내에는 러시아 장관과 군인들이 중심이 되어 이토 환영절차를 준비하느라 부산했다. 역사 안은 특히 러시아헌병과 청나라순사들이 물샐 틈 없이 경비하고 있었지만 검문하거나 자신을 지켜보는 눈길이 없어 안중근은 일단 안도했다. 역사 안 찻집에서 차를 마시며 2시간이나 앉아있는데도, 또 많은 일본인들이 들락날락 하는데도 누구하나 안중근을 눈여겨보거나 말을 붙이는 사람이 없었다. 출영 나온 일본사람의 하나이겠거니 그렇게 여기는 듯싶었다.

오전 9시쯤 이토 일행이 탄 특별열차가 플랫폼에 멎었다. 이와 동시에 군악대의 주악이 시작됐다. 열차를 향하여 병정들이 일제히 경례를 붙였다. 영접 나온 러시아 대장(재무)대신 코코프체프 일행이 열차 안으로 들어가 서로의 일행을 소개하며 인사를 나누고 환담하는 동안 안중근은 찻집에 앉은 채 '이토가 기차에서 내려 마차에 탈 때가 좋을까. 기차에서 내릴 때가 좋을까' 저격시점을 가늠하고 있었다.

그때 이토 일행이 기차에서 내리는 모습이 보였다. 군악연주가 다시 시작됐다. 군대도 일제히 경례를 했다. 안중근은 일단 서둘러 찻집에서 나왔다. 이토가 많은 사람들에 둘러싸여 각국 영사단 쪽으로 걸어가고 있었다.

출영객들은 이토의 객차가 멎은 지점에 러시아군 의장대, 일본거류민단 대표, 러시아군 각부대장, 청국군대, 러시아영사를 비롯한 러시아관헌 및 각국 영사단, 일본거류민 유지 등이 각기 무리를 지어 동북쪽에서부터 플랫폼을 따라 서남방향으로 도열해 있었다.

안중근은 누가 이토인지 얼른 구별해낼 수가 없었다. 자세히 살펴보니 러시아인들은 하나같이 군복을 착용하고 있었다. 그렇다면 사복 입은 사람들은 일본사람일 테고 그 맨 앞 특이한 옷차림의 노인이 이토일 것이라고 목표를 확정했다. 거침없이 1등 대합실을 통해 플랫폼으로 들어선 안중근은 이토 일행이 군대 앞을 통과하는 데 따라 병정들의 뒤편에서 함께 위치를 이동했다.

이토가 외국영사단의 전면에 이르러 두세 사람과 악수하는 것을 시작으로 출영객들에 대한 환영답례행진에 들어갔다. 청국군대 러시아부대장 앞을 지나 일본거류민단 대표와 인사를 나눈 이토가 의장대 앞으로 접어들었다. 선두의 노인과 의장대 뒤편 안중근과의 거리는 10보 남짓. 이토가 의장대 앞을 두세 걸음 지났을 찰나 2~3보 간격으로 도열해 있는 의장병들 사이로 그의 우측 가슴을 겨냥한 안중근의 브라우닝식 권총이 불을 뿜었다.

"탕 탕 탕 탕"

세 발은 이토에게 명중했고 나머지 한발은 바로 뒤의 가와카미 하얼빈주재 일본총영사의 오른팔을 뚫고 나갔다. 아직도 안중근은 자신이 겨냥한 사람이 이토인지 확신할 수가 없었다. 다시 뒤따르는 사람들을 향해 방아쇠를 당겼다.

"탕 탕 탕!"

이번엔 한 발이 수행비서관 모리(森泰二郎)의 왼팔을, 또 한 발은 남만철도 이사 다나카(田中淸次郎)의 왼발뒤꿈치를 관통했고, 다른 하나는 남만철도 총재 나카무라(中村是公)와 추밀원의원 무로다(室田義文) 두 사람의 바지를 차례로 뚫고 나갔다. 저격 직후 러시아헌병들이 덮치자 힘에 밀려 넘어지면서 권총을 떨어뜨렸던 안중근은 곧장 일어나 "코레아 우라! (대한만세)"를 삼창하고 순순히 체포됐다. 오전 9시30분쯤이었다.

여기서 몇가지 쟁점의 확실한 정립을 위해 안 의사 자신이 집필한 옥중자서전 '안응칠 역사'의 한 페이지를 인용할 필요를 느낀다.

"아홉시쯤 되어 이토가 탄 특별기차가 와서 닿았다. 그때 인산인해였다. 나는 찻집 안에 앉아서 동정을 엿보며 '어느 시간에 저격하는 것이 좋을까' 하며 십분 생각하되 미처 결정을 내리지 못할 즈음 이윽고 이토가 차에서 내려오자 각 군대가 경례하고 군악소리가 하늘을 울리며 귀를 때렸다.

그 순간 분한생각이 터져 일어나고 삼천 길 불같은 노여움이 머릿속

1909년 10월26일. 피격 5분전 특별열차에서 내려 사열행렬로 가는 이토(5번). 1. 다나카 세이지 만주철도 이사. 2. 나츠아키 이토 수행원. 3. 카와카미 도시히코 하얼빈 총영사. 4. 코코프체프 러시아 대장대신. 6. 러시아 영접관. 7. 사진기자

에서 치솟아 올랐다. '어째서 세상일이 이같이 공평하지 못한가. 슬프다. 이웃나라를 강제로 뺏고 사람의 목숨을 참혹하게 해치는 자는 이같이 날뛰고, 조금도 꺼림이 없는 대신 죄없이 어질고 약한 인종은 이처럼 곤경에 빠져야하는가' 하고는 다시 더 말할 것 없이 곧 뚜벅뚜벅 걸어서 용기 있게 나가 군대가 늘어서있는 뒤에까지 이르러 보니, 러시아 일반관리들이 호위하고 오는 중에, '맨 앞에 누런 얼굴에 흰 수염을 가진 일개 조그마한 늙은이가 이같이 염치없이 감히 천지 사이를 횡행하고 다니는가. 저것이 필시 이토 노적(老賊)일 것이다'하고 곧 단총을 뽑아들고 그 오른쪽을 향해서 4발을 쏜 다음 생

각해보니 십분 의아심이 머릿속에서 일어났다. 내가 본시 이토의 모습을 모르기 때문이었다.

만일 한번 잘못 쏜다면 큰 일이 낭패가 되는 것이라. 그래서 다시 뒤쪽을 향해서 일본인 단체 가운데서 가장 의젓해 보이는 앞서가는 자를 새로 목표하고 세 발을 이어 쏜 뒤에 또다시 생각하니, 만일 무죄한 사람을 잘못 쏘았다하면 일은 반드시 불미할 것이라 잠깐 정지하고 생각하는 사이에 러시아헌병이 와서 붙잡히니 그때가 바로 1909년 음력 9월13일 오전 9시 반쯤이었다."

거사에 얽힌 쟁점

안 의사의 이토 저격에는 몇 가지 정리되지 않은 쟁점이 있다.

첫째로 안중근 의사의 '저격위치'에 대한 문제다.

중국의 소학교교과서 '조선어문제' 제9권 제9과 '열혈투사 안중근'에는 "역 안에는 일장기를 든 환영객들이 서있었다. 환영객 사이에 선 안중근은…"라고 기술돼 있는데, 《장성의 나라 중국》(김종대 지음)을 비롯해 신문과 잡지 등 한국의 기록들이 대부분 이와 비슷하게 안 의사가 일본인으로 가장하고 플랫폼으로 들어가 일본인 환영객들 사이에 섞여 있다가 거사한 것으로 돼있다.

앞서 자서전 인용문에서 보았듯이 안 의사 자신은 "뚜벅뚜벅 걸어서 용기 있게 나가 군대가 늘어서있는 뒤에까지 이르러보니… 곧 단총을 뽑아들고 그 오른쪽을 향해서 4발을 쏜 다음…"이라 기술하고 있다.

제10차 미조부치 다카오 검찰관의 신문조서(1909년 12월22일)에도 안 의사가 "군대 쪽으로 가까이 가서 러시아병사들의 간격이 한 칸 남짓이었으므로 나는 후열의 병사들 사이에 끼어 선채 단총을 노인이 행진하고 있는 곳을 겨냥, 발포했다"고 진술한 것으로 되어있다.

또 1910년 2월7일 오전 10시에 개정된 제1차 공판의 속기록 역시 안 의사가 러시아군대의 뒤편에서 병사들 사이로 10여보 전방의 맨 앞 복장이 특이한 노인의 오른쪽 가슴을 향해 쏘았다고 기록하고 있다.

둘째로 안 의사의 '저격시점'에 관한 문제다.

중국측 기록에는 "이토가 차에서 내려와 미소를 지으며 환영객들에게 손을 흔들었다. 탕,탕,탕"(소학교교과서) "이토가 각국 영사단 앞에 이르러 두세 사람과 악수하고 돌아설 때…"(잡지 〈송화강〉 85년 제3기 '안중근과 그의 동료들')로 표현하고 있다.

국내에서의 인식이나 표현도 이 범주를 벗어나지 않는다. 창해노방실고(滄海老紡室稿)의 '안중근전'에도 "이토가 차에서 내려와… 각국 영사들이 있는 곳으로 향하였다. 중근은 양복차림으로 권총을 쥐고 러시아군대 뒤에 서서 기회를 살펴었다. 상거(相距)가 열 발자국이 되자 총을 들고 쏘았다"고 되어있다.

그러나 그렇지 않다. 1909년 11월14일 제2차 검찰관 신문조서를 보자. 미조부치 검찰관의 "언제 플랫폼에 나갔는가"라는 질문에 안 의사는 "이토가 하차하여 플랫폼을 왕래하고 있을 때"라고 대답했으며, "어디로 나가 언제 어디서 총을 쏘았는가"에 대해서는 "1등 대합실 출입구를 통해 플랫폼으로 나갔는바 이토가 저쪽으로 갔다가 다시 돌아오므로 러시아병대의 후방으로 가서 기다리고 있었는데 내 앞을 통과할 때 병대 틈에서 저격했다"고 진술했다.

당시 일본신문에 게재된 의거 삽화. 1909년 10월26일 9시30분경 피격된 이토는 부축받고 있고, 안 의사는 체포되고 있다.

1차 공판 속기록에도 역시 마나베 재판장의 신문에 안 의사는 "이토가 러시아군대 앞 2~3보쯤 접어들었을 때"라고 답하고 있다. 이토 수행원들의 법정증언도 이와 대동소이하다.

셋째는 저격 직후 안 의사가 외친 '만세'에 대한 논란이다.

중국의 소학교 교과서에는 안 의사가 "총을 내던지고 조선깃발을 꺼냈다. 그리고는 '조선독립만세'를 목청껏 외쳤다"라고 씌어있다. 미국에서 출판된 잡지 〈한민중〉(1987년 7,8월호)의 '민족혼 속에 살아있는 안중근 의사'에도 "안 의사는 이토가 쓰러지는 것을 확인하고는 목청껏 '대한독립만세'를 세 번 외쳤다"로 나온다.

그러나 안 의사는 자서전에 "그때 나는 곧 하늘을 향하여 큰소리로 '대한만세'를 세 번 부른 다음…"이라 썼고, 제10차 신문조서를 보면 검찰관의 "그때 무엇이라 말하지 않았는가"라는 물음에 안 의사가 "대한만세라는 뜻의 러시아어인 '코레아 우라'라고 외쳤다"라고 답한 것으로 나온다.

여기서 반드시 짚고 넘어가야 할 문제가 하나 더 있다. '과연 안 의사가 몇 발을 발사했는가' '안 의사가 사용한 권총은 브라우닝식 6연발(육혈포), 7연발, 8연발 중 어느 것인가?' 하는 물음이 그것이다.

안 의사는 자서전에서 노인을 향해 먼저 4발을 쏜 다음 새 목표를 향해 3발을 더 쏘았다고 했다. 그러나 안 의사는 1차 공판에서는 먼저 3발을 쏘고 이어서 2~3발을 더 쏘았다고 진술하고 있다.

하지만 4차 공판(1910년 2월10일)의 검찰관 논고에는 안 의사가 사용한 총기가 "예리한 브라우닝 7연발식으로서 아직 나머지 한 발이 들어 있었다"고 전제하고서도 안 의사가 "이토 공작으로 상상한 선두에 선 사람에게 총구를 겨누어 4번 쏜 후, 혹 공작이 반대방향에 있을는지도 모른다고 생각되어 방향을 바꾸어 3발을 발사했다"고 되어있다. 이들을 종합, 안 의사가 사용한 권총이 브라우닝 8연발이라는 가설을 일단 세우게 된 것이다.

이토의 치명상

앞서 검찰관의 증거물 조사결과 안 의사가 거사에 사용했던 권총에 실탄 한 발이 남아있었다고 언급했다. 이에 대해서도 '거사 후의 자살용'이라고 유추하는 설이 있으나 안 의사 자신은 이를 단호히 부인한다. 즉 안 의사는 공판정 진술을 통해 자살은 천주교인으로서 생각해본 적도 없을 뿐만 아니라, 대한의 독립과 동양 평화를 위해 단지 이토를 죽인 것만으로는 스스로 죽을 이유가 될 수 없다고 일축하고 있는 것이다.

제1차 공판(1910년 2월7일)에서 "피고는 그런 원대한 포부를 가지고 있으니 그 자리에서 잡히지 않고 도주하고자 하지는 않았는가?"라는 재판장의 신문에도 안 의사는 "도주할 이유가 없었다. 이토를 죽인다는 것은 단지 대한독립 동양평화를 위한 기회를 얻기 위한 것이며, 따라서 나쁜 일을 했다고 생각지 않기에 도주할 필요를 느끼지 않았다"고 잘라 말하고 있다.

이토는 러시아군의장대의 사열을 받으며 두세 걸음 떼어놓던 찰나 안 의사가 발사한 권총실탄 3발을 맞고 그 자리에 쓰러졌다. 후루야 히사즈나 등 수행원들이 즉시 이토를 객차 안으로 옮겨놓고 수행의사 고야마가 응급처치를 서둘렀지만, 피격 30분이 지난 오전 10시경 절명하고 말았다.

누군가는 이토가 자신을 저격한 자가 '조센징'이라는 말을 듣고 "바가야로(바보같은 놈)"라 욕설을 내뱉으며 분노를 나타냈다하지만, 미조부치 검찰관에 의하면 실제로는 이토가 저격자의 신분은 물론 국적조차 모른 채 사망했다고 한다. 3발이 명중한 데다 안 의사가 사용한 권총실탄이 십자절목(十字切目, 탄두가 십자형으로 패어있는 실탄)이었기 때문이다.

십자절목 탄환은 인체에 닿는 즉시 연과 니켈로 만들어진 탄환의 파열을 촉진하는 기능을 가지고 있어 창상을 확산시켜 치명상을 입히게 되어있다. 그래서 당시 일부 신문에는 '총알에 독이 들어 있었다'고 보도되기도 했다.

제1탄은 오른팔을 관통한 다음 오른쪽 폐를 다시 관통해 왼쪽 폐에 박혔으며, 제2탄 역시 1탄보다 약간 아래의 오른쪽 옆구리로 들어가 왼쪽 옆구리에 박혔고, 제3탄은 오른팔을 스친 다음 1, 2탄보다도 아래쪽에서 체내로 들어가 배 안에 박혔다. 이중 치명상은 제3탄으로 인한 내장 부위의 출혈이었다.

이토의 유해는 자신이 타고 왔던 러시아 동청철도 제공 특별열차 편으로 오전 10시40분 하얼빈역을 출발하여 여순에 도착, 10월28일 오전 11시30분 일제 해군함정에 실려 11월1일 요코스카에 입항했고, 이날 철도 편으로 동경으로 향했다. 이토의 장례는 4일장 국장으로 40만 동경시민이 참석하여 비가 내리는 가운데 치러졌다.

일제는 '하얼빈 비보'가 전해지자 여순대련의 관동도독부법원 만주검찰관 미조부치 다카오를 하얼빈에 급파하는 한편, 조선통감부의 아카시(明石) 소장을 관동도독부에 특파, 사토(佐藤) 도독부 경시총장, 히라이시 법원장과 '사건처리'를 협의케 했다.

안 의사가 거사직후 현장에서 체포되어 11월2일 호송열차 편으로 여순감옥을 향해 하얼빈역을 출발하기까지의 과정에도 일부 억측과 오해가 있어왔기 때문에, 먼저 안 의사의 자서전에서 해당대목을 인용한 다음 문제부분을 풀어가고자 한다.

"그때 나는 곧 하늘을 향하여 큰 소리로 '대한만세'를 세 번 부른 다음, 정거장 헌병분파소로 붙잡혀 들어갔다. 온몸을 검사한 뒤에 조금 있다가 러시아 검찰관이 한국인 통역과 같이 와서, 성명과 어느 나라 어느 곳에 살며, 어디로부터 와서 무슨 까닭으로 이토를 해쳤는가를 물으므로 대강 설명을 해주었는데 통역하는 한국인의 한국말은 잘 알아들을 수 없었다. 그 때 사진을 찍는 자가 두서너 번 사진을 찍었고 오후 8, 9시쯤 해서 러시아 헌병장관이 나와 함께 마차를 타고 어느 방향인지 모를 곳으로 가서 일본영사관에 이르러 넘겨주고 가버렸다.

그 뒤에 이곳 관리가 두 차례나 신문했고 4, 5일 뒤에 미조구치 검찰관이 와서 다시 신문하므로 전후 역사의 세세한 것을 공술했더니…"

하얼빈 의거 직후 체포된 안 의사 사진

'문제 부분'이란 안 의사가 러시아헌병에게 체포되어 어디로 끌려갔으며, 하얼빈주재 일본총영사관에 인계되기까지 어느 곳에서 러시아검찰관으로부터 신문을 받았는가 하는 점이다.

중국의 소학교 교과서에는 "안중근 의사가 러시아헌병에게 잡힌 지 얼마 안 되어 일본헌병대로 인도되었다"고 기술되어 있다. 국내 신문 잡지 등 기존기록에도 대체로 "안 의사는 러시아헌병에게 체포당한 즉시 일본헌병대에 인계되어 일본영사관으로 넘겨졌고, 당시 일본영사관은 하얼빈역사 전방 5백미터 지점에 위치해 있었다"고 되어있다.

그러나, 아니다. 안 의사는 자신이 자서전에 기술한대로 거사직후 덮쳐온 헌병에 체포되어 즉시 정거장내의 러시아헌병 분파소로 끌려갔고 이날 저녁 8, 9시경에 일본헌병대가 아닌 하얼빈주재 일본총영사관에 인계되었던 것이다.

하얼빈주재 일본총영사관 가와카미 총영사가 관동도독부 지방법원 검찰관에게 보낸 보고서에도 "하얼빈주재 러시아 예심재판소 검사로부터 이토를 살해한 피고인 및 혐의자에 대한 서류와 증건(證件)을 받았다"고 되어있어 러시아측이 안 의사를 일본총영사관측에 직접 인계했음을 알 수 있다. 미조부치 검찰관 1차신문조서의 "10월30일 하얼빈 일본총영사관에서… 검찰관은 피고인에 대하여 신문하기 좌와 같음"이란 구절로 미루어서도 일제 측 신문이 일본총영사관에서 이루어졌음은 명백하다.

하얼빈주재 러시아 예심재판소는 안 의사에 대한 검사의 간단한 신문결과 사건의 성격이 외교적, 정치적으로 미묘하다고 판단하여 체포당일로 안 의사를 일본총영사관에 인계하는 것으로 재빨리 발을 뺐던 것이다. 이 과정에서 안 의사가 성명을, 망명생활 중 줄곧 사용해온 아명이며 자(字)인 안응칠(安應七)로 진술하여 한국말에 서툰 한국인통역이 러시아식 발음을 다시 한자로 옮기면서 안 의사의 성명이 운지안(雲知安)으로 잘못 알려져 한때 일본과 조선통감부에서 운씨 성을 찾아내느라 법석을 떨기도 했다.

이토 죄악 15개조

안중근 의사와 의사의 거사동지들은 거사 당일저녁 일본총영사관의 지하실에 각기 분산돼 구금된다. 안 의사는 영사관 관리의 두 차례에 걸친 개략적인 신문이 있은 뒤, 10월30일 여순에서 급히 달려온 미조구치 검찰관으로부터 본격적인 첫 신문을 받는다. 이 부분은 안 의사의 자서전에서 직접 인용하기로 하자.

"검찰관이 와서 다시 신문하므로 전후 역사의 세세한 것을 공술했더니 미조구치 검찰관이 이토를 가해한 일에 대해서 물으므로 나는 이렇게 대답했다.

하나, 한국 민황후를 시해한 죄요.

둘, 한국황제를 폐위시킨 죄요.

셋, 5조약과 7조약을 강제로 체결한 죄요.

넷, 무고한 한국인들을 학살한 죄요.

다섯, 정권을 강제로 빼앗은 죄요.

여섯, 철도 광산 산림 천택(川澤)을 강제로 빼앗은 죄요.

일곱, 제일은행권 지폐를 강제로 사용한 죄요.

여덟, 군대를 해산시킨 죄요.

아홉, 교육을 방해한 죄요.

열, 한국인들의 외국유학을 금지시킨 죄요.

열하나, 교과서를 압수하여 불태워버린 죄요.

열둘, 한국인이 일본인의 보호를 받고자 한다고 세계에 거짓말을 퍼뜨린 죄요.

열셋, 현재 한국과 일본 사이에 경쟁이 쉬지 않고 살육이 끊이지 않는데 한국이 태평무사한 것처럼 위로 천황을 속인 죄요.

열넷, 동양평화를 깨뜨린 죄요.

열다섯, 일본천황의 아버지 태황제를 죽인 죄다.”

이것이 안 의사가 대한국 의군 참모중장 자격으로 이토를 처단한 동기, 이른바 '이토 히로부미 죄악 15개조'이다. 안 의사는 거사당일 역 헌병분파소에서 있은 러시아검사 신문에서부터 일본검찰관의 신문과 이듬해 2월의 공판에 이르기까지 일관되게 이토의 죄악을 그렇게 설파했다.

의거의 이유를 주장함에 있어서도 안 의사는 마찬가지로 초지일관했다. 안 의사가 체포당한 이후 줄기차게 내세운 '의거이유'의 요지는 이것이다.

"내가 이토 히로부미를 죽인 것은 한국 독립전쟁의 한 부분이요, 또 내가 일본법정에 서게 된 것은 전쟁에 패배하여 포로가 된 때문이다. 나는 개인자격으로 이 일을 행한 것이 아니요, 한국의군 참모중장의 자격으로 조국의 독립과 동양평화를 위해서 행한 것이니 만국공법에 의하여 처리하도록 하라."

안 의사가 이토의 죄악 15개조를 서면으로 작성하여 관동도독부 법원 미조구치 검찰관에게 제출한 것은 여순감옥 수감 사흘 뒤인 11월6일 오후 2시30분이었다. 이날 안 의사는 이와 함께 '한국인 안응칠 소회(所懷)'도 제출했는데 그 내용은 다음과 같다.

하늘이 사람을 내어 세상이 모두 형제가 되었다. 각각 자유를 지켜 삶을 좋아하고 죽음을 싫어하는 것은 누구나 가진 떳떳한 정이다. 오늘날 세상 사람들은 으레 문명한 시대라 일컫지마는 나는 홀로 그렇지 않은 것을 탄식한다.

무릇 문명이란 것은 동서양의 잘난이 못난이 남녀노소를 물을 것 없이 각각 천부의 성품을 지키고 도덕을 숭상하여 서로 다투는 마음이 없이 제 땅에서 편안히 생업을 즐기면서 같이 태평을 누리는 그것이다. 그런데 오늘의 시대는 그렇지 못하여 이른바 상등사회의 고등인물들은 의논한다는 것이 경쟁하는 것이요, 연구한다는 것이 사람 죽이는 기계다. 그래서 동서양 육대주에 대포 연기와 탄환 빗발이 끊일 날이 없으니 어찌 개탄할 일이 아닐 것이냐.

이제 동양 대세를 말하면 비참한 현상이 더욱 심하여 참으로 기록하기 어렵다. 이른바 이토 히로부미는 천하대세를 깊이 헤아려 알지 못하고 함부로 잔혹한 정책을 써서 동양 전체가 장차 멸망을 면하지 못하게 되었다.

슬프다. 천하대세를 멀리 걱정하는 청년들이 어찌 팔짱만 끼고 아무런 방책도 없이 앉아서 죽기를 기다리는 것이 옳을까보냐. 그러므로 나는 생각다 못하여 하얼빈에서 총 한방으로 만인이 보는 눈앞에서 늙은 도적 이토의 죄악을 성토하여 뜻있는 동양청년들의 정신을 일깨운 것이다.

1909년 11월6일 오후 2시30분
여순옥중에서 대한국인 안중근

첫 신문에서 위의 내용과 같은 안 의사의 진술을 다 듣고 난 미조구치 검찰관은 놀라면서 "이제 진술하는 말을 들으니 참으로 동양의 의사(義士)라 하겠다. 그대는 의사니까 절대로 사형 받는 법은 없을 것이니 걱정하지 말라"고 했다. 이에 안 의사가 "내가 죽고 사는 것은 논할 것 없고, 이 뜻을 속히 일본천황에게 아뢰어라. 그래서 속히 이토의 옳지 못한 정략을 고쳐서 동양의 위급한 대세를 바로잡도록 하기를 간절히 바란다"로 말을 마치자 다시 지하실 감옥에 가두었다.

채가구 거사의 실패

한편 채가구쪽 사정은 어떠했는가.

1909년 10월25일 정오쯤 안중근을 하얼빈으로 떠나보낸 우덕순과 조도선은 불필요하게 경비 헌병이나 병사 순사들의 눈에 띄지 않기 위해 끽다점의 방안에 틀어박혀 오후를 보냈다.

'어떠한 장애가 있더라도 일을 수행해내야 한다.' 우덕순은 몇 번이고 반복해서 결의를 다졌다. 지난해 6월 의군에 참여, 두만강을 건너 경흥을 거쳐 회령까지 진격하여 일본군과 접전하다가 포로가 되어 사형을 구형받고 수감 중 탈옥, 블라디보스토크로 귀환하던 때의 고생에 비하면 이번 거사쯤은 아무것도 아니라는 생각도 했다. 우덕순은 안중근에게서 받은 십절목 탄환을 브라우닝식 8연발 권총에 장전, 탄환 하나는 이미 총신 안에 밀어 넣어 안전장치를 풀고 방아쇠에 손만 대면 연속적으로 발사될 수 있게 해두었다. 조도선의 5연발 권총에도 마찬가지로 탄환이 장전되어 있었다.

두 사람은 될 수 있는 한 말도 아꼈다. 이들이 묵고 있는 끽다점의 위층이 정거장대합실이어서 저녁이 되자 많은 사람들이 왕래하는 발소리가 들렸다.

"조 동지, 대합실에 사람들이 많이 드나드는 모양인데 무슨 일일까요."

우덕순이 변소에 다녀오는 조도선에게 불안한 표정으로 물었다.

"러시아사람들이 저희끼리 지껄이는 말을 들으니 내일 아침 6시에 일본의 고관이 오기 때문에 환영준비차 와있다고 그러더군요."

방안에만 있는 것이 답답하기도 하고 바깥 상황이 궁금하기도 해서 우덕순은 변소에도 다녀올 겸 대합실과 역구내를 곁눈질하고 내려왔다. 특별히 자신들을 감시하는 눈초리가 느껴지지 않아 우선은 안심이 됐다.

끽다점(喫茶店)은 바깥쪽은 차를 파는 곳이고 안쪽은 주인가족이 사용하는 방이었다. 두 사람은 이날 밤 주인, 그리고 주인의 두 딸과 함께 이 방에서 잠자리에 들었다. 잠이 오지 않았다. 두 사람은 고향을 떠나온 이후의 세월을 되짚어가며 서로의 경험담을 속삭이듯 주고받았다. 러시아 땅을 떠돌이 장수로 전전한 일 등 이제껏 각자가 고행한 경험담과 나라 걱정, 세상 돌아가는 얘기 등을 나누다가 어느 결인지 잠이 들었다.

그러나 새벽의 거사에 대한 이 생각 저 생각으로 뒤척이던 우덕순이 잠시 붙였던 눈을 뜨니 등불이 밝혀져 있었다. 맞은편에 조도선이 누워 있고 그 옆에 집주인이 나란히 누워 무슨 말인가를 주고받고 있었다.

"조 동지, 무슨 얘깁니까?"

"일본대신이 온다 해
서 구경차 밖에 나가려
했더니 러시아군인들
이 못나가게 한다면서
집주인이 투덜대고 있
습니다."

"그래요?"

우덕순은 아차 싶었
다. 그렇다면 무슨 낌새
를 눈치 챘다는 얘기 아
닌가. 집주인은 러시아
사람으로 철도경비를
위해 이곳에 주둔하고

영국 〈The Graphic〉지에 대서특필된 안중근, 우덕순, 조도선,
유동하

있는 러시아군인들과 친하게 지내는 처지인데도 나가지 못하게 한다면
우리 같은 타국인은 절대로 내보내지 않을 것이다. 그는 부득불 단념할
수밖에 없다고 판단, 다시 눈을 감았다. 안중근 동지의 얼굴이 눈앞에서
오락가락했다. 오래지 않아 기차소리가 들려왔다. 하얼빈으로 향하는
이토 일행의 특별열차였다. 새벽 6시쯤이나 됐을까.

우덕순이 잠자리에서 일어난 것은 아침 7시쯤이었다. 먼저 일어나있
던 조도선이 밖의 공기가 어딘지 이상하다며 걱정스런 표정으로 앞에
있었던 일을 들려줬다.

"변소에 가야겠기에 문을 열려고 했더니 자물쇠가 잠겨있지 않겠습

니까. 그래서 주인을 깨워 열어달라고 했지요. 밖에 나가보니 이토의 특별열차가 지나갔는데도 아직 러시아군인들이 길게 늘어서있는 겁니다. 그중 하나가 무엇 때문에 나왔느냐고 묻기에 변소 나가려 한다 했지요. 그랬더니 집안에서 해결하라지 뭡니까. 되돌아와서 주인에게 말했더니 부엌 출입문을 가리키면서 거기 세면기 아래 물 버리는 곳에 볼일을 보라는 겁니다. 할 수 없이…"

뭔가 잘못 돌아가고 있다는 직감이 왔다. 행동도 해보지 못한 채 갇혀있는 신세가 되다니. 우덕순 역시 세면대에서 일을 본 다음 생각에 잠겼다. 갈피가 잡히지 않았다. 두 사람이 그처럼 불안한 시간을 보내고 있을 즈음 11시쯤이나 되었을까. 우덕순이 유리창 밖을 내다보고 있으려니 러시아헌병과 군인들이 줄을 맞추어 역사 쪽으로 행진해 오고 있었다. 무슨 일일까.

3의사 체포당하다

잠시 후 헌병 둘과 군인들이 끽다점에 들이닥치더니 뭐라고 말을 건 넸다.

"우 동지, 몸을 수색하겠답니다."

조도선이 통역해줬다.

"이유가 뭐랍니까."

군인들은 불문곡직 양팔을 붙들더니 몸수색을 시작했다. 우덕순은 재빨리 팔을 빼내고는 주머니 안에 있던 권총에서 장전되어 있던 탄환을 빼내 속주머니에 넣었다.

"왜 탄환을 빼냈느냐면서 일단 장전돼있던 것이니 도로 장전하랍니다."

조도선의 말에 우덕순은 속주머니의 탄환을 꺼내고는 군인들을 물끄러미 바라보고만 있었다. 러시아헌병 자신이 권총에 탄환을 도로 장전하더니 이번엔 가방을 뒤졌다.

"몸수색에 휴대품까지 조사하는 이유가 뭔지 물어봐 주시오."

"한국인은 모두 체포하라는 명령을 받았답니다."

헌병과 군인들은 이어서 조도선의 몸을 수색했다. 조도선은 선선히 권총을 내주었다. 수색을 마친 군인들은 "오늘 아침 하얼빈 정거장에서 한국인이 일본대신을 살해했다. 범인은 안이라는 사람인데 당신들도 이 정거장까지 그와 함께 왔기 때문에 체포하는 것"이라며 두 사람을 포박했다.

'아, 안 동지, 당신이 드디어 그 큰일을 해냈구려.'

두 사람의 눈에는 이슬이 돋았다.

3차 공판(1910년 2월9일)에서의 '채가구 상황'에 대한 러시아군 헌병 쎄민 하사의 증언을 들어보자.

"1909년 10월24일 하얼빈 방향으로부터 일본인 비슷한 세 사람이 삼협하행 차표를 가졌음에도 불구하고 채가구역에 내렸다. 그중 한 사람은 러시아어를 알고 있었다. 그자는 친척을 맞으러 왔다는데 다음날 그중 하나는 하얼빈으로 되돌아가고 다른 두 사람은 의연히 역구내의 쎄미고프라는 자의 집에 머물고 있었다.

이들의 행동이 수상해서 정거장 구내와 쎄미고프의 집 주변에 보초를 배치하여 행동을 감시토록 했다. 뿐만 아니라 쎄미고프에게 명령하기를 '그들을 결코 돌려보내서는 안된다'고 했다. 그러다보니 이토의 열차가 26일 오전 6시쯤 도착했고, 따라서 특별히 경비를 엄중히 했다. 또 차장에게도 거동이 수상한 자를 잡아두었으니 열차에 대해서도 충분히 주의해달라는 경계의 말을 했다. 그리고 같은 날 10시쯤에 이토가 한국인에게 살해됐다는 전보가 도착했다.

따라서 즉시 두 명의 한국인을 체포하고 또 신체수색을 했다. 조도선은 탄환 5개를 장전한 권총을 가지고 있었고 다른 하나는 8개를 장전하고 있었다. 그 외에도 탄환을 더 가지고 있었다. 그 탄환 8개중 6개는 십절형으로 파여진 것이었다. 그때 두 사람에게 이토가 하얼빈에서 살해되었다고 했더니 그들은 대단히 기뻐하면서 자기들이 채가구에 온 것도 전적으로 그 목적이었다며 '하얼빈에 있는 동지 한 사람이 목적을 달성해냈다'고 말했다."

같은 날 끽다점주인 쎄미고프의 증언은 이렇다.

"9월24일 하얼빈으로부터 채가구에 세 사람의 한국인이 도착했다. 그날 밤 세 사람이 내 집에 머물렀으며 다음날 그중 한 사람이 하얼빈으로 떠난 후 조와 우는 내 집에 머물고 있었다. 그런데 25일 밤 정거장의 조역으로부터 '한국인이 밖에 나가는 일이 있으면 즉시 병영에 알리라'는 명령을 받았다.

그 당시 조도선은 관성자에서 친척이 오기 때문에 출영왔다고 말했다. 그리고 26일 오전에 조도선이 밖으로 나가고자 했으나 군인들이 외출을 허락하지 않았다. 그 후 두 명 모두 한국어로 말을 하고 있었으며, 자지는 못하는 것 같았다.

이토의 열차가 통과한 후 수명의 군인들이 방안까지 들어왔다. 조는 그들에게 '아까 통과한 열차에 일본 군인이 많지 않았느냐. 왜 위병이 서 있으며 외출을 허락하지 않았느냐' 등을 물었다."

두 사람이 체포당하고 오래지 않아 12시 교행기차들이 양쪽 방향에서 플랫폼으로 미끄러져 들어왔다. 두 사람은 격리된 채 러시아군인들의 감시를 받으며 하얼빈행 열차에 올라 성명, 주소 등 간단한 조사를 받았다. 그러고는 하얼빈 일본총영사관에 인계돼 지하실에 감금됐다.

다른 한편 유동하는 어떠했는가. 일부 기록에는 "안중근이 거사 직후 '대한만세'를 세 번 외치자 군중 속에 끼어있던 유동하도 뛰쳐나오며 '조선만세'를 부르고 '나도 이토 히로부미를 쏘아 죽이러 왔다'고 외쳤다. 그리하여 즉석에서 안중근과 유동하는 체포되었다"고 쓰여 있으나, 3차 공판기록에서 유동하 자신의 진술을 보면 그렇지 않다.

"26일 10시쯤 (김성백의) 집밖에서 어떤 사람으로부터 이토가 살해당했다는 말을 듣고 있는데, 그때 10여 명의 한국인이 오더니 하수인이 안응칠이라는 말들을 했다. 잠시 후 많은 러시아경관이 와서 '유동하'하고 부르기에 나도 모르게 겁이 나서 이름을 조사할 때 러시아어로 유강로 (柳江露)라고 했다. 감옥에 끌려가서도 일본인이 와서 조사할 때 또 '강로'라고 거짓말을 했다."

안 의사, 여순감옥으로

안중근 의사와 의사의 거사동지들은 의거 8일째인 1909년 11월2일 호송열차 편으로 하얼빈을 떠나 이튿날 여순에 도착했다. 이 과정을 보여주는 기록은 안 의사의 자서전과 〈대한매일신보〉(1905년 창간, 1910년 '한일합방'으로 총독부의 기관지가 됨)의 기사다.

먼저 자서전에서 해당기록을 보자.

"미조구치 검찰관의 첫 신문을 받고 다시 총영사관 지하실에 갇힌 지 4~5일 뒤에 말하되 '오늘은 이로부터 여순구로 갈 것이다' 하는 것이었다. 그때 보니 우덕순, 조도선, 유동하, 정대호, 김성옥과 또 얼굴을 알지 못하는 사람 2~3인이 같이 결박이 되어 정거장에 이르러 기차를 타고 떠났다.

이날 장춘헌병소에 이르러 밤을 지내고 이튿날 다시 기차를 타고 어떤 정거장에 멈추었는데 일본순사 하나가 올라와서 갑자기 내 뺨을 주먹으로 후려갈기므로 내가 성이 나서 욕을 하자 헌병장교가 곁에 있다가 그 순사를 끌어 기차에서 내려 보낸 뒤에 날더러 하는 말이 '일본 한국 간에 이같이 좋지 못한 사람이 있으니 성내지 마시오' 하는 것이었다. 그 이튿날 여순구에 이르러 감옥에 갇히니 때는 9월21일(양력 11월3일) 쯤이었다."

여기서 안 의사가 말한 2~3인의 얼굴을 알지 못하는 사람이란 김연생(金淵生 30세, 함북 명천 출신), 김형재(金衡在 30세), 탁공경(卓公瓊 36세, 함남 중하리 출신)이었고, 정대호(鄭大鎬 36세)는 안 의사로부터 진남포의 가족을 데려다달라고 부탁받았던 동지였다. 호송과정을 보도한 1909년 11월9일자〈대한매일신보〉기사는 이렇다.

"범인 안중근 기타 연루자 8명을 장춘 일본헌병분견소 헌병 12명과 경부순사 등이 대련으로 호송하였는데, 안중근은 나이가 31세로 얼굴이 세장(細長)하고 준(準)이 높으며 미목(眉目)이 세(細)하며 머리카락이 짧은데 그 상태가 평연자약(平然自若)하며, 그의 연루자도 얼굴에 득의의 기색이 있는데, 그중 안중근은 강경히 경관을 대하여 말하되 '우리가 국가에 생명을 바침은 지사의 본분이거늘 이처럼 학대를 가함은 부당한 일이다. 음식물 등도 이처럼 조악한 것을 제공하면 먹지 못할 바니 우리를 대신(大臣)으로 대우하라' 하며 불평의 기색을 나타냈다 하며 범인 등을 여순감옥에 수감하였는데 취조 등의 일은 일절 비밀히 한다더라." (일부 현대어와 한글로 고침, 이하 같음)

장춘에서 하룻밤을 지낸 것
은 하얼빈에서 장춘까지는 러
시아측 동청철도회사 관할이
고 그 이하는 일본측 남만철도
회사 관할이기 때문이었다.

안중근 의사의 순국유적지
여순은 어떤 곳인가. 여순이
라 부르기 시작한 것은 명나
라 초엽이다. 명의 장수 마운
(馬云)이 왕명을 받고 1371년
등주(登州)에서 바다를 건너와
사자구에 무사히 상륙했는데,
"여정이 평탄하고 순조로웠

당시 안중근 의사에 대한 기사를 실던 〈대한매일신
보〉 지면.

다"(旅途平順)는 의미에서 사자구를 여순구(旅順口)라 고쳐 부르게 되었다
한다. 이 해에 마운과 수하 장졸들이 여순에 두 개의 성을 구축해 전략
적 요충이 되었고, 1880년 청의 이홍장(李鴻章)이 이곳에 수사(水師, 해군)
를 주둔시키면서 조선소를 세우는가 하면, 부두를 건설하고 포대를 쌓
아 근대 군항의 면모를 갖추게 되었다.

그러다가 조선의 갑오동학혁명을 계기로 1994년 8월1일 청일전쟁이
발발, 9월 황해해전의 대승을 발판으로 일본제국은 10월27일 요동반도
에서 상륙작전을 감행하여 11월21일 드디어 여순을 함락한다. 이 때 일
본군은 나흘낮 사흘밤 동안 대(大)살육전을 전개, 2만여 명에 달하는 여

순의 군민이 희생된다. 이로 인해 청나라 국민들의 분노가 하늘을 찌르고 러시아, 독일, 프랑스 등 열강들의 견제가 극심해지자 요동반도를 석권했던 일제는 배상금으로 백은 3천만 냥을 받고 물러난다.

청일전쟁 이후 제국주의 열강들의 중국대륙에 대한 침략은 더욱 기승을 부린다. 이중 러시아제국은 갖가지 트집을 잡아 1897년 12월 여순항과 대련항에 군대를 투입하여 삽시간에 요동반도를 점령하고, 이듬해 3월 청나라정부를 위협하여 '여대 조계지조약'을 체결하고는 여대지역을 관동성(關東省)이라 칭하고, 여순에 요동총독을 둔다. 러시아제국은 총독을 앞세워 여순 등지에 해군기지를 보강하고 육상방위 참호포대 등을 구축하는 한편, 태양구 지역에 대대적으로 관저와 사택을 지어 새 시가지를 조성한다.

1904년 2월8일, 호시탐탐 권토중래를 별러오던 일본제국이 여순의 러시아제국군을 야습해 식민지쟁탈을 위한 러일전쟁이 벌어진다. 1년 가까운 전쟁에서 마침내 일제가 승리, 여대지역은 다시 일제의 식민지가 되고 만다. 일제는 여순에 즉각 관동도독부를 설치하여 군정통치에 들어갔고, 이후에는 관동군사령부 관동주청을 분설했으며, 1919년에는 여순에 또 민정서(民政署)를 병설했다.

1945년 8월9일 동북지방의 일제 관동군을 전면공격, 8월15일 일본의 무조건 항복으로 전승국이 된 소련은 1950년 2월 중국의 공산인민정부와 '장춘철로, 여순구 및 대련의 협정'을 체결하고 1952년 이전에 여순구 해군기지와 기타 시설물을 중국에 넘겨주기로 했으나 한반도의 6·25전쟁으로 인해 소련군은 1955년 5월에야 여순 철수를 완료한다.

여순감옥의 역사

안중근 의사가 5개월여 수감생활 끝에 끝내 순국해야 했던 역사의
현장, 그 여순감옥의 소재지는 대련시 여순구구 향양가(向陽街) 139호 원
보방(元寶坊)이다. 사위로 높이 쌓아올린 담벽 안에 3개의 수감동과 각
종 작업장(공장)이 있고, 담벽 바깥에도 재소자들의 벽돌공장과 채소밭
육림지 간수주택단지 등이 있어 원래는 그 규모가 6만8500여 평에 달
했다.

1898년 3월, 강압에 의해 여대지방을 조차한 러시아제국은 여순에
관동주(關東州)를 설치하고 총독을 정점으로 군대경찰특무(정보요원)를
내세워 잔혹한 군사식민통치에 들어갔다. 러시아는 의화단사건 진압을
구실로 천진까지 출병한 것을 계기로 흑룡강 지역에까지 진출하여 사실
상 동북3성을 손아귀에 넣는다. 이 과정에서 러시아군은 검거선풍을 일
으켜 수많은 양민까지 체포, 원래의 감옥이 비좁아 수용이 어렵자 1902
년 원보방의 대규모 농지를 강제 징발하여 감옥 신축에 들어간다.

그러나 1904년 2월 러일전쟁이 일어나자 러시아는 건축공사를 중단하고 이미 완성된 85칸의 V자형 2개 수감동을 야전병원과 기병대병영으로 급조해 사용하게 된다. 이듬해 전쟁에서 승리한 일본제국은 감옥의 확장공사에 착수, 2층짜리 2개의 수감동(서북수감동 동북수감동)에 잇대어 증축하는 한편, 3층짜리 동편 수감동을 신축해 1907년에는 감방 253칸, 중벌수형자용 독감방 4칸, 환자감방 10칸을 마련함으로써 최대 수감인원이 2천여 명에 달했다. 이때의 감옥 명칭은 관동도독부 지방법원 산하의 '관동도독부감옥서'다.

1919년에 들어 일제가 한국과 중국에서의 무단일변도 식민통치방식을 다소 완화하는 정책을 채택, 관동도독부에 민정서를 병설하면서 군정통치에서 군정분치(軍民의 혼합통치방식)로 전환했다. 이에 따라 1920년 감옥 명칭도 '관동청감옥'으로 바꿨다. 이 무렵 관동도독부는 감옥 주변의 토지를 대거 징발하여 형무소용지로 전용, 재소자들을 동원해 벽돌공장을 가동하고 채소밭과 육림지를 조성한다.

1926년 감옥은 다시 '관동청형무소'로 이름이 바뀐다. 그러고는 1932년 만주국을 세우면서 신경(新京 - 長春 만주국 수도)에 관동국을 설치, 이 감옥을 일제가 직접 관장하면서 1934년 '관동형무소'로 이름을 고친다. 이 해에 일제는 감옥의 동편 코너에 2층짜리 교수형장을 신축, 가동을 시작한다. 1939년 감옥은 마지막으로 '여순형무소'로 개명됐다.

이러는 동안 이 감옥에는 줄잡아 50여만 명에 이르는 중국인 정치범, 사상범, 반만항일범(反滿抗日犯), 경제사범 등이 거쳐 갔는데, 일부 한국인 항일지사들도 이에 섞여 있었다.

1945년 8월 일본군을 무장해제 시켜 밀어낸 소련군은 여순 해군기지를 다시 차지해 1955년 철수할 때까지 여순형무소를 보급창고로 사용했다. 소련군으로부터 감옥을 인계받은 중국인민해방군 역시 창고로 이용했는데, 1970년 8월 모택동 주석의 "감옥을 대국민 군국주의 교육장화 하라"는 지시에 따라 일반인 공개를 준비, 이듬해 8월 '제국주의 침략죄행전람관'으로 문을 열었다.

1988년 1월13일 중화인민공화국 국무원은 '일아감옥구지(日俄監獄舊址)'를 전국중점문물보호단위(국가지정 중요문화재)로 공포, 옛 여순감옥을 국가관리책임 아래 두었고, 전람관의 명칭도 '여순일아감옥구지 진열관'으로 바꾸었다.

여순감옥에는 관동도독부 총독(만주국 건국 이후에는 만주국주재 일본대사)의 지휘감독을 받는 전옥(典獄)을 두어 형무를 총관장하게 했는데, 명칭이 형무소로 바뀐 뒤에는 전옥도 소장으로 관명이 바뀌었다.

감옥의 관리조직으로는 서무계, 회계계, 교무계, 작업계, 용도계, 의무계, 계호계의 7과가 있었다. 감옥 관리인원은 평균 120명으로 소수의 한국인 이외에는 일본인이었고, 통역 사역 등을 담당하는 중국인 고용원이 더러 있었다.

감방의 면적은 보통 4평반 정도(15㎡)이고 방 하나에 7~8명을 수용했다. 쇠붙이 장식을 사용한 육중한 출입문 상단에는 감시철창이 나 있고, 쇠막대 빗장에는 큼직한 자물쇠가 걸려있다. 감방마다 벽에 중국, 한국, 일본 세 나라 문자로 된 옥규(獄規)를 붙여놓았는데, 이는 모두 11개 조항으로 감방 안에서 말하지 말 것, 서로 대면하지 말 것, 벽에 기대앉지 말

여순일아감옥구지 내부모습. 1910년 3월26일 순국하기까지 안 의사가 5개월간 옥고를 치렀던 곳이다.

것, 밖을 내다보거나 걸어 다니지 말 것 등이다. 3개 국어로 기록한 이유
는 수감자 대부분이 중국인이었지만, 소수의 한국인과 일본인도 섞여
있었기 때문이다.

음침한 감방 안은 여름이면 무더운데다 변기통의 악취와 썩는 냄새
가 가득하며, 모기가 뜯고 이가 물어 건디기가 어려웠다고 한다. 또 겨
울에는 난방설비가 안 되어 있어 벽에 항상 서리가 두텁게 끼고 손바닥
만한 백지장 같은 요와 이불밖에 없어 동사자도 많았다고 전해진다.

일본제국은 감옥 안에 피복, 방직, 세탁, 신발, 인쇄, 기계, 철, 목공장
등 15개 공장과 감옥 밖에 벽돌공장, 채소밭, 육림지 등을 대대적으로 조

여순감옥 조실(調室)에 전시된 고문도구들

성해 수감자들의 노동력을 투입, 군용품과 일용품을 조달했다. 특히 감옥 밖에서 작업하는 수감자들에게는 두 사람씩 허리를 쇠사슬로 한데 묶거나 발목에 쇳덩이(11kg)를 매달아 도주에 대비했다.

수감자들의 주식은 일본인과 한국인은 조밥, 중국인은 수수밥인데 수감자들의 수형태도와 노동강도에 따라 7등급으로 나누어 배식했다고 한다. 부식은 짠지와 무잎소금국이 전부였다. 따라서 과로와 굶주림, 영양결핍증으로 사망한 수감자도 상당수일 수밖에 없었다.

1945년 8월까지 1년간 마지막 소장으로 근무했던 타고(田子仁郎)의 증언에 의하면 그의 재직 중 공식통계의 병사자만도 1백 명이 넘었던 것으로 되어있다. 특히 태평양전쟁 중에는 환자를 의무계 병실에 가둔 채 치료는커녕 급식까지 끊어 죽게 하거나, 목숨이 질긴 환자는 최명주사(죽음을 재촉하는 주사)를 놓아 술통 비슷한 둥그런 나무통(여순감옥에서 사용했던 일종의 수감자 시체를 넣었던 관) 속에 넣어 생매장까지 했다.

수감자들이 가장 두려워했던 곳이 조실(調室)이다. 3개의 수감동이 만나는 감시대 바로 옆에 설치된 이 방은 삼각형으로 되어있는데, 보통 형실, 취조실, 심문실 등으로 통했다. 수감자에 대한 가장 보편적인 체벌은 태형이었다. 태형은 발가벗겨 수평봉에 달아매거나 대자형 형틀에 뉘어 사지를 가죽띠로 묶어놓고 납(鉛)을 채워 넣은 참대나무로 내려치는 형벌이다. 또 미결수에 대한 고등계 형사나 검찰관의 신문도 예외 없이 이곳에서 행해졌다. 1908년 관동도독부가 '관동주 벌금 및 태형 처분령'을 공포, 태형은 이들에게 합법적인 형벌의 일부였다.

중국측 자료는 일본제국의 '관동청요람'과 '관동국요람'을 인용, 수감자 누계를 1930년까지 27만6천명, 1940년까지는 44만3천명, 1945년까지는 50만명이 넘었다고 기록하고 있다. 형벌에 의해 사망한 수감자만도 1936년까지 150명을 넘었으니, 일제의 탄압이 극심했던 이후 10년간의 숫자는 헤아릴 수조차 없다고 덧붙이고 있다.

고형장(絞刑場)과 재소자 묘지

감옥 안에서 수감자들에게 악명 높았던 곳이 또 하나 있다. 암(暗)감방이다. 죄질이 '악질적'이라고 판단되거나 수형태도가 특별히 불량한 수감자를 가둬두는 지하 독감방을 가리킨다. 그런 수감자는 고문이나 태형을 가한 다음 특수하게 제작된 형구에 두 손을 머리 위로 올려 묶고 칠흑같이 어두운 이 방에 가두게 된다. 넓이는 0.8평(2.5㎡). 벽에는 복도 쪽으로 안쪽은 넓고 바깥쪽은 좁은 원형 감시구멍 하나가 있을 뿐이다. 이런 독감방은 감옥 안에 4개가 있었다.

하지만 뭐니 뭐니 해도 수감자가 가장 가기 싫은 곳은 감옥안 동북 코너에 있는 교살형장이다. 일제의 관동도독부는 군정통치기간이었던 1919년까지는 수감자 처형에서 총살형을 원칙으로 했고, 군정분치로 전환한 1920년 이후에는 교수형을 원칙으로 했다. 사안이 발생할 때마다 감옥 안에 교수대를 설치, 집행해오다가 1934년 감옥 안의 은폐된 지역에 29평(90㎡)짜리 2층 특수건축물을 지어 교살형장을 마련했다.

재판장으로 안중근을 압송해가는 검은 호송마차. 일본 죠신지(淨心寺) 소장.

교형장의 2층 북쪽 편은 선판정(宣判庭)이다. 형무소장이 '사형집행'을 선언하면 간수가 흰 천으로 사형수의 얼굴을 씌운 다음 활판(活板, 마루 바닥 중 밑으로 여닫히는 부분)에 꿇어앉히고는 목에 밧줄을 걸어 교살했다. 이곳에는 지금도 당시의 교살용 밧줄이 3개나 전시돼 있다.

의사의 사망확인이 끝나면 사형수의 시체를 반으로 접어 나무통(木桶) 속에 구겨넣고 뚜껑을 덮어 재소자공동묘지에 내다묻었다. 공동묘지는 감옥 동북쪽 1.5킬로미터 지점 야산 비탈 한 모퉁이에 90여 미터 길이의 도랑을 다섯줄로 파놓고 시체가 담긴 나무통을 차곡차곡 묻어 나갔다는 것이다. 그러고는 몇 년 뒤 시체가 육탈(肉脫)되면 파내어 뼈는 버리고 나무통은 다른 수감자의 시체를 담아 다시 묻곤 했다고 한다. 따라서 불과 얼마 되지 않는 땅에 수천 명을 묻을 수 있었다는 것이다.

특히 1945년 8월 일본제국이 무조건 항복하기 전날 밤에는 감옥 안에서 대살육이 감행되었는데 이때는 나무통에 시체를 넣어 공동묘지에 운반해 가서는 시체만 구덩이에 묻고 나무통은 회수해 다시 썼으며 나중에는 아예 나무통 없이 시체를 마차로 실어내다가 구덩이에 내던졌다고 중국측 자료에 기록되어 있다.

일본제국 관동도독부 당국자들의 안중근 의사에 대한 대우와 태도는 다른 수감자들에 대한 그것과는 판이하게 달랐다. 그러한 조짐은 1909년 10월30일 첫 신문에서 미조구치 검찰관이 "어제 진술하는 말을 들으니 참으로 동양의 의사라 하겠다. 그대는 의사이니까 절대로 사형 받는 법은 없을 것이니 걱정하지 말라"고 말하는 데서부터 비롯된다.

열차호송 중 일제헌병의 태도 역시 안 의사에게 정중했다. 일반 재소자 감방이나 지하 암감방이 아닌, 감시대건물 동편 바로 옆의 간수사무실(초소경비간수 대기실) 북쪽에 잇대어 감방 한 칸을 특별히 증축하여 안 의사를 수감한 관동도독부법원과 관동도독부감옥서(여순감옥)의 처사에서도 안 의사에 대한 그들의 그런 태도를 엿볼 수 있다. 물론 안 의사가 일본제국으로선 국사범이나 마찬가지여서 지척에서 24시간 감시가 필요했다는 점도 작용한 결정이었다.

안 의사는 수감되고 나서 예상치 못했던 그들의 그런 태도에 어리둥절해하기도 했다. 안 의사 자서전에서 이 대목을 보자.

"감옥에 갇힌 뒤로 날마다 차츰 가까이 지내게 되는 중에 전옥과 경수계장과 일반관리들도 나를 후대하므로 나는 느꺼움을 이기지 못하고 마음속에 '이것이 참말인가 꿈인가'를 의심했었다. '같은 일본인인데 어째서 이같이 서로 다른 것인가. 한국에 와있는 일본인은 강폭하기가 말할 수 없는데 여순구에 와있는 일본인은 어째서 이같이 어질고 후한가. 한국과 여순구에 있는 일본인들의 종자가 달라서 그런가. 풍토기후가 달라서 그런 것인가. 한국에 있는 일본인들은 권세 맡은 이토가 악하기 때문에 그 마음을 본떠서 그러하고 여순구에 있는 일본인들은 권세 맡은 도독이 인자해서 그 덕에 감화되어 그런 것인가' 하고 아무리 생각해보아도 그 까닭을 알지 못했다."

안 의사에 대한 대우

일부에는 안중근 의사가 지하 암감방 혹은 수감동 2층 감방에 수감돼
있었고 혹독하게 고문당했다는 설도 있으나, 여러 자료들에 나타나있는
정황을 종합해 볼 때 일제관동도독부의 안 의사에 대한 '정중한 예우'와
'혹독한 고문 배제'는 분명했던 것으로 보인다. 안 의사의 자서전에서 이
부분을 더 살펴보자.

"검찰관은 늘 내게 대해서 후대를 하고 신문한 뒤에는 언제나 이집
트담배를 주기 때문에 담배를 피워가며 공정한 토론도 하고 또 동정
하는 빛이 그 얼굴에 나타났었다."

"전옥 구리하라(栗原)씨와 경수계장 나카무라(中村)씨는 항상 나를
보호해주고 후대했다. 매주일에 한 번씩 목욕을 시켜주고 날마다 오
전오후 두 차례씩 감방에서 사무실로 데리고 나와 각국 상등 담배

와 서양과자와 차를 주기 때문에 배불리 먹기도 했다. 또 아침 점심 저녁 세끼에 상등 쌀밥을 주었고 내복으로 상등품 한 벌을 갈아입히고 솜이불 네 벌을 특별히 주었으며 밀감 배 사과 등 과일을 날마다 두서너 차례씩 주는 것이었다. 날마다 우유도 한 병씩 주었는데 이것은 소노키(園木末喜, 필자註: 조선통감부 한국어 통역관으로 관동도독부에 촉탁으로 파견되어 와서 검찰관신문 공판 순국에 이르기까지 안 의사의 통역을 담당했음)씨가 특별히 대접하는 것이었고 미조구치 검찰관은 닭과 담배 등을 사 넣어주었는데 이같이 특별히 대우해준 것에 대해서는 감사해 마지못하며 이루 다 적지 못한다."

안 의사의 수감생활과 인간됨을 보도한 1909년 12월5일자 〈대한매일신보〉기사에서도 그런 대우를 엿볼 수 있다.

"옥중에 갇힌 안중근은 일본음식으로 대우하는데 혹은 자신의 휴대품을 팔아서 좋은 식품을 사먹으며, 그중에 혹자는 처자를 생각하며 고향쪽을 바라보면서 눈물을 흘리는 자도 있으되 유독 안은 '우국의 지사는 처자를 생각하지 않는다'고 말하며, 이토 공 암살에 대하여 관계인은 하나도 없고 오직 자기 한 사람의 의사라 말하며, 안은 평소 술을 아주 좋아하는데 2~3년 전부터 한국이 독립하기 전까지는 금주하기로 맹세하였다더라." (일부 현대어와 한글로 고침)

그러나 그러한 관동도독부측의 정중한 태도는 적어도 공식적 표면적으로는 12월 20일 제8차 검찰신문에서 표변한다. 그 표변의 과정과 배경에 대해서는 뒤에서 상세히 언급하기로 한다.

안 의사는 1909년 11월 14일 미조구치 검찰관으로부터 제2차 신문을 받는다. 그동안 관동도독부 경찰의 개략적인 조사만 받았을 뿐 이처럼 검찰신문이 늦어진 데 대해 〈대한매일신보〉는 그해 11월 14일자에 이렇게 보도하고 있다.

"향일 관동도독부 지방법원으로 호송한 범인 안중근의 연루자 8명에 대하여 하라이시 법원장과 미조구치 검찰관은 아직 하얼빈에 체재하여 조사중인고로 1회도 정식예심을 열지 못하였고 경찰이 취조만 행하는데 아카시(明石) 참모장(少將, 조선통감부 소속)과 히라치(曾知) 정무국장이 입회 심리하는 중이라더라."

그러나 같은 신문 11월 20일자에 드디어 제2차 검찰신문 사실이 '신문 개시'라는 제목으로 보도되고 있다.

"관동도독부 법무원에서 안중군의 연루자 8인의 신문을 지난 14일부터 개시하고 1주일 내로 예심에 회부할 터인데, 음모는 블라디보스토크 그리고 하얼빈에서 기획하였고 한국 경성에는 연락이 없었다는 보도가 있고 또 경성에서 조사한 것도 역시 같은 의견에 귀착하였으나 장차 예심의 진행을 따라 새 사실이 발견될는지는 알지 못한다더라."

거사 직후 러시아의 하얼빈역 헌병분파소에서는 "나는 대한국인이다. 본적은 대한국 평안남도 진남포이며 이름은 안응칠이다. 직업은 한국의병 참모중장, 연령은 31세"라고 자신의 신분을 분명히 밝혔던 안의사는 4일 뒤 하얼빈주재 일본총영사관에서 있었던 미조구치 검찰관의 1차 신문부터는 태도를 정반대로 바꾼다. 그 머리 부분을 요약하면 이렇다.

"씨명(氏名)은 안응칠, 연령은 31세, 직업은 사냥꾼, 신분은 한국의군 참모중장, 주소는 한국 평안도 평양성 밖, 본적지와 출생지도 같다. 나는 천주교 신앙자이고 부모처자는 없다. 일정한 거소도 없고 토지가옥을 소유하고 있지도 않다. 학문도 배우지 않았다."

단독계획인가 공모인가

안중근 의사는 1909년 11월14일 관동도독부 감옥서의 신문실에서 있은 2차 검찰신문에서도 1차 신문 때와 마찬가지로 자신의 신분과 관계되는 것이라면 노출을 최소화하려 애쓴다.(검찰신문은 모두 여순감옥 내의 신문실에서 시행됨)

안 의사가 그처럼 일제의 검찰관신문에서부터 자신의 신분관리에 들어간 것은 당연히 가족을 비롯한 주변사람들에 대한 일제의 가해를 최소화하고, '단독범행'으로 몰고감으로써 연루동지들이나 노령 연해주의 의군관계 동지들과 동포사회에 혹시라도 미치게 될지 모르는 화근을 미연에 차단해두려는 충정에서였다.

앞서 "유독 안은 '우국의 지사는 처자를 생각지 않는다'고 말하며 이토 공 암살에 대하여 관계인은 한 사람도 없고 오직 자기 한 사람의 의사라 말하며…"라는 〈대한매일신보〉 기사(1909년 12월5일자)에서 보았듯이 안 의사는 시종 '단독거사'임을 주장하다가 후반의 검찰신문과 1910년 2월의 공판에 이르러서야 우덕순을 끌어들인 부분만을 인정한다. 이 부분 공판기록을 보자. (1910년 2월7일 오전 10시에 개정한 1차 공판)

재판장 : 그대는 자칭 공명정대한 일을 한다고 하면서 검찰관의 취조에 대하여 처음부터 공모한 우덕순 이외의 사람들을 은폐하려고 진실한 말을 하지 않은 것은 무엇 때문인가?

안중근 : 그것은 각자의 생각에 달렸다고 생각한다. 내가 그 일을 이야기하지 않은 것은 우덕순이 말하기 전에 그것을 말할 필요는 없으며 내 일만 이야기하면 된다고 생각했기 때문이다.

그렇다면 여기서 우리는 깊이 생각해봐야 할 사안 하나와 만나게 된다. 과연 안중근 의사의 '이토 히로부미 포살'은 단독계획이었는가, 공모에 의한 거사였는가?

전자의 견해는 검찰관신문조서와 공판기록, 안 의사의 자서전을 종합한 결과이고 후자의 견해는 당시의 주한일본공사관 기록(한국독립운동사자료 제7권 수록)에 들어있는 3개의 조사보고서와 당시 블라디보스토크 〈대동공보〉기자였다가 뒤에 주필을 지낸 이강의 회고록을 종합한 결과다.

3개의 조사보고서란 이토 피격직후 주한일본공사관이 일본군 헌병대위 무라이와 한국인보조원 김모를 승려로 가장시켜 블라디보스토크에 밀파하여 수집해온 정보내용을 기록한 조사보고서, 일본군 헌병중위 스기야마의 조사보고서, 일본헌병대의 조사보고서를 가리킨다.

지금까지 대체로 '전자의 견해'를 존중하는 입장에서 안 의사의 의거를 추적해왔다. 그러나 그것은 공식기록에 입각한 정리였을 뿐, '후자의 주장'이나 여러 정황을 종합해 볼 때 대동공보사 주변의 안 의사 동지들이 거사계획에 개입돼 있음을 부인하지 못한다.

안 의사의 의거에 대한 독자들의 보다 심층적인 이해를 돕기 위해 서울대 신용하(愼鏞廈)교수의 논문 '안중근사상과 국권회복운동'(안중근 의사 추모자료집)을 참고로 하여 이 부분을 보충 전개하고자 한다.

1909년 10월10일, 블라디보스토크의 한국동포신문 '대동공보사' 전무실에 한국인 7명이 모여 시국문제를 토론한다. 유진율(兪鎭律, 실질적인 사장 역할), 정재관(鄭在寬) 주필, 윤일병(尹日炳), 이강, 정순만(鄭淳萬) 기자와 엥치우 지국장겸 심방원(기자)인 안중근과 대동공보사 집금회계원 우덕순이 그들이었다. 누군가가 이 자리에서 이토의 하얼빈방문 외신보도가 있다고 말하자 이를 받아 한 사람이 "지금 또 하얼빈에 온다니 과연 그렇다면 반드시 측량할 수 없는 간계를 품고 있을 것이다"고 문제를 제기했다. 이에 다른 한 사람이 "그를 포살하는데 대단히 좋은 기회다. 그렇지만 불행히도 힘이 부족하여 어떻게도 하기 어렵다"며 한탄했다. 모두들 고개를 끄덕였다. 이때 안중근이 자진하여 "내게 맡겨달라"고 제의했다. 우덕순도 "안중근과 공동으로 실행하겠다"고 나섰다.

이에 따라 대동공보사의 7인모임은 이토 저격을 위한 유격특공대를 조직하는 밀회의 성격을 띠게 된 것이다. 10월15일 유진율은 거사비 약간과 단총 3정을 안중근에게 건네준다. 이 때 안 의사와 동지들은 이토 포살 자체가 의거목적의 전부가 아니고, 거사 이후 세계의 이목이 집중될 공판정에서 일제의 한국에 대한 침략을 만방에 폭로하고 규탄하는

데 있음을 분명히 한다.

안 의사는 이를 검찰신문과 공판, 자서전에서 여러 차례 강조하고 있다. 결국 안 의사와 동지들은 일제가 획책하는 한국병탄과 만주침략을 실질적으로 저지하기 위해 그 우두머리인 이토를 '희생양'으로 선택했던 것이다.

대동공보사와 동지들

〈해조신문〉의 후신인 〈대동공보〉는 주식회사로서 연해주 '한국인민회'의 기관지 성격을 띠고 있었다. 주2회(수·일) 발행의 전4면으로 발행 부수는 1천여 부였고, 구독료는 50전이었다. 초기에는 엥치우의 동포사회 거부인 최재형(崔在亨, 안중근 의군부대에 자금과 조직을 지원했음)이 주로 자금을 부담했으나, 하얼빈의거 전후에는 최봉준(崔鳳俊), 김병학(金秉學) 등이 그 역할을 대신한 것으로 알려져 있다.

명의상으로 발행인(사장)은 제정러시아 육군중좌 출신으로 변호사인 콘스탄틴 페트로위치 미하이로프(안 의사 민선변호인 선임계를 제출했다가 일제에 의해 거부당함)였으나 실질적으로는 유진율이 사장역할을 했다. 안 의사 의거 이후인 1909년 11월14일에는 미하이로프가 안중근 변호를 위해 여순으로 떠나면서 명의도 유진율로 바꾸었다.

〈대동공보〉는 한인 이외의 외국인에게는 일절 판매되지 않았으나 국내는 물론 미국의 샌프란시스코 등지와 청국의 상해 등지에도 송부됐

다. 지면은 언제나 반일·국권회복을 고취하는 기사로 가득 찼었다고 한
다. 그리하여 대동공보사는 한국인 동포들의 사랑방 구실을 했고, 모였
다 하면 국권회복의 방안을 토론하곤 했다.

그럼 여기서 잠시, 결과적으로 하얼빈의거를 꾸미는 모임이 됐던 '대
동공보사 전무실 토론'에 참석했던 인물들을 간략히 소개하고자 한다.

유진율(兪鎭律), 함북 경흥 출신, 당시 35, 36세로 주필이었지만 실질
적으로는 사장이었다. 러시아에 귀화, 니코라이 페드로위치 유가이라
는 러시아이름도 갖고 있었다. 한국인민회에는 빠지는 적이 없었고, 국
권회복을 목적으로 하는 회원 3백여 명의 청년회를 이끄는 실력자였다.
블라디보스토크를 방문하는 한인이라면 누구나 가장 먼저 찾을 정도의
위치였다고 한다. 블라고베센스크에서 신학교를 졸업하고 1898년 〈독
립신문〉에 독립관련 계몽논문을 집필한 선각자이기도 했다.

이강(李岡), 평남 평양 출신으로 나이는 40세쯤이다. 신민회(新民會)의
블라디보스토크 간부로 미국의 많은 한인들과 관계를 맺고 있었다. 글
재주가 뛰어나고 동포사회에서 신망이 두터웠는데 당시 대동공보사에
선 요즘의 편집장에 해당되는 편집논설기자(후에는 주필)였다. 안 의사와
는 가장 친밀한 사이였다.

정재관(鄭在寬), 평남 평양 출신으로 미국 샌프란시스코의 공립(共立)
협회 회원으로 후에 신민회 블라디보스토크 책임자를 역임했다. 안창
호 등과 도미하여 함께 활동했는데 한인신문 〈공립신보(共立新報)〉의 발
행인으로 있다가 이 신문이 1909년 2월 〈신한민보(新韓民報)〉로 바뀌면
서 최정익(崔正益)에게 발행인 자리를 넘겨주고 블라디보스토크로 옮겨

옛 관동도독부 지방법원. 안중근은 1910년 2월7일부터 14일까지 이 법원 제1호 법정에서 재판을 받고 사형이 언도되었다.

이강과 함께 신민회 외곽단체인 '재러대한인국민회'를 조직했다. 〈대동공보〉 기자이면서 〈신한민보〉 통신원도 겸했다.

윤일병(尹日炳), 블라디보스토크 헌병대 통역이면서 대동공보사 번역담당 기자. 제정러시아의 수도 페테르부르크에 유학했고 대한제국군대 러시아어통역관도 역임했다.

정순만(鄭淳萬), 서울 출신으로 서울 상동교회(尙洞敎會) 목사, 애국계몽운동에 앞장섰던 '상동청년회'를 주도하며 국민들에게 국권회복사상을 고취시켰다. 헤이그밀사사건에 연루되자 블라디보스토크로 망명, 대동공보사 기자로 있으면서 국권회복운동을 전개했다.

안중근 재판의 군사법정. 왼쪽부터 미조부치 다카오 검찰관. 마나베 주조 재판장. 소노키 스에요시 통역.
와나타베 료이치 서기. 일본 죠신지(淨心寺) 소장.

안중근은 의군참패(1908년 6월), 단지혈맹(1909년 1월) 이후에는 주로
엥치우 지방에서 대동공보사 지국을 개설, 탐방원(기자)을 겸하면서 신
문을 보급하고 교육과 강연 등 애국계몽 사업에 종사하면서 의병의 재
기기회를 기다리고 있었다.

우덕순(가명 禹連俊)은 당시 대동공보사의 집금회계원으로 있으면서
금은세공에 종사하고 있었다. 안중근이 조직했던 동의회(同義會) 회원이
었고 의군전투에도 함께 참가했던 안중근의 가까운 동지다.

조도선(본명 曺俊承) 역시 대동공보사에서 러시아어 번역을 담당하다
가 하얼빈의거에 앞서 장사하기 위해 하얼빈으로 갔다. 페테르부르크

에선 이범진(李範晋)의 막하에도 있었다.

이강은 안중근과 우덕순이 하얼빈으로 떠나기 앞서 대동공보 하얼빈 지국을 맡고 있던 김형재(金衡在) 기자에게 소개하는 편지를 써주었다. 안중근과 우덕순은 1909년 10월21일 유진율, 이강 등의 전송을 받으며 블라디보스토크 역을 출발했다.

뒷날 안중근은 공판정에서 대동공보사의 동지들을 보호하기 위해 자신과의 관련을 부인했다. 안중근은 자신이 3년 전부터 이토 저격을 생각해 왔고, 그 계획도 자신이 단독으로 세워 우덕순을 가담시켰으며, 조도선과 유동하에게는 거사계획을 알리지 않은 채 본국에서 오는 자신의 가족을 마중하는 데 동행해달라고 요청하여 끌어들였다고 진술한다.

안중근은 우덕순, 유동하를 대동하고 하얼빈에 도착하여 김형재를 찾아갔다. 김형재는 이강의 편지 내용대로 조도선을 안중근 일행에 합류시켰고, 10월23일경에는 안중근 일행을 김성백(혹은 金成玉)의 집에 안내해주고 그에게 이강의 편지를 전달했다. 6명으로 늘어난 안중근 일행은 그의 집에서 이날 밤 늦게까지 하얼빈에서의 활동계획을 상의했다.

검찰관의 태도표변

안중근 의사는 1909년 11월14일, 여순감옥에 수감된 후 처음이자 거사 이후로는 두 번째로 감옥내 신문실에서 검찰관신문을 받는다. 그런 뒤로 다섯 차례에 걸쳐 연속적으로 신문(1차 검찰신문은 10월30일 하얼빈주재 일본총영사관)을 받는데 11월15일 3차 신문, 11월16~17일 이틀간의 4차 신문, 11월18일 5차 신문, 11월24일 6차 신문, 11월26일 7차 신문이 그것이다.

이처럼 계속적으로 이어지던 검찰신문이 한 달 가까이 뚝 끊기더니 12월20일에야 8차 신문에 들어가면서 미조구치 검찰관의 그동안 '호의적이고 정중하던' 신문태도가 '강압적인' 분위기로 표변한다. 여기에는 그럴만한 이유가 있었다. 안 의사 자서전에서 이 부분을 보자.

"하루는 검찰관이 또 와서 신문하는데 그 말과 행동이 전일과는 아주 딴판이어서 혹은 압제도 주고, 혹은 억설도 하고, 또 혹은 능욕하고 모멸도 하는 것이라. 나는 스스로 생각하되 '검찰관 생각이 이같이 돌변해진 것은 아마 제본심이 아니요, 어디서 딴 바람이 불어 닥친 것일 것이다. 그야말로 도심(道心)은 희미하고 인심은 위태롭다더니 빈 문자가 아니로구나' 하고 분해서 대답하기를, '일본이 비록 백만 군사를 가졌고 또 천만문의 대포를 갖추었다 해도 안응칠의 목숨 하나 죽이는 권세밖에 또 무슨 권세가 있을 것이냐. 인생이 세상에 나서 한번 죽으면 그만인데 무슨 걱정이 있을 것이냐. 나는 더 대답할 것이 없으니 마음대로 하라'고 했다.

이때로부터 나의 장래일은 크게 잘못되어져서 공판도 반드시 잘못 판단될 것이 명확한 일이었다. 더욱이 발언권이 금지되어 내가 목적한 바 의견을 진술할 도리가 없었고, 모든 사태는 숨기고 속이는 것이 분명했다."

안 의사는 이에 곰곰 생각해 보았다. '이것은 반드시 굽은 것을 곧게도 만들고, 곧은 것은 굽게도 만들려 하는 것이다. 대개 법이란 것은 거울과 같아 털끝만큼도 어긋날 수가 없는 것이다. 이제 내가 한 일은 시비곡직이 이미 명백한 일인데 무엇을 숨길 것이며 무엇을 속일 것이냐.' 그때 안 의사는 분함을 참을 수 없어 두통이 심해졌다가 며칠 뒤에야 나았는데 이에 대해 안 의사는 '그 뒤로 한 달 남짓 무사히 지났는데 이 또한 이상한 일이었다'고 적고 있다.

안 의사는 그해 12월21일과 22일부터 사흘간 9차와 10차 검찰관신문을 받은 다음 아무 일 없이 지내다가 이듬해 1월26일 최종 검찰신문을 받고 송치된다.

앞에서 안 의사 자신이 8차 신문에서의 '검찰관의 태도돌변'을 '제 본심이 아니요 어디서 딴 바람이 불어닥친 것'으로 짐작한 것은 정확한 판단이었다. 당시 일본제국을 움직이던 권력의 핵심부에는 세력팽창과 강압적 식민정책을 추구하는 다분히 호전적이고 강경한 나가슈파(長州派)와 이에 비해 상대적으로 평화지향적이고 온건한 도사파(土佐派)가 두 개의 큰 줄기를 형성하고 있었다.

안 의사의 부친 안태훈과 동생 정근. 공근

도사출신인 히라이시 법원장과 미조구치 검찰관 그리고 일인 변호사 등 관동도독부 지방법원 관계자들은 조선인으로서의 안 의사 거사의 정당성, 재판권 행사의 애매성, 안 의사의 인품과 돈독한 신앙심에 대한 높은 평가 등으로 하여 당초 관동도독부 법원 차원에서는 안 의사에 대해 무기징역을 고려하고 있었다. 그러나 나가슈 – 도사파의 '이토사건'

처리에 대한 의견대립에서 주도권을 잡은 나가슈파의 강경방침으로, 본 국정부의 '징악정신에 따라 극형에 처하라'는 밀명에 따라 관동도독부법원의 태도가 표변하지 않을 수 없었던 것이다.

안 의사의 동생들인 안공근(당시 23세)과 정근(25세)도 한국에서 여순으로 불려와 참고인 신문을 받았는데, 안 의사 5차 검찰신문 다음날인 11월19일이었다. 공근은 진남포의 소학교를 거쳐 경성사범학교를 졸업, 진남포의 공립학교에서 교편을 잡고 있다가 '안 의사 의거'로 인해 사직했고, 정근은 경성 양정의숙에서 법률을 공부하다가 마찬가지로 휴학한 상태였다.

안 의사가 동생들을 만나는 장면을 안 의사 자서전에서 보자.

"11월쯤 되어서다. 나의 친동생 정근과 공근 두 사람이 한국 진남포로부터 이곳에 와서 반가이 만나 면회했는데 서로 작별한지 3년 만에 처음 보는 것이라 생시인지 꿈인지 깨닫지 못했다. 그로부터 항상 4~5일 만에 혹은 10여 일 만에 차례로 만나 이야기를 나누었다. 한국인변호사를 청해올 일과 천주교신부를 청해다가 성사받을 일들을 부탁하기도 했다."

로-영의 두 변호사

안 의사의 두 동생이 검찰관의 참고인신문을 받고 여순감옥으로 형을 면회 다니기 시작하던 무렵, 간도와 노령 연해주지방의 한인사회에서는 '안중근을 구하자'며 의연금 갹출운동을 전개하고 있었다.

이를 배경으로 블라디보스토크의 대동공보사와 홍콩의 교포들은 안 의사 변호를 위해 러시아인 미하이로프(대동공보 전임사장)와 홍콩거주 영국인 제니 더글러스 두 변호사를 고용하여 여순에 파견했다. 이들은 여순감옥을 방문, 안 의사를 면회한 자리에서 "우리 두 사람은 블라디보스토크에 있는 한국인 여러분의 위탁을 받고 변호하러 왔소. 지방법원으로부터는 이미 허가를 받았으니 공판하는 날 다시 와서 만나겠소"라며 격려하고 갔다.

이들 두 변호사가 안 의사의 서명을 받아 변호신고서(변호사선임계)를 관동도독부지방법원에 제출한 것은 1909년 12월1일이고, 지방법원이 이를 허가하지 않기로 공식 결정한 것이 1910년 2월1일이니 앞에서 '지방법원의 허가를 이미 받았다'는 말은 '지방법원의 호의적 방침'쯤으로 이해하면 될 것이다. 이때는 검찰관 등 지방법원의 안 의사에 대한 호의적 태도가 강압적으로 돌변하기 이전이었다. 변호사 접견에 대한 안 의사의 반응을 자서전을 통해 들여다보자.

"나는 마음속으로 크게 놀라고 또 약간 이상스레 생각했다. '일본의 문명 정도가 여기까지 온 것인가. 내가 예전에는 생각이 미치지 못했던 게다. 오늘 영국 러시아 변호사들을 능히 허용해주는 것을 보니 과연 세계에서 일등국가의 행동이라 할 만하다. 그러면 내가 오해했던 것인가. 이 같은 과격수단을 쓴 것이 망동이었던가' 하고 너무도 의심스럽게 생각했었다.

이때 한국내부경시 일본인 노인 사카이(필자주, 조선통감부에서 파견한 일제 경찰간부 境益太郞. 사카이씨의 유족에 의해 1978년 2월 안 의사 자서전 '안응칠 역사가 공개됨) 씨가 왔는데 한국어를 너무도 잘하는 사람으로서 날마다 만나 이야기를 했다.

일본과 한국, 두 나라 사람이 상대해서 서로의 의견을 주고받으니 정략기관은 서로 크게 다를망정 개인인정으로 말하면 차츰 친근해져서 정다운 옛 친구와 서로 다를 것이 없었다. 나는 어느 날 사카이 씨에게 물었다. '일전에 영국 러시아 두 나라 변호사가 여기 왔었는데 이 시간부터는 법원관리가 공평하게 진심으로 허가해준 것인가' 그는 대답하되 '참말로 그러하다' 나는 다시 말하되 '과연 그러하다면 동양의 특색이 있는 일이다. 그러나 만일 그렇지 않다면 나의 일에 대해서는 해로울지언정 이로움은 없을 것이다'라고 웃으며 헤어졌다."

안 의사는 법원관계자들의 태도변화에도 불구하고 의연하게 수감생활을 받아들이며 신앙생활과 자서전 집필(1909년 12월13일 집필을 시작, 1차로 이듬해 3월5일, 2차로 3월15일 탈고)에 몰두했다. 1909년 12월3일자 〈대한매일신보〉의 기사를 통해 안 의사의 수감생활과 신문과정의 편린을 엿보기로 하자.

"안중근 이하 연루인들은 여순감옥서내 가법정(假法廷)에서 밤낮으로 엄중히 심문하는 중인데 이번 사건의 내용여하와 연루관계의 범위는 당국 심사관등이 극히 비장하는 고로 도저히 얻어듣기 어렵다하며 심사에 관한 서류는 로·청문(露·淸文) 및 한글 등을 여러 선반에 쌓아놓아 일일이 번역조사할 터이요, 또 많은 액수의 수수료를 내고 한국내 각지 및 블라디보스토크 하얼빈 상해 등지와 주고받은 전보조회 등 문자를 수집중이라 하며, 종래 여순감옥에서 한인에게 대한 처치는 청인과 동일한 방법을 썼는데 금번에는 특별히 일인과 동일한 대우를 주어 하루 2, 3차씩 옥내운동을 허락하며 또 심문이나 편달(고문)을 가하지 않고 자유로이 품은 뜻을 거침없이 토로하게 한다 하며, 안중근은 하얼빈으로부터 대련에 호송될 때에 기차내에서 호송자를 대하여 '나를 마땅히 지사로 대우하라' 하며 '너희들 미천한 순사들이 신성한 나의 신체에 손을 감히 대지 말라'고 호송자들을 매도하였고 옥중에 있으면서도 태연히 숙면을 이루므로 그 담기가 웅대함에 놀라지 않을 수 없다 하며, 기타 연루자들은 심사결과를 얻어듣기 어려워 범죄의 가볍고 무거움과 연루관계의 얕고 깊음을 알기 곤란하나 심사관은 그들 중 3인을 엄밀히 취조하고 기타는 심사를 종료한 듯하며 이로 인하여 5명에게는 지니고 있는 화폐로 음식물을 마음대로 사서 먹게 하며 서신도 자유로이 발송케 한다더라."

일제(日帝)의 밀명

1910년 1월 중순 여순지방법원은 안중근 의사에 대한 공판날짜를 2월7일로 결정했다.

"목하 구류중에 있는 자는 안중근, 조도선, 우연준(德淳) 외 1인인데 공판기일은 내월 5, 6일경이라더라." (〈대한매일신보〉 1910년 1월19일자. 이 무렵부터 이 신문은 안 의사의 성명 아래에 씨를 붙이기 시작한다.)

"안중근 씨에 관한 조사서류는 그 분량이 2척5촌의 높이에 달했으며, 관동도독부지방법원은 공판정으로 고등법원 제1호 법정을 유용키로 하고 설비중인데, 보통 방청석과 신문기자석을 구별케 한다는데, 종래 설치하였던 난로 한 개로는 방청인 다수에게 만족을 주기 어렵다 하여 다시 난로 하나를 가설하여 3백 명 이상의 방청객을 수용할 계획이라더라. 안중근 씨의 연루자는 당초 15명을 검거하였다가 7명은 당시 방면하고 또 4명은 지난해 12월24일 방면하고 목하

재수인자는 우연준, 조도선, 유동하 등 4인이라더라." 《대한매일신보》
1910년 2월1일자)

관동도독부 고등법원장 히라이시가 '안중근사건' 처리지침을 받기 위해 동경에 머물다가 '공판을 일사천리로 진행하라'는 일본 정부의 밀명을 받고 1월27일 귀임하면서 법원관계자들의 태도가 또 한 번 싸늘하게 얼어붙는다. '안중근에게 일본인 아닌 외국인변호사 선임을 허락하지 않는다'는 홀연한 방침변경이 그 첫 번째 반응이었다. 법원관계자들의 내락을 받고 '변호신고서'를 냈던 영국인·러시아인 두 변호사에게 변호 불허결정서가 날아든다.

결정

재로국 블라디보스토크 아렌스기야가 23번지

로국변호사 콘스탄틴 미하이로프

재청국 상해 북경가 5번지 영국변호사 E·더글러스.

우자는 안응칠외 3명의 살인피고사건에 대해 1909년 12월1일자로 피고 안응칠을 위해 변호신고를 본원에 제출하였으나 본원은 형사소송법 제179조 제2항 말단의 규정에 의하여 이를 허가하지 않기로 결정함.

1910년 2월1일 관동도독부 지방법원 판관 마나베(眞鍋十藏)

한국인변호사 선임 역시 불허됐다. 안 의사의 두 동생 정근, 공근이 "한국인변호사를 선임해도 좋다"는 미조구치 검찰관의 언질을 받고 진남포의 모친에게 통지하는 한편 경성변호사회에 변호사선임을 의뢰하여 안병찬(安秉瓚) 변호사가 여순에 도착, 변호신청서를 제출했으나 접수마저 거절당했다. 이에 안 변호사는 법원관계자들과 다투고 여관에 돌아가 분함을 이기지 못해 피를 토하고 30분간이나 기색혼절하는 소동이 일어났다.(안 변호사는 안 의사의 두 동생과 같은 여관에 함께 유숙하고 있었는데 이들에겐 순사 한명씩이 붙어 일거수일투족을 감시했다) 안 변호사는 변호가 불가능해지자 일본의 육법전서 한 부를 전옥을 통해 안 의사에게 차입, 법을 알고 스스로 대응케 배려하기도 했다. 이와 관련하여 〈대한매일신보〉는 이렇게 보도하고 있다.

"안중근 씨 사건에 대하여 각국 변호사를 허가치 아니함은 그 범죄원인(피고의 행위)을 변호할까 꺼려해서라더라. …법률적용은 반드시 사전 내정해둔대로 될 것이니 이번 공판은 한 형식에 불과한지라 이달 10일경에 결심하여 즉시 판결, 언도할 듯하다더라." (1910년 2월9일자)

또 하나 관동도독부법원의 재판제도는 지방법원에서는 판사가 단독으로 심리·재판하고 고등법원에서는 판사 3명이 합의제로 심리·재판하는 2심제도를 채택하고 있어 이를 보완하기 위해 1심 이전에 예심을 거치도록 돼 있었다. 그러나 안 의사의 경우만은 '중대한 사건'임에도 불구하고 본국정부의 지령에 의해 예심을 거치지 않고 곧바로 1심 공판에 부치기로 결정됐다.

2월1일 검찰관은 안응칠이라 하는 안중근은 살인, 우연준이라 하는 우덕순과 조도선은 살인예비, 유강로라 하는 유동하는 살인방조의 죄명으로 예심을 생략한 채 지방법원에 공판을 청구했고, 지방법원은 속전속결로 이날 재판부를 구성하여 제1차 공판을 2월7일 오전 9시에 개정키로 최종 확인했다.

장소는 관동도독부 고등법원 1호 법정으로 연일 개정하고 방청권은 매일 3백장씩을 발행키로 했다. 재판부는 주임재판장에 관동도독부 지방법원장 마나베, 담당검찰관은 미조구치, 서기는 와타나베, 통역은 소노키 조선통감부 통역생, 관선변호사는 미즈노와 가마타로 결정되었다.

하얼빈의거 다음날에 안 의사의 처자를 안내하여 하얼빈에 도착했다는 이유로 12명의 연루자 가운데 유일하게 감옥에 남아있었던 정대호는 증거불충분으로 불기소처분을 받고 2월1일 오후5시 석방돼 순사 2명의 호송을 받아 하얼빈으로 돌아갔다.

공판, 마침내 시작되다

1910년 2월7일 마침내 공판 첫날이 다가왔다. 안중근을 비롯한 우덕순, 조도선, 유동하 4명의 피고는 체포되던 당시의 복장 그대로 일본에서 새로 들여온 마차를 타고 아침 일찍 여순감옥을 나섰다. 일본경부의 순사와 헌병들이 말을 타고 마차를 호위했다.

관동도독부 법원청사의 아래층 좁은 방에서 대기하고 있던 안중근 일행은 오전 9시쯤 2층의 관동도독부 고등법원 1호 법정에 입장, 포박에서 풀려나 방청석 맨 앞 피고인석에 나란히 앉았다.

3백 명 방청석은 입추의 여지가 없었다. 방청객들은 대련 등지에서 지난밤부터 몰려들기 시작하여 이날 아침 6시경에는 방청권이 동이 나서 그냥 돌아간 사람도 많았다. 고등관방청석 역시 만원이었으며 여성 방청객은 20여 명이었다. 외국인으로는 대련주재 러시아영사 부부와 또 한명의 러시아인, 그리고 변호석에 앉기를 거부당한 마하이로프, 더글러스 두 변호사뿐이었다.

한국인은 안병찬 변호사와 안 피고인의 두 동생이 있었다. 방청석에 입장할 때 외국인은 물론 일본인들도 철저하게 몸수색을 받아야 했다. 법정 안팎의 경계는 순사와 헌병들이 담당했고, 삼엄했다.

오전 9시20분 마나베 재판장(관동도독부지방법원장)은 피고 4명의 인정신문에 이어 안중근부터 개별신문에 들어갔다.

가정과 교육신앙 등에 이은 "3년간의 연해주 망명생활에서 무엇을 목표로 삼고 있었는가"에 대한 신문 대목에서 안중근은 "목적의 첫째는 한국을 계몽시키는 교육운동에 관한 것, 또 다른 하나는 내가 본국의 의병으로서 국사를 위한 것으로 본격적인 순회 계몽연설이었다"고 대답한다. '이토 암살목적'에 이르러서는 더욱 그 목소리가 분명했다.

"이토 공작은 일본에 있어 가장 유력한 인사로서 대단한 권력을 가지고 있었다. 그가 통감이 되어 한국에 와서 5개조, 7개조의 협약을 병력을 사용하여 강제로 성립시켰으며, 또 한국의 상하 국민을 기만했던 것이다. 그래서 이 사람을 없이하여 오늘의 비경(悲境)에 빠져있는 한국을 구하지 않으면 안되며, 그렇지 않으면 한국의 독립은 대단히 어려울 것이라고 생각되었기 때문에 드디어 실행한 것이다."

재판장은 안 의사에 대해 범행 전의 소재, 〈대동공보〉와의 관계, 블라디보스토크 부근의 교우, 다른 피고인들과의 관계, 출발 준비, 하얼빈 도착 후의 행동, 이강에게 보낸 편지, 채가구에 간 이유 등을 집중적으로 신문했다. 낮 12시15분에 일시 휴정됐다가 오후 1시30분에 재개된 공판에서도 재판장은 단총과 탄약을 구입한 경위, 저격준비, 결행의 순간, 체포 당시의 양상, 단지동맹, 독립의병군 활동상 등에 대해 신문했다.

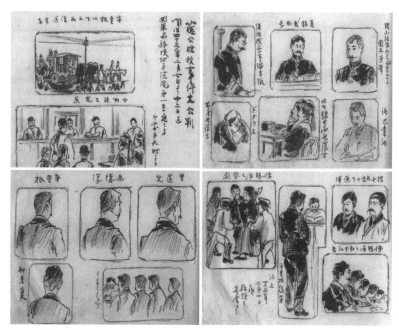

공판모습 신문삽화. '만주일일신문'에 삽화로 게재된 안중근 등 공판광경

　재판장은 오후 4시20분 안 의사에 대한 취조는 일단 종결한다며 폐
정을 선언했다. 이날의 제1차 공판을 전한 〈대한매일신보〉 2월13일자
기사 일부를 보자.

　"…안씨가 발언할 때에 자기에 관한 일은 감추지 아니하고 각 방면
의 동지는 비호하는 듯하며 그 태도는 부단히 재판관을 정시하며
두 손을 피고석 앞의 가로목에 얹고 있었으며 때때로 포켓에서 수건
을 꺼내어 얼굴을 훔치며 극히 평정하게 신문에 답변하였다더라."

이날의 느낌을 안 의사는 자서전에서 이렇게 말하고 있다.

"어느 날 검찰관이 나더러 하는 말이 '공판일이 이미 6~7일 뒤로 정해졌다. 그런데 영국 러시아 변호사는 일절 허가되지 아니하고 이곳에 있는 관선변호사를 쓰게 되었다' 하므로 나는 스스로 생각했다. '내가 전일 상등 중등 두 가지로 생각하고 바랐는데 그것은 지나친 생각이었고 이제는 하등 판결에 지나지 않을 것이다.'

그 뒤 공판 첫날 법원 공판석에 이르렀더니 정대호 김성옥(김성백)등 다섯 사람은 이미 무사히 되어 풀려 돌아갔고, 다만 우·조·유 3인은 나와 함께 피고로 출석하게 되었는데 방청인도 수 삼백 명이었다.

그때 한국인 변호사 안병찬 씨와 전일 허가를 받고 갔던 영국인 러시아인 변호사가 모두 와서 참석했으나 도무지 변호권을 주지 않았기 때문에 다만 방청할 따름이었다.

그때 재판관이 출석하여 검찰관이 심문한 문서에 의해서 대강을 신문하는데 내가 자세한 의견을 진술하려 하면 재판관은 그저 회피하며 입을 막으므로 설명할 도리가 없었다."

공판이라는 요식행위

제2차 공판은 이튿날인 2월8일 오전 9시11분에 개정됐다.

재판장은 먼저 우덕순 피고인을 향하여 신문을 시작했다. 우 피고인 역시 이토를 채가구역에서 저격하려 했던 자신의 계획을 당당히 시인했고, 그 이유에 대해 "…첫째는 일본 천황폐하를 속인 것이고, 둘째는 한 국국민 모두를 기만한 것이므로 이 자체만으로도 한국민에게는 적이었으며, 또한 이토 공의 방침은 모두가 한국에 불이익한 것만을 계획하기 때문에 한국 이천만 동포는 전부 이것에 한을 갖고 있으며, 나도 그 중의 한 사람"이라고 진술했다.

재판장은 우 피고인에 대한 신문을 낮 12시20분 일시 폐정으로 중단 했다가 오후 1시40분 재개했으며, 오후 3시쯤 우 피고인에 대한 신문종 결을 선언하고, 조도선 피고인에 대한 신문에 들어갔다.

조 피고인은 안 피고인이 본국에서 오는 가족을 마중하는데 러시아어 통역으로 동행했을 뿐 거사계획은 사전에 알지 못했고, 권총도 오래 전에 호신용으로 구입했던 것을 그대로 소지하고 있었을 뿐이라고 '하얼빈 사건'과 무관함을 진술했다. 이날의 신문도 오후 4시30분에 종결됐다.

공판은 피고인 4명 모두가 참석한 가운데 연일 속개되었다. 2월9일 오전 9시50분, 재판장은 3차 공판을 선언하고 유동하 피고인에 대한 신문을 시작했다. 이날도 방청석은 전날과 마찬가지로 만원을 이뤘다. 영국인변호사 더글러스는 통역을 동반하고 나와 한국인변호사 안병찬과 나란히 자리 잡았고, 전날 방청석에서 울음을 터뜨리며 안 피고인을 향하여 "우리 동생들과 먼저 면회하겠다 청원해달라"고 고함을 질렀다가 퇴정 당했던 안 피고인의 두 동생 정근, 공근 역시 방청석에 나와 있었다.

유 피고인도 부친의 심부름으로 약을 구입하러 하얼빈에 가는 길에 러시아어통역으로 안 피고인 일행에 끼었을 뿐 하얼빈 사건과는 아무런 관련이 없다고 범행가담을 부인했다. 유 피고인에 대한 신문을 마치면서 재판장은 오전 11시31분 일단 휴정을 선언했다.

오후 1시10분, 재차 개정을 선언한 재판장은 증거심문에 들어갔다.

"전회에 이어서 취조한다. 이제부터 증거물을 제시하겠지만 증거물은 범죄지 및 러시아 관헌에게서 넘어온 서류들이다. 이는 피고들이 러시아 관원에게 포박되어 있었기 때문에 처음에는 러시아 측에서 조사에 착수하였었다. 그러나 결국 그대들은 조선사람이기에 러시아의 재판에 복종할 수 없다는데서 서류와 함께 이쪽으로 회송된 것이다. 보내온 서류 중에는 본건의 범죄와 관계된 중요한 것이 많다. 그리고 그 원본은 여기 있지만 그 번역문을 들려주겠다. 그 중에서 가장 필요하다고 인정되는 부분을 먼저 낭독한다. (이에 소노키 통역이 러시아국경재판소 제8구 시심재판소 판사 스토라쇼우의 조서를 한국어로 들려줬다.) 지금 읽어준 내용을 알겠는가."

이에 4명의 피고인은 "알았다"고 대답했다.

이어 재판장은 안 피고인이 사용했던 권총을 보여줬고 관방장 리오우에, 러시아군 헌병하사 쎄민, 채가구정거장 식당주인 등 러시아측 증인과 이토 수행원 후루야, 수행의사 고야마, 하얼빈총영사 이시카 만철이사 다나카 등 일본측 증인들의 증언내용을 소노키 통역을 시켜 읽어줬다. 또 압수된 이강 앞으로 쓴 편지, 안중근 자작시 장부가(丈夫歌), 우덕순 자작시 조매가(嘲罵歌), 총탄, 전보, 안 피고인의 지갑과 가방 등 휴대품을 증거물로 제시하며 피고인들의 확인을 받아나갔다. 그 뒤끝에 재판장이 말했다.

"대개 중요한 증거물은 보인 셈이다. 피고인들은 증거물에 대하여 변명할 것이 있는가? 있다면 말하라. 또 피고인들에게 유익한 증거가 있다면 말할 수 있다."

이때 안 피고인이 나섰다.

"나는 증거물에 대하여는 하등의 의문이 없지만 나의 목적에 대하여는 할 말이 많다."

"대충은 말한 줄로 아는데 아직도 더 할 말이 있는가…"

재판장의 위압적인 말투에는 역정이 섞여 있었다.

"대강 말했다고 하지만 결코 그렇지 않다. 10분의 1도 말 못하고 있다."

안 피고인이 그렇게 맞받았다.

이때 미즈노 변호사가 거들고 나섰다.

"시간이 있고 피고가 의견이 있다 하니 진술시켜주기 바란다."

재판장은 "사실에 관한 것 이외의 것을 말해서 필요가 없다고 인정될 경우는 진술을 멈추게 하겠다. 요점을 간추려 사건과 밀접한 관계가 있는 것만을 말하라. 그리고 본건에 대하여는 아직 취조가 끝나지 않았기 때문에 이제부터 검찰관의 논고, 변호사의 변호도 있어야 하므로 최후의 의견을 진술할 때는 아니다. 다만 시간이 조금 있으니 듣겠다는 것이다. 그런 줄 알고…"라고 전제하고 의견진술을 허용했다.

파행으로 가는 공판

"어제도 목적의 대의만은 말했지만 내가 하얼빈의 정거장에서 이토 공작을 살해한 것은 커다란 목적이 있었기 때문이었다. 그 목적을 발표하는 하나의 수단으로 이토 공작을 살해한 것이다. 전 세계 사람들에게 오해되지 않는 범위에서 의견을 진술할 필요가 있다고 생각한다."

안 피고인의 진술의도가 미심쩍었던 재판장은 변호사에게 "어떤가, 그런 것을 지금 여기서 말하게 하는 것이 좋은가"라고 의문을 표시했고, 이에 미즈노 변호사가 "내일 진술시킬 것이라면 아직 시간이 있는 것 같은데…"라고 응수, 안 피고인의 진술이 계속됐다. (이하 안 피고인의 진술을 요약함)

"이토 공작을 죽인 것은 나 일개인을 위한 것이 아니고 동양평화를 위한 것이다. 일본이 동양평화를 유지하고 한국의 독립을 공고히 한다고 천황이 약속하여 일로전쟁에서의 일본승리를 환영했는데 이토 통감이 이를 기만하여 을사5조약을 강제 체결, 한국 인민이 이토를 원망하게 되었다. 이후 정미7조약 강제체결 등 이토통감은 더욱 방약무인한 태도로 한국인의 원수가 되었다.

나는 여러 곳을 유세하였으며 가는 곳마다 싸웠고 의병의 참모중장으로서 여러 곳의 전쟁에도 나갔다. 이토 공을 살해한 것도 한국독립전쟁의 의병중장 자격으로 한 것이다. 오늘 이 법정에 끌려나온 것은 바로 그 전쟁에 내가 포로가 되었기 때문이다. 나는 자객으로 심문받을 이유가 없는 사람이다.

내가 진술하고자 하는 의견은 넷이 있다. 지금 말한 것이 첫째고, 둘째는 이토 공작도 한국에 와있는 이상 한국 황제폐하의 외신(外臣)으로 처신해야 한다. 이토 공은 한국 측이나 일본 측 모두에 역적이다. 을미년에 한국 황후를 이토 공이 일본의 많은 병력을 이끌고 살해한 국난이 있었고, 또 더 나아가 동양평화를 유지하고자 하는 천황의 성지를 어겼으니 일본에 대하여도 역적이라는 이유가 여기에 있다."

그런 요지로 안 피고인이 진술해 나가자 재판장이 제지하고 나섰다.

"그런 깊이 있는 것으로 나아간다면 재판공개를 정지하지 않으면 안되게 된다."

이에 안 피고인이 "그러나 이것은 오늘날까지 신문, 기타 등 세상에 이미 발표되어 있는 것이기에 지금 새삼스럽게 여기서 말한다고 해서 방청을 금지할 이유는 없다고 본다"고 항의했다.

"경우에 따라서는 정지할는지도 모른다"고 재판장이 한 걸음 물러서자 안 피고인은 강하게 밀고 나왔다.

"이토 공작은 일본을 위하여는 대단히 공로 있는 사람이라고 들었다.

그러나 또 다른 한편으로는 일본 황제에 대하여 대단한 역적이라 듣고 있다. 황실에 대하여 역적이라 함은 현황제의 전제(前帝)를…"

여기까지 진술했을 때 재판장은 드디어 "피고의 진술은 공공의 질서에 방해가 되는 것으로 인정되기 때문에 재판공개를 정지한다. 방청인은 전부 퇴정…"이라며 공판의 비공개를 선언했다. 이때가 오후 4시25분이었다. 이때의 안 의사 심정을 자서전을 통해 살펴본다.

"재판관이 출석하여 검찰관이 심문한 문서에 의해서 대강을 신문하는 데 내가 자세한 의견을 진술하려하면 재판관은 그저 회피하며 입을 막으므로 설명할 도리가 없었다. 나는 이미 그 까닭을 알기 때문에 하루는 그 기회를 타서 몇 개 목적을 설명하려 했더니 재판관은 문득 놀라 자리에서 일어나 방청을 금지시키고 다른 방으로 물러갔었다. 나는 스스로 생각했다. '내 말 속에 칼이 들어있어서 그러는 것이냐, 총과 대포가 들어있어서 그러는 것이냐. 마치 맑은 바람이 한번 불자 쌓였던 먼지가 모두 흩어지는 것과 같아서 그런 것이리라. 이것은 다른 까닭이 아니다. 내가 이토의 죄명을 말하는 중에 일본 고메이(孝明)천황을 죽인 대목에 이르자 그같이 좌석을 깨어버리고만 것이리라.'

그러더니 조금 뒤에 재판관이 다시 출석하여 나더러 하는 말이 '다시는 그 같은 말을 하지 말라'는 것이었다. 이때 나는 얼마동안 묵묵히 앉아 스스로 생각했다. '마나베 판사가 법률을 몰라서 이러한 것인가. 천황의 목숨이 대단치 않아서 이러한 것인가. 이토가 세운 관리라 이런 것인가. 어째서 이런 것인가. 가을바람에 술에 취해서 이런 것인가. 오늘 내가 당하는 이 일이 생시인가, 꿈속인가. 나는 당당한 대한국민인데 왜 오늘 일본감옥에 갇혀 있는 것인가. 더욱이 일본 법률의 재판을 받는 까닭이 무엇인가. 내가 언제 일본에 귀화한 사람인가. 판사도 일본인, 검사도 일본인, 변호사도 일본인, 통역관도 일본인, 방청인도 일본인. 이야말로 벙어리연설회냐, 귀머거리 방청이냐. 이것이 꿈속 세계냐, 만일 꿈이라면 어서 깨고 확실히 깨려무나.' 이러한 때에 설명해서 무엇하랴. 아무런 이야기도 소용이 없었다. 그래서 나는 웃으며 대답하되 '재판관 마음대로 하라. 나는 아무런 다른 말도 하지 않겠다'고 했다."

검찰관의 논고

2월10일 오전 9시40분, 재판관은 어제의 막바지 비공개공판을 의식한 듯 "오늘은 공개석상에서 취조한다. 지금부터 본건의 범죄사실에 대하여 검찰관이 의견을 진술할 터이니 잘 듣도록…" 하며 4차 공판의 개정을 선언했다.

미조구치 검찰관은 "본 건 사실의 문제를 사실론과 법률론 두 갈래로 질서를 세워서 논고하고자 한다. 먼저 첫째 피고 등의 성격에 대하여 말할 필요가 있다고 하겠다. 때문에 거기에 대하여는 먼저 유에 대한 것부터 시작하겠다"며 사실론으로 네 피고인의 성격론을 개진해나갔다.

유동하 피고인에 대해서는 '독립에 대한 정치사상 같은 것은 전혀 없었고 성질이 간특하다'며 한국 사람은 연소하여도 간교하고 그런 성격이 그대로 늙어간다는 사실이 유의 간지에서 그 예를 찾아볼 수 있다면서 한국인을 싸잡아 매도했다.

조도선 피고인은 '몸을 던져서 한번 한다면 할 수 있는 의기남아는 아니며 교육이라고는 전혀 받은 바 없고 다만 오랫동안 러시아 땅에 살면서 러시아여인을 처로 맞았기 때문에 러시아어는 통하나 독립의 정치사상 같은 것은 도저히 있을 수 없는 자다. 그 기질이 인순고식(因循姑息, 낡은 습관과 폐단을 벗어나지 못하고 눈앞의 일만을 취함)을 면할 수 없다'고 혹평했다.

우덕순에 대해서는 '정치사상은 천박하나 독립에 대한 견식이 있는데 그런 기초는 한국의 언문 섞인 신문들에서 얻은 것이다. 주로 〈황성신문〉〈대한매일신보〉 등을 보았다는 것은 스스로 말한 바이며 또 〈대동공보〉도 그가 보고들은 신문이다'라고 했다.

안중근 피고인에 이르러서는 '피고 4인중 뛰어나다'고 전제, '집안도 좋고 재산도 상당하며 천주교신앙이 견고함은 물론 일찍이 정치사상을 함양하였고 자기를 믿는 힘이 강하고 선입주견(先入主見)에 대하여 쉽사리 다른 설을 받아들이지 않는 성격'이라면서 '정치사상이 주입되면서 형제처자를 버리고 고향을 뛰쳐나와 배일파가 모여 있는 북한 및 러시아령으로 가서 점진파 또는 급진파와 사귀었으며 처음에는 교육사업을 일으키고자 하였으나 성취하지 못하고 의병에 투신, 방종무뢰배들과 함께 지내게 되었다'고 일제의 시각으로 그 성격을 규정했다.

검찰관은 또 "피고 특히 안중근, 우덕순의 이번 범죄는 자기의 분수와 역량 및 자국의 영고성쇠 그리고 그 유래에 관한 정당한 지식의 결핍에서 생긴 오해와, 타인 특히 이토 공의 인격과 일본의 국시선언 및 열국교섭 국제법규 등에 관한 지식의 결핍에서 생긴 결과 한국의 은인인 이토 공 보기를 원수보듯 하여 그 과거의 사정에 대한 복수를 하고자 한 것"을 범죄의 동기로 들었다.

검찰관은 이어 범죄의 결의, 모양, 일시, 장소를 논하고 항일신문 및 논설에 맹종한 행위의 상태를 들고 "유는 통신연락원이 되어 안을 하얼빈역에 오게 해서 두 번 다시 채가구로 갈 수 없게 만들어 도리어 하얼빈에서 흉행의 기회를 얻게 한 자다. 안으로 하여금 만약 채가구에 있게 했더라면 이토 공의 생명은 모름지기 빼앗을 수 없었을 것이다. 그 결과에 대하여 유의 행위는 방조했다고 할 수 있겠다. 조의 가담이란 함께 실행하고자 하였으나 우의 경우처럼 이룰 수 없었으며 예비에 그친 것이다"로 사실론을 마쳤다.

검찰관은 법률론에 들어가 첫째 소송법상의 문제에서 "현행범이므로 조사결과 즉시 공판을 청구한 것은 우리 내지(內地)에서 행해지는 형사소송법과는 다르지만 하등의 위법이 아니다"고 강변하고 "요컨대 관할권 위반 또는 공소불수리에 이론의 여지가 없음을 언명한다"고 했다.

또 실체법상의 문제에 들어가 "피보호국 신민에 대하여 보호국 관헌의 관할 및 수속은 명확한 것"이라며 "첫째 안중근에 대하여는 사형, 둘째 우덕순과 조도선에 대하여는 예비죄의 극형에 해당되는 2년, 셋째 유동하는 3년 이상을 본형으로 하고, 법률종범으로 형기 2분의 1을 감형하여 1년6월 이상의 징역으로 하고, 또 정상참작의 여지가 있으므로 최단기, 즉 1년6개월에 처하는 언도가 있기 바란다"고 구형했다.

"방청석에 있던 안중근 씨의 부인(趙亞麗)과 두 동생 등은 눈물을 흘리며 서로 바라볼 뿐이고 대동공보사 전사장 미하이로프는 팔을 부축하고 이들을 둘러볼 따름인데 이날의 방청인은 1백90여 명에 달하였다더라." 《대한매일신보》 2월13일자)

검찰관의 논고와 구형에 이어 변호인의 변론이 있을 예정이었으나 관선변호사들의 변론연기 신청으로 재판장은 이날의 공판을 폐정했다.

변론과 최후진술

제5차 공판은 하루를 건너뛰어 12일 오전 9시35분에 개정, 먼저 가마다(鎌田) 관선변호인이 변론을 시작했다.

그는 "재판장의 공평하고 정중한 심리에 대해 깊이 감사한다"는 팔이 안으로 굽는 식의 인사를 차린 다음 이번 사건이 세계의 이목이 집중되는 중대사건인즉 세계에 대하여 모범적인 공판이 되도록 신중하게 재판이 진행되기를 희망한다면서 본론을 선결문제와 본건의 변론으로 나누어 변론을 전개해 나갔다.

그는 '선결문제'에서 재판관할문제를 논하면서 "본건의 범죄발생지역은 청국영토요, 피고는 한국인이라 광무3년(1899) '한청조약' 및 광무9년 '한일보호조약' 등에 비추어 논하여도 한국의 외교권이 소멸한 바 아니고 다만 일본이 대행함에 불과한즉 한국민을 다스림에 일본의 형법으로 다스림은 불가한지라. 그러므로 한국형법을 적용함이 옳다"고 주장했다.

또 그는 각론에 들어가 안 피고인과 우 피고인에 대하여는 자백과 증거에 의하여 범죄사실에 이론이 없으나 조 피고인과 유 피고인에 대하여는 반대의 의견이 있으니, 곧 유 피고인은 정치적 사상이 전혀 없어 중대사건에 가담할 자가 아니며, 조 피고인은 그 태도 및 이토 공 살해 이틀 전에 자신의 아내에게 하얼빈으로 오라는 내용의 편지를 발송한 것으로 보아서도 이번 사건과 직접 관련이 없다고 할 것이니 이들을 종범(從犯)으로 논함은 불가하다고 변호했다.

이날 공판은 일시 폐정됐다가 오후 1시30분에 속개돼 미즈노 관선변호인의 변론에 들어갔다. 그는 "본 변호인도 본건에 대하여는 일본형법을 적용할 것이 아니라 한국형법을 적용하여야 할 것을 믿어마지 않는다"고 전제하고 다음과 같이 논결했다.

"안 피고인은 지식이 부족하여 진충보국(盡忠報國, 충성을 다해 나라의 은혜에 보답한다)하는 방법을 오해한 자이므로 동정할 점도 있다. 한국의 현상황은 유신전의 일본과 같고, 그 배일당(排日黨) 역시 당시 일본의 우국지사와 비슷하다 할 것이다. 안 피고인의 이토 공 살해는 일한보호조약을 오해한 데서 빚어진 것이다. 일본유신 이래 여러 암살사건과 비교해 볼 때 안 피고인에게 동정할 점이 있고, 또 누군가는 중죄인에게 가벼운 벌을 주면 비슷한 사건이 속출하리라 하나 이는 잘못된 주장일 따름이요, 목숨을 걸고 범죄한 자에게 중형을 가하는 것은 하등 경계가 되지 못한다. 또 피살된 이토 공 역시 자신이 젊은 시절에 영국공사관을 습격한 일도 있어 결코 중형을 원치 않을 것이다. 특히 이번 사건은 세계 열국이 주목하는 사건이니 극형에 처한다면 감정에 의한 처단이란 비평을 면하지 못할 것이니 형법 제199조(살인죄)에 의하여 가장 가벼운 형벌, 즉 징역 3년에 처함이 가하다." 또 그는 우덕순에게도 이상의 논고를 응용하여 비교적 가벼운 형을 내려주기 바란다는 요지로 변론했다.

두 변호사의 변론이 종결되자 재판장은 피고인들에게 최후진술 기회를 주었다. 네 피고인의 최후진술 요지는 이렇다.

유동하 : 죄를 지은 사실도 없는 나에게 1년 반이 구형되었다. 실로 억울하기 짝이 없다. 비유해 말하자면 불 안 땐 굴뚝에서 연기가 나는 것과 같다.

조도선 : 나는 하등의 관계가 없는데도 이 지경에 이르게 된 것은 나의 우매한 소치다.

우덕순 : 오늘에 이르러 특별히 할 말이 있을까마는 목적에 대하여 하나 말하겠다. 내가 이번에 한 거사는 한일간에 하나의 장벽이 있어 그 장벽을 없애기 위해 한 것이기 때문에 이후로는 일본천황의 전쟁조칙 성지에 따라서 한국인을 취급할 때에 인간으로 취급하기 바란다. 또 한국의 독립을 공고히 하여주기 바란다.

안중근 : 국제 관계를 심리하면서도 재판관을 위시하여 통역 변호사까지 일본인들만으로 조직된 것은 잘못이다. 또 검찰관 변호사들의 논고와 변론에 의하면 이토 공작의 시정방침은 완전무결하며 거기에 대해 내가 오해하고 있다고 말했는데 이는 심히 유감이다. 나는 이토 공의 시정방침을 충분히 알고 있으며 또 꿰뚫고 있다. 이토 공은 일진회를 사주하여 황제의 옥쇄는 물론 총리대신의 승락도 없이

을사5조약을 강제 체결했고, 7개조의 정미조약 체결도 마찬가지다. 오늘까지 이토 공에 의해 학살당한 한국민이 10만 명 이상이라고 생각한다. 이토 공에 대한 일본국내의 원성도 높다. 이토 공 포살은 내 개인 신분으로서가 아니라 의병으로서 했기 때문에 나는 전쟁포로다.

재판장 : 더 할 말 없는가.

안중근 : 아무 것도 없다.

재판장 : 그러면 이것으로 본 건의 심리는 마친다. 판결은 14일 오전10시에 언도한다.

이날의 공판은 오후 4시15분 폐정됐다.

언도공판

1910년 2월14일, 이른바 하얼빈사건의 제6차 공판, 즉 언도공판이 개정됐다. 이날의 공판모습을 〈대한매일신보〉의 기사를 빌려 들여다본다. (2월22일자)

"14일은 안중근에게 판결언도를 행하는 날이다. 망국의 한을 품고 독립자주 4자(字)에 신명을 걸고 사생상계(死生相契)한 우국우세(愛國憂世)의 지사로 세계의 이목을 뒤흔든 한 범인에 대한 판결이 어떻게 나는가하여 개정시간 이전에 방청인들이 밀려드는 중에 러시아 법학사 야브친스키 부부와 한국의 변호사 안병찬 씨와 러시아변호사 미하이로프 씨 및 그와 동행한 러시아영사관원과 안중근의 두 친동생 및 4촌동생 명근 씨가 참석하였는데, 오전 10시반에 개정하고, 마나베 재판장이 검찰관 미조구치 및 서기 통역 등과 함께 착석하매 법정을 가득 메운 수백 명의 눈이 재판장에게로만 집중하고, 신문기자들은 필을 잡고 대기 하는데, 이때에 재판장이 피고 4명에게 대하여 판결 주문(主文)을 언도하니 안중근은 사형에, 우덕순은 징역 3년에, 조도선 유동하는 각각 징역 1년6개월에 처하고, 범죄에 사용한 압수물건은 몰수한다고 말하고, 피고들에게 각 범죄의 이유 및 사실을 설명하고, 판결에 대하여 불복이 있거든 5일 이내에 공소하라 하였는데, 우와 조는 판결에 대하여 이론이 없었고, 유는 '어서 집에 돌아가게 해달라'고 말했으며, 안은 '아직 의견을 더 진술하려면 공소하지 않고는 안되느냐'고 말했는데, 안은 사형선고를 받고도 평심서기(平心舒氣, 평온하고 순화로운 마음)에 얼굴색이 자약(自若, 당황하지 않고 평상시같이 태연함)하였다더라."

신문은 '평심서기에 자약했다'고 전하고 있지만, 막상 사형언도를 받은 안 의사 자신의 심경은 어떠했을까. 안 의사는 자서전에서 이렇게 밝혀놓고 있다.

"나는 도로 감옥으로 돌아와 스스로 생각하되 내가 생각했던 것에서 벗어나지 않았다. 예부터 허다한 충의로운 지사들이 죽음으로써 한하고 충간하고 정략을 세운 것이 뒷날의 역사에 맞지 않은 것이 없다. 이제 내가 동양의 대세를 걱정하여 정성을 다하고 몸을 바쳐 방책을 세우다가 끝내 허사로 돌아가니 통탄한들 어찌하랴.
그러나 일본국 4천만 민족이 '안중근의 날'을 크게 외칠 날이 멀지 않을 것이다. 동양의 평화가 이렇게 깨어지니 백년풍운이 어느 때에 그치리요. 이제 일본당국자가 조금이라도 지식이 있다면 반드시 이 같은 정책은 쓰지 않을 것이다. 더구나 만일 염치와 공정한 마음이 있었던들 어찌 이 같은 행동을 할 수 있을 것인가.

지난 1895년(을미)에 한국에 와 있던 일본공사 미우라(三浦)가 병정을 몰아 대궐을 침범하고 한국의 명성황후 민씨를 시해했으되, 일본정부는 미우라를 아무런 처벌도 하지 않고 석방했는데 그 내용인즉 반드시 명령한 자가 있어서 그렇게 한 것이 분명한 일이다. 그런데 오늘에 이르러 나의 일로 말하면, 비록 개인간의 살인죄라고 할지라도 미우라의 죄와 나의 죄가 어느 누가 중하며 어느 누가 경한가. 그야말로 머리가 깨어지고 쓸개가 찢어질 일이 아니냐.

'내게 무슨 죄가 있느냐. 내가 무슨 죄를 범했느냐' 하고 천번만번 생각하다가 문득 크게 깨달은 뒤에 손뼉을 치며 크게 웃고 말하되, '나는 과연 큰 죄인이다. 다른 죄가 아니라, 내가 어질고 약한 한국인민이 된 죄로다' 하고 생각하자 마침내 의심이 풀려 안심이 되었다."

근래 들어 일본의 가노(鹿野琢見) 변호사는 자신을 1910년 2월12일 여순 관동도독부 지방법원 공판정에 출정, 변론한 변호인으로 상정하고 실체론으로서의 정당행위론, 수속론으로서의 수속위법론의 순서로 '안중근 무죄론'을 전개하여 주목을 받은 바 있다. 가노 변호사가 아니더라도 '안중근사건'에 관심을 가진 학자라면 무죄론에 앞서 원초적으로 안중근공판 자체가 원인무효라는 데 의견을 같이한다. 그 이유는 대체로 이렇다.

우선 사건이 제정러시아의 조차지역에서 일어났고, 안중근이 한국인이었음에도 불구하고 일본이 일본형법에 의해 재판권을 행사했다는 점을 지적한다. 이는 열강이 국제법과 국제관례를 무시하고 약소국 국민을 부당하게 재판한 하나의 선례가 되었다. 다음은 외국인 민선변호인단을 인정하지 않고 일본이 일방적으로 일본인 관선변호인을 지명하여 재판을 진행했다는 점이다. 이는 법률위반일 뿐 아니라 상식을 벗어난 조치로 지적받는다. 또 하나 중요한 점은 피고의 발언권을 봉쇄한 상태에서 재판을 주마간산(走馬看山)식 속전속결로 진행했다는 점이다.

그 어머니에 그 아들

　이제 공판의 뒤편으로 화제의 방향을 한동안 바꿔보려 한다. 안중근
의 동지인 정대호는 안중근의 처자(아내 김아려와 2남1녀)를 진남포에서
안내해와 거사 이튿날 하얼빈에 도착하자마자 체포돼 일제의 하얼빈주
재총영사관 지하실에 구금된다. 안중근의 처자 역시 연금상태에서 일
본경찰의 신문을 받는다.

　안중근의 두 동생 정근과 공근도 거사직후 일제통감부 경부의 지시
로 경찰서에 구금돼 공모여부를 집중적으로 추궁당해야 했다. 안중근
의 친척친구들의 집도 철저히 수색을 당했다. 안중근의 어머니 조마리
아에 얽힌 일화는 감동적이다.

　한국인 변호사 선임문제로 진남포 집에서 평양으로 나가 천주교당에
머무르고 있을 때였다. 일본경찰과 헌병들이 하루가 멀다 하고 찾아와
괴롭히곤 했다. 하루는 경찰책임자가 "당신의 아들이 이토 공작을 살해
하여 두 나라에 큰 변란이 일어났는데 그처럼 태연할 수가 있느냐. 당신

안중근 의사의 부친 안태훈 진사와 모친인 조마리아 여사

의 자식교육이 잘못된 탓인데 그래도 죄가 없다고 발뺌하겠느냐"고 윽
박질렀다. 이에 조마리아는 "내 아들이 나라 밖에서 무슨 일을 저질렀는
지는 내 알 바 아니다. 그렇지만 이 나라 국민으로 태어나 나라의 일로
죽는 것은 국민된 의무다. 내 아들이 나라를 위해 죽는다면 나 역시 아
들 따라 죽을 따름이다"라고 의연히 항변했다.

　조마리아의 그런 풍모를 엿볼 수 있는 〈대한매일신보〉의 기사 한 구
절(1910년 1월 29일자)을 인용한다. 기사 제목은 '시모시자'(是母是子, 그 어머
니에 그 아들)였다.

"안중근 씨의 어머니가 변호를 위탁하기 위해 평양에 도착하여 안
　병찬 씨와 교섭할 때에 당시 경찰서 및 헌병대에서 순사와 헌병을 파

송하여 누차 방문이 있었는데 그 부인은 용모가 각별하고 응대가 자연스러웠다. 부인은 '중근의 금번 소행은 그 까닭이 오래 전부터 있어온 바라 로일전쟁 이후로는 밤낮으로 말마다 일마다 다만 위국헌신(爲國獻身, 나라를 위해 몸을 바침)적 사상에 젖어있고 평소 집에 있을 때에도 매사를 정당주의만 행하고 추호도 사사로운 정에 얽매이지 아니하므로 집안이 항상 숙연하였고 몇 년 전에는 국채보상금 모집(을사5조약 체결 당시) 때에도 아내와 제수의 패물 등을 바치면서 〈나라가 망하면 우리도 망한다. 무엇을 아깝다 하리오〉 하매 아내와 제수가 흔쾌히 복종하여 그 뜻을 조금도 거역하지 아니하였다' 하며 안씨의 지난 일을 거짓없이 설명하니 순사와 헌병들도 서로를 바라보면서 '안중근이 행한 일은 우리가 놀라 크게 감탄하는 바이거니와 그 어머니의 사람됨도 한국에 드문 인물이라' 하였다더라."

뒷날 조마리아는 장남의 사형언도 소식을 듣고 정근과 공근 두 아들에게 "중근이는 딴 맘 먹지 말고 어서 죽으라고 전하라"고 듣기에 따라서는 비정한, 그러나 어머니로서는 비장한 한마디 당부만을 했던 것으로 전해지고 있다. 항소해봤자 결과는 마찬가지일 터인데 간악한 일제가 수단방법을 가리지 않고 아들을 회유한다면 비정상적인 정신상태에서 무슨 말을 하게 될지도 모르고 그 고통 또한 무엇에 비교할 수 있을 것이랴. 그처럼 일제가 목숨을 담보로 한국침략을 정당화하는데 아들을 도구로 이용하는 사태를 미리 내다본 '아프고 슬픈 모정'에서 우러나온 뼈마디 아린 한마디였을 것이다.

또 일제의 경찰과 헌병들은 안중근과 동향인 서북인사들에게도 손을 뻗쳐 안창호(安昌浩), 이갑(李甲), 이종호(李鍾浩), 김명용(金明溶) 등을 잇달아 체포했다. 서북학회(西北學會)의 사무실을 수색하고 회원들의 동정도 낱낱이 탐지했다. 그러나 안중근사건과의 연루증거가 없어 수개월 뒤 이들은 대부분 방면됐다. 〈대한매일신보〉는 1910년 2월22일자에서 "안중근 씨 사건의 연루혐의로 구속되었던 안창호, 이갑, 이기종, 이종호, 이명준, 제씨가 방면되었는데 이갑 씨는 그저께 밤 10시쯤에 입경, 그 친지인 다수가 영접하였다더라"고 보도하고 있다.

정근과 공근도 진남포경찰서에 여러 날 구금돼 있다가 연루증거가 없어 일단 풀려나자 여순을 향해 집을 나섰다. 그러나 인천에서 다시 경찰서에 구류되어 신문받는 신세가 되었다. 뚜렷한 연루혐의가 없는데도 일본경찰관들은 언사가 조금이라도 마음에 들지 않으면 차고 때리며 사뭇 위압적으로 대했다. 며칠을 두고 신문해도 혐의점이 나오지 않자 그들을 풀어줄 수밖에 없었다.

인천에서 여객선 편으로 여순에 도착해서도 두 사람은 또 관동도독부 법원에 불려가 참고인신문을 받은 다음에야 감옥에 있는 형을 면회할 수가 있었다. 면회장에는 검찰관 전옥(형무소장) 통역 서기 간수장과 간수 2명이 입회했다. 따라서 안부와 사전허가 받은 사항이외에는 한마디도 언급할 수가 없었다. 검찰관은 "당신들은 형이 살아나기를 원할 것이오. 만약 그가 잘못을 뉘우치고 회개하면 죽음을 면할 수가 있소. 그런데도 도리어 분노하고 반박하고 고집을 부리고 있소. 당신들이 반복해서 형의 마음을 돌리도록 애써주시오"라며 형의 회유를 권유했다.

안병찬 변호사, 외로운 투쟁

　한국인변호사 선임문제만 해도 그랬다. 외국인변호사는 선임 내락을 받아놓은 상태였지만 한국인변호사가 없다는 것은 국가적 수치요 민족적 자존심의 문제였다. 세 차례에 걸쳐 미조구치 검찰관의 확약을 받은 정근과 공근은 한국변호사회에 편지를 띄워 변호사선임을 의뢰했다. 그러나 경성의 일제경찰이 이 편지를 가로챘다가 여러 날이 지난 다음에야 돌려주는 소동이 벌어지는 사이 일제는 일본인관선변호인 이외에 외국인변호사 선임 불허방침을 결정, 경성통감부 경부에 한국인변호사가 여순에 오지 못하도록 차단하라는 지령을 내려놓고 있었다.

　일제는 한국인변호사가 여순에 오지 않을 경우 '한국인변호사를 청했지만 오는 사람이 하나도 없지 않은가. 이는 한국인들이 당신의 범행을 옳지 않다고 받아들이는 증거'라면서 안중근의 낙심을 유도, 굴복시키려 했던 것으로 뒷날 알려졌다.

　일제의 예상대로 선뜻 모험에 나서는 한국인변호사는 쉽게 나타나지 않았다. 그때 안중근변호를 자청하고 나선 사람이 있었다.

안병찬(安秉瓚) 변호사였다. 그는 의주 출신으로 법학을 공부하고 평리원(平理院) 주사로 있다가 '을사5조약'이 강제 체결되자 이완용 박제순 박지용 등 을사5적에게 도끼를 들고 찾아가 항의하다가 붙잡혀 장지연(〈황성신문〉 주필, '시일야방성대곡 是日也放聲大哭'이란 사설로 유명) 등 60여 명과 함께 수개월 동안 갇혀 있다가 석방된 이력을 가진 사람이다. 그는 평북재판소 검사로 있다가 '일본놈의 세상에서 내가 무슨 관리노릇을 하랴'고 한탄하며 뛰쳐나와 안중근사건 무렵에는 경성에서 변호사생활을 하고 있었다.

안 변호사가 평양에서 안중근의 어머니로부터 정식으로 변호위탁을 받고 여순으로 떠나던 날의 정경을 〈대한매일신보〉는 이렇게 보도하고 있다. (1910년 2월2일자)

"안병찬 씨가 여순으로 향발할 때에 평양경찰서와 이사청(理事廳)에서 통감부 지휘가 있다고 칭하면서 안씨의 발행을 저지하되, 여순에 가는 것은 단순히 변호 목적이 아니라 배일 목적이 있는 양으로 은연중 위협적인 태도를 보였는데, 안씨는 정당한 언사로 준엄하게 거부하였더니 급기야 길을 떠날 때에 한국인 순사가 기차 안에 먼저 들어가 있다가 휴대품을 빼앗으며 '일본경부가 지금 오고 있으니 대기하라' 하거늘 안씨가 가로되 '나는 경부의 요청으로 하차할 이유가 없으니 영장을 보이고 결박하면 하차하리라' 하는 등 옥신각신하다가 기차가 떠날 시간은 다가오고 휴대품 없이 여행하기도 곤란하여 부득이 하차하였더니, 일본경부가 과연 인력거를 타고 황망히 도착하는지라, 안씨가 길을 막은 사실로 일장 힐난하매 일본경부는 아무 대꾸를 못하고 다만 실례를 사죄하며 역장에게 '이미 구입한 차표를 다음 기차에 사용할 수 있게 하라' 하였더라."

일본경부는 그러나 물러나는 대신 일본헌병 셋으로 하여금 안 변호사의 뒤를 따르게 했다. 안 변호사는 1910년 1월17일 오전 9시 일본어통역 겸 사무원인 고병은(高秉殷)을 대동하고 여순에 도착해 18, 19일 이틀 동안 관동도독부 고등법원과 지방법원, 여순민정서와 경찰서를 방문하여 안중근 변호의사를 통보했다. 이곳에서도 여관은 물론 가는 곳마다 일제경찰이 따라붙어 일거일동을 감시했다. "보호인가, 미행인가, 임의동행인가?" 항의했지만 아무런 소용이 없었다.

안중근 면회신청은 물론 정근과 공근을 통해 서면으로라도 한국에서 변호사가 왔음을 옥중의 중근에게 알리려했으나 검찰관이 완강하게 가로막았다. 미조구치 검찰관은 "한국에서 변호사가 왔다고 하면 한국민들이 자신을 동정하는 줄 알고 목소리가 전보다 더욱 커질 것이다. 그러니 편지도 면회도 허락해줄 수 없다"고 했다.

안 변호사는 마나베 지방법원장에게도 "일본은 왜 매번 이처럼 불법적으로 일을 처리하는가. 이런 불법행위가 계속되면 한국인들의 격분은 더욱 심해질 것이고, 앞으로 수천수만 명의 다른 안중근이 등장할지도 모른다"고 옥박질렀다. 안 변호사의 요구는 그러나 여러 차례 차단당했고, 여관으로 돌아간 그는 피를 토하고 기색혼절했다.

히라이시 고등법원장의 친구로 안중근의 관선변호인이 된 미즈노와 가마다 변호사는 안 변호사에게 "법원 당국에서 한국인을 비롯한 외국인변호사와 안중근변호를 자청한 일본인변호사 기노시(紀志)의 변호신청을 불허함은 범죄원인이 파헤쳐져 세계만방에 알려지는 것을 꺼리기 때문"이라고 귀띔해주기도 했다.

'기색혼절 소동' 덕분이었는지 관동도독부 법원은 1910년 2월1일 정오에 안병찬 변호사의 안중근 면회를 허락했다. 안 변호사는 사무원 고병은, 정근, 공근과 함께 여순감옥에서 안중근을 만났다. 이 자리에는 주임검찰관 미조구치, 전옥 구니하라, 통역생 소노키 등이 입회했다.

면회에 앞서 미조구치 검찰관이 안 변호사에게 말했다.

"공이 피고 안응칠을 변호하기 위하여 이곳에 와서 변호를 출원하였지만 법원 당국으로서는 외국변호사는 허가할 수 없고 재판관 직권으로 당법원 소속변호사 중에서 변호인을 선임하기로 이미 결정했소. 따라서 공이 기왕 이곳에 왔으니 직접 발언은 못하더라도 이 사건에 관한 기록 일체를 열람한 다음 관선변호인을 통하여 간접으로 의견을 진술하는 것이 좋을 것이오."

이에 안 변호사가 정색하고 항의했다.

"대저 사람에게는 자신의 신체와 명예에 대하여 방위하는 권리가 있는 고로 형사피고인이 공판을 당하여 변호인을 마음대로 선정, 자신을 변호하는 일에 진력한 결과 적절한 형을 받는 것은 당연한 일이오. 특히 중죄피고사건에는 변호가 필수적 아니오. 그래서 만약 피고가 변호인을 스스로 선정하지 못하는 경우에는 재판관이 소속변호사 중에서 선임하게 되는 것이고 이것이 곧 관선변호사 아니오. 그런데 피고 안응칠은 자기의 정당한 권리를 보호하기 위하여 한국과 외국의 변호사에게 의뢰하여 변호출원을 하였은즉 의당히 허가해줘야 할 것이거늘 무슨 까닭으로 허가치 아니하고 피고가 원하지 않는 일본변호사를 관선한단 말이오."

이에 미조구치 검찰관은 잘라 말했다.

"원래 영국, 러시아, 스페인, 세 나라의 변호사도 이 사건에 대하여 변호를 출원하였으나 모두 외국인의 변호는 허가치 아니하기로 결정하였은즉 이제는 그에 대한 논쟁은 필요치 않소."

안 변호사는 안중근을 면회한 자리에서 그 어머니의 말부터 전했다.

"네가 국가를 위하여 이 지경에 이르렀은즉 죽음이 도리어 영광이나 모자가 현세에서 다시 상봉치 못하겠으니 그 정리로 하자면 어찌 슬프지 아니하랴. 모친께서 그렇게 당부하셨소. 또 내가 공을 변호하기 위해 지난달 10일에 출발하여 17일에 이곳에 도착하였는데 지금 법원에서 변호를 허가하지 아니하므로 내 목적을 달성하지 못해 심히 개탄스럽소."

말을 듣고난 안중근은 비감을 이기지 못해 얼굴색이 변했으나 곧 평정을 회복하고 "공이 나를 동정하여 추운 날씨에도 불구하고 불원천리 이곳에 와준데 대해 고맙기 그지없소. 나의 일정한 목적, 즉 애국사상은 죽더라도 변치 않을 것인즉 일본변호사에게 의뢰하는 것은 결코 원하는 바가 아니오. 그러니 공은 비록 허가받지 못하더라도 공판 전에 귀국하지 않기 바라오"라고 부탁했다. 이에 안 변호사가 "그 뜻을 깊이 헤아릴 것이오만 만약 떠나게 되는 경우가 생기면 공을 면회, 작별하겠소"라고 약속했다.

안중근의 두 동생 정근 공근은 "당초 형님의 의사와 법원의 내락을 받고 어머님께 '한국변호사회에 의뢰해 달라'고 편지를 띄워 이제 안 변호사가 도착하였는데 변호를 허가하지 아니하니 탄식할 뿐 유구무언입니다"라며 고개를 떨구었다.

그러나 안중근이 입을 열었다.

"오늘날 한국인이 이 지경에 이름은 너희도 모르는 바 아니다. 그러나 이번 일만은 나 역시 허가해줄 것으로 인정하고 나의 가슴속 가득 품은 생각을 설명하기 위해 법원에 변호사선임을 신청하였더니 허가치 아니하니 실로 유감이다. 이는 내가 생명을 구차히 구하자는 것이 아니니 너희는 어머님을 착실히 봉양하라."

이날 오후 3시 안중근은 면회를 마치고 다시 입감됐는데 관선변호인으로 선임된 미즈노 가마다도 면회를 왔다. 안중근은 이들에게 "공들이 비록 관선변호인이지만 변호의 요령과 태도를 보고 내 마음에 든다면 변호인으로 받아들이겠다"고 했고, 이들은 "기록 일체를 열람한 후에 다시 면회하여 우리의 의견을 말하겠다"고 했다.

그러나 공판시작 전날 두 관선변호사는 안 변호사에게 "당지법원에서 공에게 간접변호를 허가해준 바 있지만 의외로 서양변호사들까지 방청을 요청해왔기 때문에 형평의 원칙을 고려해서 이를 취소하기로 했다"고 통보해왔다. 관선변호인들은 한술 더 떠서 "안중근에게 잘못을 시인하도록 회유해 달라"고 부탁, 안 변호사가 이를 거절하자 안중근과의 면회마저 봉쇄했다. 한편 영국인 변호사 더글러스는 법원에 찾아가 변호불허를 항의하며 공판중지를 요구하다 면전에서 거절당하자, 재판관 할권 문제를 정식으로 제기했으나 이마저 묵살당했다.

일제(日帝)의 회유

이토의 피살은 일본인들에게도 큰 충격이었다. 메이지유신의 원훈, 당시 일제의 실질적 최고권력자가 비명에 횡사해서만은 아니었다.

이토 피살 직전까지만 해도 일본인들은 이토의 조선반도 경영전략이 적중해서 이토는 한국인들의 환심을 한 몸에 받고 있었으며, 한국인들은 하나같이 그를 존경해 일본으로부터 보호받기를 열렬히 희망한다고 믿고 있었는데 하루아침에 그게 아님이 판명되었기 때문이기도 했다. 말하자면 이토의 죽음은 한국에 대해 일제가 저지른 불의의 징표였던 것이다.

그래서 일제는 안중근을 굴복시켜 잘못을 자복 받고, 나아가 '이토에 대한 존경심'까지도 끌어내야만 했다. '이토 공작에 대한 저격이 한때의 착각 또는 오해에서 빚어진 반민족적·반역사적 범죄행위였다'는 안중근의 참회어린 고백이 그것이었다.

조선통감부는 한국에서 오랫동안 경찰업무에 종사, 한국인을 잘 알고 한국의 사정에 밝으며 한국어가 능통한 민완수사관인 경부(警部) 사카이(境嘉明, 일부 기록에는 境益太郎 혹은 境喜明園)와 기지로(木次郎), 두 일본인경찰관에게 안중근 회유임무를 주어 여순에 특파했다.

이들은 여순감옥으로 안중근을 찾아가 공손하고 정중한 태도로 말을 걸었다.

"공이 지닌 재주로 보면 전도가 무한한데 그냥 이대로 감옥에서 썩는다면, 혹은 여기서 생을 마감한다면 너무 원망스럽지 않겠소. 어째서 이번 사건을 저질렀는가는 묻지 않을 테니 오해를 해서 죄를 범했다고만 자복해 주시오. 그렇게만 하면 우리 일본 제국정부는 공의 소망과 재주를 중히 여겨 반드시 특사해줄 것이오. 그러면 다시 세상에 나가 공업을 달성하게 될 것 아니겠소. 고집세울 때가 아니오."

안중근은 웃으며 대답했다.

"호생오사(好生惡死, 사는 것을 좋아하고 죽는 것을 싫어함)는 인간의 상식이지만 내가 억지로 살려고만 했다면 어찌 이번 일을 해낼 수 있었겠소. 하얼빈에서 이토를 포살하려고 작심했을 때 나는 이미 죽기를 각오한 바요. 이 감옥에 와서 오늘날까지 연명하고 있는 것도 사실은 내 생각 밖의 일이오. 나는 목숨 같은 것은 생각하고 있지 않으니 유혹하려 들지 마시오."

그들은 낙담하여 도리없이 발길을 돌리지 않을 수가 없었다. 다음날도 그들은 안중근을 찾아왔다.

"세계의 신문들은 지금 모두 공의 행동이 무식에서 나온 무지막지한 것이었다고 심하게 꾸짖고 있소. 한국의 이천만 국민도 나라의 은인인 이토 공작을 살해한 사람은 일본의 적일뿐만 아니라 한국의 적이라고 난리요. '이토 같은 위대한 지도자를 어디서 또 찾을 수 있는가. 이제는 나라의 전도가 무망하게 되었다'고 공을 책망하고 있는 것이오. 안으로는 한국인, 밖으로는 외국인 모두가 공의 행동을 그처럼 비난하고 있소. 그런데 공은 왜 이처럼 그런 엄연한 현실을 인정치 않고 불복으로 일관하는가. 고집을 피운다고 천하의 공론을 이길 수 있다는 말이오?"

그들은 윽박지르기도 하고 타이르기도 했다.

안중근은 안색을 가다듬고 침착하게 대꾸했다.

"나의 행동은 의를 위함이지 절대로 사적 명예를 탐해서 나온 것이 아니요. 나는 의로 나라에 보답하고 의를 위해 내 생명 기꺼이 바칠 것이오. 따라서 명예는 나와는 하등 관계가 없소. 나는 몇 달 며칠 갇혀있다 보니 밖의 여론을 듣지 못했고 신문도 보지 못했소. 그렇지만 우리 한국 동포들은 누구나 나를 책망하지 않을 것을 확신하오. 서방신문을 보지는 못했으나 그들이 나를 비방했다면 아마도 우리 동양을 자신들의 손아귀에 넣으려는 야욕 때문에 그랬을 것이오. 이토를 제멋대로 행동하게 놓아두면 결국 동양평화는 깨어지게 되고, 그리되면 동양침략에 절호의 기회가 되는 것이오. 이번 나의 이토 제거는 말하자면 그들에겐 동양침략의 기회상실을 의미하는 것이니 그들이 나에게 욕질했다고 해서 하등 관심 둘 바 아니오. 그렇지만 한국인도 서양사람들도 나를 욕한다는 공들의 말은 요언(妖言)이니 나는 믿지 않소."

그들은 이번엔 말을 둘러댔다.

"공이 한국의 태황제(太皇帝)로부터 금 4만 냥을 받고 이토 공작을 살해했다는 정보를 우리는 탐지하고 있소."

안중근의 얼굴엔 노기가 역력했다.

"공들은 음흉 교활하기 짝이 없소. 나를 모욕하다 못해 한국의 황제에까지 누를 끼치기로 작심했는가. 나는 이토 제거를 결심할 당시 생명을 포기한 사람인데, 죽은 다음에 금전이 무슨 소용이 있는가."

그런 회유는 공판 직전까지도 계속됐다. 〈대한매일신보〉(1910년 2월 26일자)가 당시의 그런 정황을 극명하게 보여준다.

"안중근 씨 공판 전에 여순법원에서 일본인 가운데 한국어에 능통한 사람을 5일간이나 매일 안씨에게 보내 좋은 낯으로 권유하되 '이토 살해는 그의 정책을 오해했기 때문이라고 공판정에서 한마디만 하면 무사히 방면되리라' 하매 안씨가 정색하고 대답하되 '내가 이토를 살해함에 실로 3대 목적이 있거늘 어찌 정책을 오해하였다 하리요' 했고, 급기야 공판이 종결되어 사형을 선고하는 때에 안씨는 태연히 웃으며 말하기를 '이보다 더 극심한 형벌은 없느냐'고 하였다더라."

안중근, 공소 포기하다

언젠가는 이런 일도 있었다. 검찰관이 안중근에게 '뜻을 같이 하는 동지가 몇 명인가' 물었다. 그는 웃으며 "내가 만약 동지들을 들추어낸다면 나 자신에게도 불리할 뿐더러 일본도 많은 손해를 보게 될 것"이라고 답했다.

"무슨 손해인가."

검찰관이 다그쳐 물었다.

"내 동지들은 만 명도 넘는다. 그들을 모두 들추어내면 일본은 전부 체포해야 할 것이고 그렇게 되면 감옥을 1천여 간이나 더 지어야 하지 않겠는가. 또 검찰관 재판관도 각기 1천여 명씩을 증원해야 될 것이다. 재판을 끝내려면 그 기간이 얼마며 경비는 또 얼마나 들 것인가."

안 의사는 이처럼 반문하여 검찰관의 입을 막아버렸다.

고등법원 공소기간은 5일간이었지만 안중근은 일찌감치 그것을 포기하기로 작심했다. 어머니의 당부도 그러려니와 무용한 재판으로 구차하게 목숨을 부지하며 일제가 자신을 정략적으로 이용하고자 하는 기회를 주고 싶지도 않았다. 이때의 안 의사 심경을 자서전에서 들여다보자.

"전옥 구니하라씨의 특별소개로 고등법원장 히라이시 씨와 만나 담화했는데, 나는 사형판결에 대하여 불복하는 이유를 대강 설명한 뒤에 동양대세의 관계와 평화정략의 의견을 말했더니 고등법원장이 다 듣고난 뒤에 감개하며 대답해 말하되 '내가 그대에게 대해서 비록 두텁게 동정하지만 정부주권의 기관을 고칠 수 없는 것을 어찌하겠는가. 다만 그대의 진술하는 의견을 정부에 품달하겠다' 하는 것이므로 나는 그 말을 듣고 속으로 고맙게 여기며 '이같이 공정한 논평이 귀를 스치니 일생에 두 번 듣기 어려운 일이다. 이 같은 공의 앞에서야 비록 목석이라도 감복하겠다' 하고 나는 다시 청하되 '만일 허가될 수 있다면 동양평화론 책 하나를 저술하고 싶으니 사형집행 날짜를 한 달 남짓 늦추어줄 수 있겠는가' 했더니 고등법원장이 대답하되 '어찌 한 달뿐이겠는가. 설사 몇 달이 걸리더라도 특별히 허가하겠으니 걱정하지 말라' 하므로 나는 감사하기를 마지못하고 돌아와 공소권 청구를 포기했다. 설사 공소를 한다고 해도 아무런 이익도 없을 것이 뻔할 뿐더러 고등법원장의 말이 과연 진담이라고 하면 굳이 더 생각할 것도 없어서였다."

안중근이 고등법원에의 공소를 포기한 직후 두 일본인 관선변호사가 찾아와 의례적으로 공소를 권유했다.

"내가 불공평한 재판에서 사형을 언도받고도 공소권을 포기한 것을 복죄(服罪)했다고 생각지 마시오. 나는 구차하게 목숨을 부지하고 싶지 않을 뿐이오. 상급법관 역시 일본인이니 그 결과가 뻔한 것 아니겠소."

안중근의 태도는 의연했다.

뒷날 이 관선변호인들은 안중근의 교수형장에도 얼굴을 비쳤다. 안중근이 웃으며 말했다.

"공들은 무엇하러 왔소. 사람이 죽는 데도 변호가 필요하오?"

그들은 당혹스러움을 애써 감추면서 최고의 경어를 써서 대답했다.

"우리는 선생의 마음을 위로하러 왔습니다. 선생님께서는 안심하시고 천국으로 가시옵소서. 우리도 뒷날 천국에 가서 선생님을 뵈옵겠습니다."

이에 안중근은 웃음기를 거두고 당부했다.

"공들이 내가 천국에 가도록 축원해주니 내 마음이 감동은 되오. 나는 천국의 법률을 준수하여 나라를 위해 죽는 의자(義者)요. 내 영혼은 꼭 천국으로 갈 것이오. 하지만 공들은 천국의 법률을 무시하고 또 세상의 법률을 공평히 지키지 못했으니 천국에서 공들에게 입국을 허가해줄지 모르겠소. 후일 우리가 천국에서 상봉하자면 공들은 천국의 법률을 습득하여 힘을 다해 공리(公理)를 받들어야 할 것이오."

영국인 변호사 더글러스는 안병찬 변호사에게 "나는 지금까지 세상 사람을 많이 만나보았소. 중대한 재판도 여러 번 경험했소. 그러나 안중근같이 훌륭한 분은 아직 만나보지 못했소. 나는 응당 온 천하를 다니며 그를 찬미할 것이오"라는 말을 남기고 여순을 떠났다. 러시아인변호사

미하이로프도 일제에 대한 분노를 가득 품고 안 의사를 위해 어떠한 일도 할 수 없었음을 한탄하며 블라디보스토크로 귀환했다.

안병찬 변호사는 귀국에 앞서 2월15일 안중근의 두 동생, 그리고 사촌동생 명근(뒷날 寺內正毅, 초대총독 암살을 기도했다가 체포돼 종신형을 받음)과 함께 안중근을 면회했다. 안중근은 안 변호사에게 거듭 사의를 표하면서 간곡히 당부했다.

"선생께서 고생을 무릅쓰고 먼 길을 달려와 나를 위해 많이 욕보셨습니다. 깊은 그 은덕을 죽은들 어찌 잊겠소. 또 한 가지 여러 선생들께 드릴 말씀이 있소. 내가 죽은 후에 내 영혼이 생각하는 것은 우리 동포들뿐이오. 선생들께서 극력 동포들을 불러 일으켜 국가의 독립을 회복하고 그 소식을 천국에 보내주시오. 나는 춤을 추며 만세를 부르겠소. 내 행동은 외세에 급격히 내민 주먹 하나에 불과하니 별로 자랑할 것이 없소. 교육을 진흥하여 실력을 배양하고 대중의 뜻을 단합하는 것만이 독립을 회복하는 기초요. 우리 동포들이 이 사자(死者)의 말을 가벼이 여기지 말고 더욱 면려를 가하는 것이 나의 애절한 바람입니다."

안중근은 말을 마치자 동포들에게 주는 유언을 안 변호사에게 구술, 부디 동포들에게 전해달라고 부탁했다.

"동포에게 고함

내가 한국독립을 회복하고 동양평화를 유지하기 위하여 삼년 동안을 해외에서 풍찬노숙하다가 마침내 그 목적에 도달치 못하고 이곳에서 죽노니, 우리들 이천만 형제자매는 각각 스스로 분발하여 학문

을 힘쓰고 실업을 진흥하며 나의 끼친 뜻을 이어 자유독립을 회복
하면 죽는 자 유한이 없겠노라."

이천만 동포에게 남긴 이 유언은 안 의사 순국 전날인 1910년 3월25
일자 〈대한매일신보〉에 보도됐다.

8일 동안 단 6회의 공판을 일사천리로 진행, 안중근 의사에게 사형을
언도했고, 그리하여 이 사건에 집중되어 있던 세계의 이목을 재판이란
요식행위로 눈가림하여 따돌렸던 일제의 관동도독부 법원청사는 여순
감옥과 함께 오늘의 중국인들에게 외세침략의 악몽을 되새김질하게 해
주는 역사의 현장이다.

사형언도를 받고 잠시 혼란에 빠졌던 마음에 평정을 되찾은 안 의사
는 형 집행을 지척에 둔 사형수답지 않게 평강이 깃든 자세로 남은 삶을
조용히 수용해 나갔다. 이때의 안 의사 수형생활은 신앙생활과 집필, 붓
글씨 쓰기가 전부였다. 안 의사는 형 집행에 이르기까지의 당시 수형생
활을 짤막하게 자서전에 적고 있다.

"그래서 (공소를 포기하는 대신 집필시간을 충분히 주겠다는 히라이시 고등법원
장의 약속을 받고) 동양평화론을 저술하기 시작했다. 그때 법원과 감옥
소의 일반관리들이 내 손으로 쓴 글씨 필적을 기념하고자 비단과 종
이 수백 장을 사 넣고 청구하므로 나는 부득이 자신의 필법이 능하
지 못하고 또 남의 웃음거리가 될 것도 생각지 못하고서 매일 몇 시
간씩 글씨를 썼다."

미완의 동양평화론

옥중의 안중근은 1910년 3월 5일, 출생에서 블라디보스토크 망명과 의병활동에 이르기까지 자신이 지나온 발자취를 글로 엮어 탈고한 데 이어, 3월 15일에는 하얼빈거사의 계획에서 사형언도 이후의 옥중생활까지를 집필, 4개월여 계속해온 자서전 '안응칠 역사'를 마무리 짓는다.

이에 이어 안중근은 히라이시 고등법원장의 '탈고 때까지의 형 집행 연기약속'을 철석같이 믿고 '동양평화론'을 전개하기 시작했으나 총론과 각론 제1절에 그치고 전체의 탈고는 보지 못한 채 형장의 이슬로 사라져 가야 했다.

《한국독립운동사자료》 제7권에 수록되어 있는 '사카이 경시의 신문에 대한 안응칠의 공술'에서 안 의사가 주창한 '동양평화론'의 요지를 간추려 보면 이렇다.

"우리 동양은 일본을 맹주로 하고 조선 청국과 정립하여 평화를 유지하지 않는다면, 혹은 백년의 대계를 그르칠 것을 두려워한다. 이토의 정략은 이에 반하여 함부로 한국을 병합하는데 급하여 타를 고려할 틈이 없이 동포를 살육하고 황제를 협박하여 그 횡포가 이르지 않은 것이 없다. 그가 잡은바 방침을 고치지 않고 이대로 추이하면 우리 동양은 삼국이 다 같이 쓰러지고 백색인종의 유린에 맡기지 않으면 안 된다. 로·청 양국이 일본에 향해 다시 싸우려고 하는 형세가 있음은 당연한 일이며 미국 또한 일본의 발호를 좋아하지 않는다. 점차 세계의 동정은 한·청·로의 약자에 모이고 일본이 고립한 지위에 설 것은 지금부터 예상하여도 어렵지 않은 것이다.

이것을 생각지 않고 일시 세력에 맡기어 아한(我韓)의 독립을 빼앗으려는 것은 천견(淺見)으로서 지자의 조소를 초래하는 바라고 하겠다. 우리 인군(人君)을 좋아하지 않는 것이 아니다. 부모처자를 생각하는 정이 없어서가 아니다. 일신일가를 걸고 우리 한국을 위해, 동양의 평화를 위해 진력하려면 이때에 있다고 결심한 것은 곧 고국을 떠나던 날의 일이었다. 이토 공을 죽이는 따위는 이 큰 목적을 달성할 사업 중 하나의 사소한 일일 뿐이다."

안중근의 동양평화론은 한마디로 '동양대세의 관계와 평화정략의 의견'을 개진한 것으로서 서세동점(西勢東漸)의 위기를 극복하여 동양의 평화를 유지하기 위한 방책이었다. 그것은 일본, 한국, 청국이 각기 자주독립국으로서 연합하여 구미 열강의 침략을 막아내자는데 근본정신이 있었다. 이는 일본이 자국의 이익을 독선적으로 추구하려는 침략정책

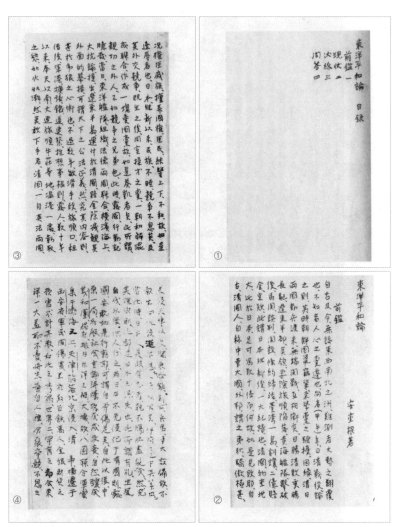

안중근이 옥중에서 쓴 미완의 '동양평화론' 목록과 전감

과 국가적 타산을 은폐하기 위해 주창했던 '아시아연대주의'와는 본질
적으로 그 궤를 달리하는 사상이요 주장이었다. 따라서 안중근의 이토
사살은 그러한 동양평화정신을 구현하기 위한 하나의 방책으로 결행된

'동양적 의거'였던 것이다.

한편 한국천주교는 지난 1990년 3월 안 의사 순국 80주기를 맞아 천주교정의구현 전국사제단 이름으로 '안중근(도마) 의사 추모자료집'을 발간했다. '토착화의 입장에서 본 한국교회 약사' '안중근 의사의 생애와 사상' '신앙인 안중근' '자료' 등 전4편으로 구성된 이 자료집은 안 의사 의거를 보는 당시 천주교 조선교구의 시각, 당시 한국과 일본의 상황을 재조명함으로써 안 의사 의거를 외면한 채 일본 편에 섰던 교회의 지난날의 잘못을 반성하는 상징적 의미도 담고 있다.

천주교 조선교구는 안 의사 거사일인 1909년 10월26일부터 순국이후인 1910년 4월30일까지는 어쨌든 안 의사를 공식적으로는 살인죄를 범한 죄인으로 취급했고, 안 의사가 천주교인이라는 사실마저 부인했었다. '자료' 편의 두 기둥은 당시 조선교구장이던 민(Mutel) 주교의 일기와 조선교구통신문(Le Seoul Bulletin) 가운데 안 의사 관련부분만을 발췌한 내용이다.

민 주교의 일기 가운데 안 의사 의거와 관련해 언급한 내용은 1909년 10월26일부터 1910년 4월30일자 일기에 들어있다. 또 조선교구 통신문은 당시 한국에 주재하던 파리외방전교회 소속 선교사들이 프린트물로 간행하여 돌려보던 일종의 약식 신문 형태의 소식지였다.

민 주교는, 그의 일기를 보면 안 의사 거사 직후에는 "이토의 암살은 (그의 한국침략에 대한) 합법적인 복수로 간주되었고 각각의 사람들이 자축했다"며 공정적 시각을 보이다가 암살자가 가톨릭교인인 안도마라는 사실이 알려지면서는 "안도마의 행위가 조선황실과 가톨릭교회의 입장을 곤경에 빠뜨렸다"며 태도를 부정적인 방향으로 바꾸게 된다. 민 주교가 가톨릭교인의 이토 암살 관련을 극구 부인하게 된 것은, 반일감정을 부추긴다고 여겨지던 한국주재 가톨릭선교사들의 소환을 교황청에 강력 요구해오던 이토가 로마교황청을 직접 방문해 교황 레오13세와 면담한 뒤에는 그 요구를 취소, 가톨릭과 일제가 밀월관계에 들어갔던 당시의 역사적 사실과 무관하지 않다.

홍 신부의 마지막 성사(聖事)

정근과 공근을 통해 안 의사가 신부 한 명을 여순에 파견해달라고 조선교구에 간곡히 탄원했으나 민 주교가 거절한다. 이에 프랑스인 선교사 홍석구(洪錫九, 빌헬름)신부가 자신을 보내달라고 요청, 이마저 봉쇄당하자 주교의 '가지 말라'는 명령과 경고를 무시한 채 1910년 3월2일 출발을 강행한다. 이로 인해 홍 신부는 귀임하자마자 민 주교로부터 2개월간 미사집전 정지처분을 받았고, 얼마 후에는 '사제들 사이에 분열과 갈등을 조장했다'는 이유로 프랑스 외방전교회본부로 소환됐으나 바티칸 종교법원에 심판을 청구, 승소 판결을 받고 '안중근 성사'의 정당성을 인정받았다.

안 의사와 홍 신부의 면회 장면을 안 의사의 술회를 빌려본다.

"천주교회 전교사 홍 신부가 나의 영생 영락하는 성사를 해주기 위해서 한국으로부터 이곳에 와서 나와 서로 면회하니 꿈과 같고 취한 것 같아 기쁨을 이룰 길이 없었다. 그는 본시 프랑스사람으로서 수도 파리에서 동양전교회 신품(神品)학교를 졸업한 뒤에 동정을 지키고 신품성사를 받아 신부로 승격했었다. 그는 재주가 출중해서 많은 학문을 널리 알아 영어, 불어, 독일어, 로마고대어까지 모르는 것이 없는 이였다. 1890년쯤에 한국에 와서 경성과 인천항에서 몇 해를 살았고, 그 뒤 1895년쯤에 다시 황해도 등지로 내려와서 전교할 적에 내가 입교하여 영세를 받고 그 뒤에도 같이 있었더니, 오늘 이곳에서 다시 만날 줄 누가 능히 생각이나 했겠는가. 그의 나이는 53세다.

그때 홍 신부가 내게 성교(聖敎)의 도리를 가지고 훈계한 뒤에 이튿날 고해성사를 주고, 또 이튿날 아침 감옥에 와서 미사 성제대례(聖祭大禮)를 거행하고, 성체성사로 천주의 특별한 은혜를 받으니 감사하기 이룰 길 없었는데, 이때 감옥소에 있는 일반관리들이 모두 와서 참례했었다. 그 이튿날 오후 2시쯤에 또 와서 내게 이르되 '오늘 한국으로 돌아가겠기에 작별차로 왔다'하고, 서로 이야기하기를 몇 시간동안 한 뒤에 손목을 쥐고 서로 작별하며 내게 말하되 '인자하신 천주께서 너를 버리지 않을 것이요, 반드시 거두어주실 것이니 안심하고 있으라'하며 손을 들어 나를 향하여 강복(降福)한 뒤에 떠나가니, 때는 1910년 경술 2월 초1일(양력 3월11일) 오후 4시쯤이었다."

한국천주교회는 '교회사의 뒤편에 밀려나있던 신자 안도마'에 대해 별다른 관심을 보이지 않다가 안 의사 탄신 1백주년인 1979년에야 서울 명동성당에서 처음으로 추모미사를 가졌고, 이후 1980년과 1986년의

홍석구(빌헬름)신부의 면회. 가운데 등을 보이는 이가 홍 신부(원 안), 그 정면이 안 의사다. 홍 신부로부터 시계방향으로 공근과 정근. 네 사람 건너가 소노키 통역, 구니하라 전옥.

추모미사에 이어 1990년 3월 순국 80주기를 맞아 천주교정의구현전국
사제단의 주도로 자료집을 발간하면서 대대적인 추모미사를 갖고 기념
사업을 계획하기에 이르렀던 것이다.

안 의사가 독실한 신자였고 한창시절 홍 신부 등과 함께 10여 년 동안
교회사업과 전교활동에 앞장섰던 것은 널리 알려진 사실이다. 그런 안
의사의 신앙관은 자서전 곳곳에서 확인된다. 안 의사는 여순감옥에 수
감되어서도 품에 품고간 성화를 붙여놓고 아침저녁으로 기도를 빠뜨리
지 않는 등 신앙생활에 열심이었다고 전해진다.

지난 1985년 안 의사의 수감중 신앙생활을 생생히 증언해주는 자료

가 일본에서 발견돼 화제가 된 적이 있었다. 그 자료는 안 의사가 순국하던 해인 1910년 8월15일에 발행된 '가미쓰게(上毛)교회 월보(142호)'라는 교회월간지였다.

이는 '안중근 의사의 천주교신앙'에 대해 연구하고 있는 일본의 성공회 이타즈미(井田泉)신부가 발굴해낸 것이다. 이 월보에는 메이지-다이쇼 시대에 일본기독교의 교회형성에 크게 이바지한 지도적 종교인으로 손꼽히는 저명한 목사 우에무라 마사히사(植村正久)가 자신이 깊이 추앙해온 안 의사의 신앙심에 관한 술회가 수록되어 있다. 그 내용은 이렇다.

"내(植村正久목사)가 탄 배에 안중근을 재판한 관동도독부 고등법원장(平石)이 타고 있었다. 그는 '기독교를 싫어함에도 불구하고 안중근의 깊은 신앙심에는 고개를 숙였다'고 말했다. 또 '안중근이 메이지의 원훈인 이토 히로부미를 사살했으나 정직하고 훌륭한 사람'이라고 칭찬해마지 않았다. 이전에 어떤 일본인 천주교신부는 안중근이 천주교신자가 아니라고 어떤 글에 쓴 적이 있어 나도 이를 그대로 곧이 듣고 교회복음신문에 그같이 쓴 일이 있는데, 이 히라이시 고등법원장은 안중근을 그렇게 칭찬하는 것이었다."

우에무라 목사는 이어 이렇게 술회했다.

"그 후 내가 안중근이 처형당했던 여순에 갔을 때 안중근 담당 관선변호사(水野와 鎌田 중 한 사람)가 나에게 기독교 교리에 관해 질문하러 와서 안중근의 신앙이 두터웠음을 전했다. 안중근은 처형되기 전날에도 죽음을 대하기를 마치 자기 집에라도 돌아가듯이 마음을 편안하게 가졌다는 것이다.

종교에 관심이 없었던 그 변호사는 이에 감복, 구도할 뜻을 느끼고 즐기던 술도 끊고 신자가 되려고 교회에 다니고 있다면서 나에게 교리에 관해 질문을 하는 것이었다. 안중근의 신앙이 얼마나 독실했기에 담당변호인에게 이같이 큰 감명을 주었나, 나는 다시 한 번 놀라지 않을 수 없었다.

그 후 나는 한국에 갔다. 내가 묵었던 집 주인은 '요즘 비밀출판물을 읽었는데 그것은 바로 안중근이 옥중에서 쓴 자서전이다. 부모와 자신의 신앙에 관한 얘기 등 안중근의 모든 것이 기록돼 있는 이 자서전은 문장도 좋지만 내용도 대단히 훌륭하다'고 말해주었다. 특히 안중근의 신앙심이 매우 독실했음에 감동했다고 강조했다. 한국인이 이 책을 읽는 것이 발견되면 큰일이 나기 때문에 몰래 읽고 있다고 알려주었다. 나도 이 책을 읽고 싶었으나 끝내 입수하지 못하고 말았다. 나는 안중근을 직접 대면한 적은 한 번도 없었으나 그의 신앙이 훌륭했던 것에 감동하지 않을 수 없었다."

'가미쓰게교회 월보'를 발굴한 성공회 이타즈미 신부는 안 의사의 깊은 신앙심은 민족의 독립과 국권수호를 위한 운동의 정신적 바탕이 된 것이라고 해석하고 한국의 민족적 영웅 안 의사의 의거를 이해하지 않고서는 한·일 양국의 깊은 친선은 이루어지지 않을 것이라고 강조한 바 있다.

옥중 친필 한시

또 하나, 같은 1985년에 최서면(崔書勉) 국제한국연구원장이 안 의사의 옥중 친필 한시를 발굴 공개하여 관심을 모았다. 사형집행을 앞두고 흔들림 없는 심경을 술회한, 11수로 구성된 이 안 의사의 자작시는 안 의사가 사입받은 안태형(安泰瑩)의 한문교본《대가법첩》(大家法帖, 융희2년 간행)의 여백 3쪽에 걸쳐 친필로 기록한 것이다. 그 전문(번역)은 다음과 같다.

북녘 기러기 소리에 잠을 깨니
홀로 달 밝은 누대 위에 있었다
언제고 고국을 생각지 않으랴
삼천리가 또 아름답다
형제의 백골이 그 삼천리 땅속에 의의하고
부조(父祖)는 청산에 역력하다

우리집에는 무궁화가 만발해서 기다리고 있고
압록강의 봄 강물은 돌아가는 배를 가게 해준다

남자가 뜻을 육대주에 세웠으니
일이 만약 이루어지지 않는다면 죽어도
조국에 돌아가지 않을 것이다
나의 뼈를 어째서 선영에다 묻기를 바랄소냐
인간이 가는 곳이 이 청산(靑山)인 것을

나막신과 대지팡이로 동네를 나오니
강둑의 푸른 버드나무가 빗속에 즐비하다
모든 벌이 어찌 금곡주(金谷酒)와 같겠는가
무릉도원을 배 타고 찾는 것이로다

여름의 풍류는 인간이 다 취하고
가을은 세상일이 손님이 먼저 들기를 기다린다
주인의 풍치는 참으로 부끄러움을 견디지 못한다

흥이 푸른 나무들의 연기에 충분하고
한 걸음 두 걸음 세 걸음을 나가서자
푸른 산과 흰 들 사이에 꽃이 간간이 피어 있다
만약 화가로 하여금 이 경치를 묘사하게 한다면

그 나무 안의 새소리를 어떻게 그릴까

갈대꽃 위에 누구의 이름을 새길까

헤아려 눈속에 들어간 뒤에 글자마다 분명할 것이다

차라리 대동강의 물이 다 마를지언정

남자가 처음 한 맹세를 배반 못하겠다

해동(海東)에 밝은 달은 선생님의 얼굴이요

북풍 맑은 곳은 처사가 있는 곳

붉은 꽃, 푸른 버들은 작년 봄과 같고

여름이 지나고 서늘함이 생기니 가을이 왔구나

일어나서 머리와 얼굴을 가다듬으니

누가 나와 함께 여기에 있는가

누런 나뭇잎 덮인 사양길에

조금 전엔 작은 어느 가게에 있었는데

백운명월(白雲明月)은 다시 공산(空山)에 떠 있다

희미하게 생각나는 것이 전생의 꿈과 같은데

고요한 혼백은 죽지 않고 돌아올 수가 있었다

나의 혼백만이 짧은 지팡이를 짚고 나의 살던 집을 찾아가니

부엌의 한 등불만 나와의 관계인 것이다

일보 이보 삼보 다가가서 서니

푸른 산과 흰 들 사이사이에 꽃들이 피어 있다

불그레한 안방에 향기가 그치질 않았고
여인은 반은 교태를, 반은 부끄러움을 머금었다
내 죽은 뒤에 가만히 나를 생각하겠는가고 물으니
두 손을 모으고 금비녀 머리를 끄덕인다

마음 속에서 이별의 말은 계속되고
이별의 술잔이 손에 닿는 것이 더디기만 하다
살아서는 오히려 생각하는 날이 있었는데
죽은 뒤에는 어찌 저 홀로 가는 때를 견디어 내겠는가
만난 인연이 오래오래 막혔다고 말하지 말아라
평생에 오히려 근심 속에 기약하는 것이었을 것이나
편지 한 장을 날려 천문(天門)에 도달하게 할 수가 있어
나의 사정을 호소하면
그대로 혼미하지는 않을 것이다

남자가 차라리 죽을지언정
바른 마음을 속일까보냐
판사 검사가 어찌 나의 속마음을 알까
원수는 갚았고, 곧 외로운 혼은 땅에 떨어진다

이승의 마지막 편지, 모주전(母主前) 상서

공식통보가 있었던 것도, 누가 귀띔해준 것도 아니었지만, 안중근은 이틀 혹은 하루 뒤의 형 집행을 예감이나 한 듯 1910년 3월 24, 25일 이승에서의 마지막 편지를 썼다. 동생들에게 작별을 고하는 짤막한 글귀를 제하면 편지는 모두 6통이었다. 편지 원문을 여기 옮긴다. (일부 한자어는 한글로 고침)

定根-恭根에 與하는 書

兄書

송부하는바 신서(信書) 6통은 각기 본처에 전송하라. 이에 다시 후일 영원한 복지(福地)에서 기쁘게 악수하기를 기대하며 이에 종언(終言)할 뿐이다.

母主前上書

子 多默白

예수를 찬미합니다.

불초자는 감히 일언을 모주전에 올리려 합니다. 엎드려 바라옵건대 자(子)의 막심한 불효와 정성(定省-昏定晨省, 조석으로 부모의 안부를 물어서 살핌)을 못한 죄를 용서하여 주시옵소서. 이 이슬과도 같은 허무한 세상에서 육정(六情)에 이기지 못하시고 이 불초자를 너무나 생각해주시니 후일 영원(靈源)의 천당에서 만나 뵈올 것을 바라오며 또 기도하옵니다. 이 현세의 일이야말로 다 주(主)의 명령에 걸린 바이오니 마음을 평안히 하옵기를 천만복망 할 뿐입니다.

분도(여섯살 된 장남)는 장래 신부가 되게 하여 주시기를, 희망을 가지시고 후일에 이르러도 잊지 마옵시고 천주(天主)에 바치도록 교양해주시옵소서. 이상은 그 대요(大要)이며, 그리고 드릴 말씀은 허다하오나 어떻든 후일 천당에서 기쁘게 만나뵈온 뒤 누누이 말씀드리겠습니다.

통일(統一, 하나로 합침) 상하의 여러분께는 문안도 드리지 못하오니 반드시 꼭 주교를 전심 신앙하시어 후일 천당에서 기쁘게 만나뵈옵겠다고 전해주시기 바라옵니다. 이 세상사는 정근과 공근에게 물어주시옵고 반드시 꼭 배려를 거두시옵고 마음 편안히 지내시옵소서.

분도母前에 寄하는 書

丈夫 安多默拜

예수를 찬미하오. 우리들은 이 이슬과도 같은 허무한 세상에서 천주의 배려로 배필이 되고 다시 주(主)의 명으로 이에 헤어지게 되었으나, 또 멀지않아 주의 은혜로 천당 영복(靈福)의 땅에서 영원(靈源)에 모이려 하오. 반드시 육정(六情)을 고려(苦盧)함이 없이 주의 안배만을 믿고, 신앙을 열심히 하고, 모친에 효도를 다하고, 두 동생과 화목하여 자식의 교양에 힘쓰며, 세상에 처하여 심신을 평안히 하고, 후세 영원의 낙을 바랄 뿐이오. 장남 분도를 신부가 되게 하려고 나는 마음을 결정하고 믿고 있으니 그리 알고 반드시 잊지 말고, 특히 천주께 바치어 후세의 신부가 되게 하시오. 허다한 말은 후일 천당에서 기쁘게 즐겁게 만나보고 상세히 이야기할 기회가 있을 것을 믿고 또 바랄 뿐이오.

1910년 경술 2월14일(양력 3월24일)

洪神父前 上書

罪人 安多默白

예수를 찬미하옵니다.

자애로우신 아신부여. 저에게 처음으로 세례를 주시고 또 최후에 여사(如斯)한 장소에 허다한 노고를 불고하시고 특히 내림하시어 친히 모든 성사를 베풀어주신 그 홍은이야말로 어찌 다 사례할 수 있겠습니까. 감히 다시 바라옵건대 죄인을 잊지 마시고 주님 전에 기도를 바쳐 주시옵고, 또 죄인이 욕되게 아는 여러 신부와 여러 교우에 문안드려 주시어 모쪼록 우리가 속히 천당 영복(靈福)의 땅에서 혼연히 만날 기회를 기다린다는 뜻을 전해 주시옵소서. 그리고 주교께도 상서하였사오니 그리 아시기를 바랍니다. 끝으로 자애로우신 아신부여, 저를 잊지마시기를, 저 또한 결코 잊지 않겠습니다.

閔主教前 上書

罪人 安多默白

예수를 찬미합니다.

인자하신 주교께옵서는 죄인을 불쌍히 여기시고 그 죄를 용서해 주시옵소서. 저반 죄인의 일에 관하여는 주교께 허다한 배려를 번거롭게 하여 공황무지이온바 고비(高庇, 타인의 비호를 높여 일컫는 말)로 나의 주 예수의 특은을 입어 고백 영성체의 비적(祕蹟) 등 모든 성사를 받은 결과 심신이 다 평안함을 얻었습니다. 주모(主母)의 홍은, 주교의 은혜는 사례할 말씀이 없사오며 감히 다시 바라옵건대 죄인을 불쌍히 여기시어 주대전(主大前)에 기도를 바쳐 속히 승천의 은혜를 얻게 하시옵기를 간절히 비는 동시에 주교와 여러 신부께옵서는 다같이 일체가 되어 주교를 위해 진쇠(盡瘁) 하시어 그 덕화가 날로 융성하여 멀지않아 아한국(我韓國)의 허다한 의인과 열교인(劣敎人) 등이 일제히 정교(正敎)로 귀의하여 오주 예수의 자애로우신 적자(赤子, 백성을 일컫는 말)가 되게 할 것을 믿고 또 축원할 뿐입니다.

1910년 경술 2월15일(양력 3월25일)

明根 賢弟에 寄하는 書

多默 寄

예수를 찬미한다.

홀연히 왔다가 홀연히 떠나니 꿈속의 꿈이라 할까. 다시 중몽(重夢)의 날을 파하고 영복지지(永福之地)에서 기쁘게 악수(喜握)하고 더불어 영원히 태평한 안락을 받을 것을 바랄 뿐이다.

1910년 경술 2월15일(양력 3월25일)

僉位 叔父前에 答하는 書

姪 多默白 아멘.

하서(下書)에 접하옵고 복희만만(伏喜萬萬)이로소이다. 불초 姪(조카)의 신상에 대하여는 너무 번심치 마옵소서. 이 이슬과도 같은 세상에서 화복을 불문하고 무슨 일이건 다 주명(主命)이온대 인력으로는 어떻게도 할 수 없는 바이므로 다만 주모(主母)의 바다와 같은 은혜만을 믿고 또 축원하면서 기도할 뿐입니다.

가만히 생각컨대 이번 특은에 의하여 모든 성사를 받을 수 있었음은 군주(君主) 야소(耶蘇·예수) 및 성모마리아께서 저를 버리지 않으시고 그분의 품속으로 구해 올려주셨음을 믿으며 자연 심신의 평안을 느꼈습니다. 여러 숙주(叔主)를 비롯하여 일가친척께서는 어느 분이시고 번심치 마시옵고 주모(主母)의 은혜에 대해 저를 대신하여 사례해 주시기를 기도하는 동시 바라옵건대 가내가 서로 일생을 화목하게 평안히 지내시기를 비옵니다.

아숙백부(我叔伯父)께서는 아직 입교치 않으셨다고 듣고 참으로 유감으로 견디기 어려운 바 그러한 마음씨로는 주모(主母)의 성칙(誠飭)이 있을 것을 알지 못하신 것일까요. 진심갈력 속히 귀화하시기를 권유하여 마지 않습니다. 이것이 제가 이 세상을 떠남에 임하여 일생의 권고임을 전해주시기 바라옵니다.

여러 교우에게는 별도로 일일이 서장(편지)도 내지 못하오니 일동에게 위의 취지로 문안해 주시옵고 반드시 여러 교우가 다 신앙하고 열심히 전교(傳敎)에 종사하시어 우리 한국을 성교(聖敎)의 나라가 되도록 면려 진력하시기를 기도하는 동시에 멀지 않아 우리들의 고향인 영복(靈福)의 천당 오주(吾主) 예수의 앞에서 기쁘게 만날 것을 바라오니 여러 교우께서도 저를 대신하여 주께 사례기도하시기를 천만복망하여 마지 않습니다.

시간이 부족하여 이만 각서(擱書, 쓰던 글을 멈추고 붓을 놓음) 하나이다.

위국헌신군인본분(爲國獻身軍人本分)

　　1910년 3월25일 저녁 무렵, 일본군 헌병조장으로 여순감옥에 특별파견되어 안중근의 공판정 왕래를 비롯한 수감생활 내내 감시와 호위 임무를 담당해온 지바 도시치(千葉十七, 당시 27세)가 "내일 오전에 형 집행이 있을 것 같다"고 귀띔해주었다. 안중근의 평정심은 그러나 요지부동이었다. 파랑 한 점 일지 않는 잔잔한 호수, 안중근의 심정은 바로 그것이었다. 겨우 동양평화론의 서론을 마치고 각론의 집필에 들어갔을 뿐인데…. 탈고 때까지 형 집행연기를 확약했던 히라이시 고등법원장의 약속불이행이 아쉽다면 아쉬운 일이었다. 이미 이승에 남겨둘 아무런 미련도 없는, 안중근의 정관(靜觀) 상태는 그렇더라도 그냥 명경지수(明鏡止水)일 따름이었다.

　　안중근은 기도를 올린다음 길고도 긴 묵상에 들어갔다. 시간이 얼마나 흘렀을까, 멀리서 닭울음소리가 아련히 들려왔다. 안중근 최후의 날, 1910년 3월26일의 새벽이 열리고 있었다. 손수건만한 감방 창문 밖에는 보슬비가 내리고 있었다.

안중근은 여느 날과 마찬가지로 몸가짐을 정제한 다음 천주(天主)를 향하여 기도부터 올렸다. 식사를 마치고나자 지바가 찾아왔다. 그는 무엇인가 말할 듯 한참을 머뭇거리기만 했다. 안중근이 "어제 부탁했던 그것인가?" 하고 먼저 입을 열자 그제서야 그는 허겁지겁 대답했다.

"맞습니다, 안선생. 바로 그것입니다."

안중근은 붓을 잡고 한 획 한 획 정성을 기울여 나갔다. '爲國獻身軍人本分'(나라위해 몸 바침은 군인의 본분이다). 획 하나 흐트러짐 없는, 물 흐르듯 그러나 힘찬 용솟음. 뒷날 안중근연구가들은 "죽음을 코앞에 둔 사람의 글씨가 어쩌면 그렇게 한 점 흔들림이 없을 수 있는가. 이것만 가지고도 안중근의 모든 것을 평가할 만하다"고 입을 모았다. 이 글귀는 일본군인인 지바에게 준 당부이자 의병 참모중장이었던 안중근 자신의 좌우명으로 그의 삶을 완성으로 끌어올리는 이를테면 화룡점정(書龍點睛)이었다.

안중근의 인품과 조국애, 사상과 경륜에 감복하여 마음속에 스승으로 모셨던 지바는

▶ 안중근 친필유묵 '危國獻身軍人本分(위국헌신군인본분)'

안중근 처형 10여
년 이후 전역, 귀향
하여 센다이(仙台)시
에서 철도원으로 근
무하며 안중근의 반
명함판 사진과 유필
족자를 집안에 모시
고 조석으로 명복을
빌며 추모하다 1944
년 세상을 떠났다.
그의 아내는 남편의
유언대로 안중근과
남편의 사진을 나란
히 걸어놓고 추모하

순국 5분전 안 의사. 어머니가 손수 지어 보내주신 한복으로 갈아입
은 이승의 마지막 모습이다.

다 후사가 없어 조카를 양녀로 삼아 이 일을 잇게 했고, 양녀 미우라(三
浦)는 뒷날 최서면 국제한국연구원장을 통해 안중근 유묵을 한국의 독
립기념관에 기증했다.

　　안 의사는 관동도독부법원 관계자들과 경찰 헌병 그리고 감옥 일반
관리들에 이르기까지 상대방에게 적절한 말을 찾아 2백여 점의 글씨를
남겨주었다.

최후의 유언

안중근이 붓을 놓은 시각은 오전 8시55분. 9시가 조금 지나자 두 동생이 면회를 왔다. 최후의 면회였다. 첫눈에도 두 동생의 얼굴에는 핏기가 없었다. 안중근은 침착한 평상말투로 마지막 유언을 받아쓰게 했다.

"내가 죽은 뒤에 나의 뼈를 하얼빈공원 곁에 묻어 두었다가 우리 국권이 회복되거든 고국으로 반장(返葬)해다오. 나는 천국에 가서도 또한 마땅히 우리나라의 회복을 위해 힘쓸 것이다. 너희들은 돌아가서 동포들에게 각각 모두 나라의 책임을 지고 국민된 의무를 다하며 마음을 같이 하고 힘을 합하여 공로를 세우고 업을 이루도록 일러다고. 대한독립의 소리가 천국에 들려오면 나는 마땅히 춤추며 만세를 부를 것이다."

두 동생의 슬픔이 가득찬 안색이 풀리지 않자 안중근은 "나는 티끌만

한 상심도 없는데 왜들 그러느냐'고 나무랐다. 그러고는 이렇게 말을 이었다.

"나는 반드시 천국에 간다. 나는 짧은 생애 나라의 독립회복을 위해 있는 힘을 다 바쳤다. 너희는 동포들에게 이 말도 전해다고. '우리 동포들은 저를 위하여 많은 노력을 하였는데 저는 그것에 보답하지 못합니다. 참괴가 실로 깊습니다. 저는 그저 생명 하나로 저의 성심을 표하였을 뿐입니다'라고."

매번 형제들이 면회할 때마다 감시와 간섭이 심해 피차 하고 싶은 말을 참아왔으나 안중근은 이날만은 전혀 개의하지 않았다. 다만 지니고 나온 책갈피에 밀서를 감췄다가 간수에게 압수당했는데, 이의 행방은 아직까지도 알려지지 않고 있다. 안중근은 "오직 늙으신 어머님께 효도를 다하라"고 강조하고 나서 "정근은 공업에 종사하여 한국공업이 후진성을 벗어나는 데 이바지해주고, 공근은 학자가 되었으면 좋겠다"면서 "분도를 꼭 신부로 만들어 달라"고 마지막 당부를 했다. 소노키 통역은 후일 안중근을 이렇게 회고했다.

"사형선고를 받았는데도 거동에 조금의 변화가 없고, 말수가 적어지고, 눈을 감고 묵상하는 일이 많아졌었다. 정근과 공근 두 동생과 만났을 때 그들이 죽은 다음의 일을 묻자 '살아있는 사람에게는 반드시 죽음이 있는 법이다. 다른 점이 있다면 그것이 이르느냐 늦느냐

뿐이다. 사람이란 모름지기 자기가 뜻한 것을 충실히 이행하는 데에 사람다움이 있다. 따라서 자기가 택한 직분에 생명을 걸고 일하며 세상에 도움이 되도록 해야 한다'고 형다운 충고도 잊지 않았다."

면회를 마치고 감방으로 돌아온 안중근은 동생들을 시켜 어머니가 차입해준 흰 명주저고리와 검정바지로 갈아입고 그 위에 흰 두루마기를 걸친 다음 이승에서의 마지막 사진촬영에 임했다.

안중근은 간수들이 이끄는 대로 형 집행장으로 나갔다. 교수대가 임시로 가설된 형장은 안중근특설감방에서 동쪽으로 50여 미터 지점의 공터였다. 당시는 일제의 관동도독부에 의한 군사통치 시대여서 사형수에 대한 형 집행은 모두 총살형이었다. (1920년 軍政 分治에 들어서면서 교수형으로 전환) 그러나 관동도독부 법원은 안중근만은 특별히 교수형으로 형을 집행하기로 이미 결정해 두고 있었다. (일부 총살형을 주장하는 사람도 있음)

죽어 영원히 사는 사람

간수 두 사람이 안중근을 양편에서 이끌고 가설교수대 앞에 섰다. 검찰관과 변호사 의사, 헌병과 간수들, 그리고 전옥(감옥소장)이 숨을 죽이고 이 광경을 지켜보고 있었다. 구리하라 전옥이 사형집행문을 낭독하고 나서 "마지막으로 하고 싶은 말이 있는가?"라고 물었다. 한국만세 삼창은 거부됐다.

"나는 대한국을 위하여 죽는다. 죽는 것에 무슨 한이 있을까만 나라의 장래를 보지 못하는 것이 유감이다. 여러분, 깊이 생각해 보라. 우리 대한국이 독립하여야 동양의 평화를 보존할 수 있고, 그래야만 일본제국도 위기를 면하게 될 것이다."

안중근이 나직이, 그러나 힘 있는 말투로 마지막 말을 마치자 간수가 백지를 접어 눈을 가리고, 그 위에 흰 수건을 둘러맸다. 그리고는 안중근을 부축하고 일곱 계단을 올라가 처형대 위에 세웠다.

"잠시 기도할 시간을 달라."

안중근의 요청에, "마음 내키는 대로 하라"고 구리하라 전옥이 주위의 눈치를 살피고는 허락했다.

3분여 동안 기도하는 자세로 엄숙하게 서있던 안중근의 목에 밧줄이 걸렸다. 오전 10시4분 경. 의사가 안중근의 절명을 확인한 시각은 10시 15분이었다.

사형수의 사체는 나무로 만든 통에 넣도록 되어 있었으나 안중근의 경우는 특별히 예우하여 송판으로 만든 관에 십자가와 함께 유해가 입관됐다. (안 의사를 '특별예우'하여 통이 아닌 관을 사용했다는 부분에 대해서는 중국 측 관계자들이 강력한 의문을 제기했다)

형은 조국이 독립하기 전에는 조국으로 반장하지 말라고 유언하였지만 정근 공근 형제는 형의 유해를 두고는 차마 발길을 돌릴 수가 없었다. 감옥으로 찾아간 두 사람을 간수들은 철저히 몸수색한 다음 들여보냈다. 일본인 변호사가 "일본 법률에는 유해를 내주도록 되어 있으니 법원에서 비준하면 인수할 수가 있다. 하지만 일본정부로부터 이미 내주지 말라는 지시가 있어

▶ 안 의사 유묵. '志士仁人殺身成仁(지사인인살신성인)'
지사와 어진 사람은 몸을 죽여 인(仁)을 이룩한다

불가능할 것"이라면서도 들어가 보라고 했던 것이다.

"유해를 내주고 안 내주고는 전옥의 권한이지 변호사가 무슨 관계인가."

두 사람은 퉁명스럽게 대꾸하고는 감옥의 사무실로 들어갔다. 전옥과 검찰관, 통역과 간수들이 잡담을 하고 있었다. 정근과 공근의 태도는 더 이상 고분고분하지 않았다.

"일본정부가 내린 지시는 무엇인데 법관이 법을 어기고 제 마음대로 하는가."

"혈육의 정 때문에 유해를 가져가고 싶겠지만 우리 정부의 명령이 있으니 어떻게 하는가."

전옥이 짐짓 뻣뻣하게 대꾸했다. 두 사람은 강력히 항의했다.

"일본 법률의, 유해를 내보내는 규정에는 법관이 비준하여 실시하도록 돼있다는데, 어째서 정부명령을 핑계로 법규정을 어기는가. 법관은 법률을 우선해야지 정부의 조종에 좌우돼도 좋은가. 또 정부는 법률을 적용할 따름이지 왜 엉뚱한 명령을 하는가."

전옥은 "정부의 명령이 어떻든 나의 직권으로 처리하는 것"이라고 간단히 대답했다.

이에 두 사람이 "전옥의 직권으로 법률에 의해 처리하면 되지 무슨 정부명령을 핑계대는가. 어째서 몇 분 사이에 식언하는가"라고 격렬히 대들자 전옥은 "이미 공식적으로 확정된 일이기 때문에 여러 말 해봐야 소용없다"고 고함치듯 말했다. 두 사람은 더는 어쩔 도리가 없었다.

"법관이 법리(法理)를 돌아보지 아니하고 위력으로 압제하니 이런 만

행이 어디 있는가. 우리는 지금 그것에 대항하지 못하지만 분풀이할 날
이 반드시 오고야 말 것이다."

간수들의 강압에 의해 감옥 밖으로 쫓겨난 두 사람은 문밖에서 통곡
하다가 끝내 발길을 돌려야 했다.

안중근의 유해는 그날 오후 마차에 실려 여순감옥의 재소자공동묘
지에 매장됐다. 보슬비는 계속 내리고 있었다. 안 의사의 총탄을 발에
맞아 부상했던 당시 만철이사 다나카(田中淸次宅郎)는 훗날 이렇게 회고
했다.

"나는 당시 사건현장에서 10여 분간 안중근을 관찰할 수 있었다. 그
가 총을 쏘고 나서 의연히 서있는 모습을 보는 순간 나는 신(神)을
보는 느낌이 들었다. 그것도 음산한 신이 아니라 광명처럼 밝은 신이
었다. 그는 참으로 태연하고 늠름했다. 그같이 훌륭한 인물을 일찍
이 본 적이 없다."

안중근은 안중근을 죽인 일본인들의 눈에 살아서는 신(神)의 모습으
로 비쳤고 죽어서는 가신(家神)으로 모셔지는 존재가 됐다.

안중근은 죽었지만, 안중근(安重根)은 죽지 않았다. 죽음으로써 영원
히 사는 사람, 그가 안중근 의사다.

후기

안 의사의 거사계획에서 실행, 피검과 호송, 신문·재판과정을 비롯한 수감생활과 순국에 이르기까지의 '역사적 사실'이란 실체를 어떻게 재구성해 복원할 것인가에 중점을 뒀다. 이에 앞서 문헌취재부터 했다. 그러고 나서 얻은 것은 두 가지의 당혹스러움이었다. 첫째는 우리 근세사에 그처럼 우뚝한 '큰 인물'치고는 관련문헌자료가 엉성하다는 사실에서 왔고, 다음은 그나마도 '역사적 사실'에 대한 기술조차 구구각각 가지각색이라는 점에서였다.

먼저 안 의사의 자서전인 '안응칠 역사', 검찰관 신문조서, 공판속 기록을 정사적(正史的) 텍스트로 선정했다. 그러나 이들로는 어차피 복원 불가능한 부분이 존재할 수밖에 없었다. 자신의 단독 계획-거사를 고수(뒤에 우덕순 가담부분만 인정), 안 의사가 이와 관련된 부분은 고의로 누락시켰거나 부인 혹은 왜곡시켰기 때문이다.

그래서 이의 보충자료로 선택된 것이 〈대한매일신보〉를 비롯한 당시

의 신문기사, 일제의 조선통감
부와 주한일본공사관에 제출
했던 일군헌병과 경찰의 세 갈
래 '안중근사건' 관련 정보보
고서, 중국에서 발행된 양소전
(楊昭全)의 《안중근전기》, 저자
가 창해노방실(朴殷植으로 추정)
로 돼있는 《안중근전》, 일본측
나카노(中野泰雄)의 《안중근》
등 전기물과 변호사 가노(鹿野
琢見)의 '안중근무죄론'등 안 의
사 관련 저술들이 때로 중요
한 단서를 제공해줬고, 한국천

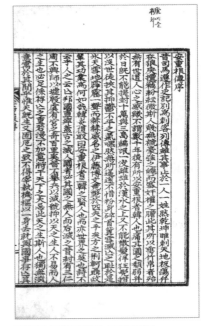

박은식의 《안중근선생전》, 1916년 판본

주교정의구현전국사제단의 '안중근(도마) 의사 추모자료집'도 참고가 됐
다. 이러한 자료들의 상당부분에 접근할 수 있었던 것은 오로지 '안중근
의사숭모회' 산하 '안중근기념관'의 배려였다.

　안 의사의 거사에서 순국에 이르는 과정에 대한 글을 마치면서 남는
것은 역시 여러 가지 제약의 아쉬움이다. 격려와 도움을 주신 많은 분께
감사의 말씀을 드린다.

獨立

庚戌二月　於旅順獄中　大韓國人　安重根書

2부

죽은 자의 죄를 묻는다

나카노 야스오
—
(前)일본亞細亞대학 교수

이토 히로부미의 죽음

1909년(메이지42년) 10월26일 오전 9시, 전날 밤 11시에 관성자(寬城子, 장춘)역을 출발한 러시아 야간특별열차가 하얼빈역에 도착했다. 대일본 제국의 공작, 추밀원 의장, 전 한국통감 이토 히로부미(伊藤博文)와 그 수행원, 추밀원 의장비서관 후루타니 히사츠나(古谷久綱), 궁내대신 비서관 모리 야스지로(森泰二郎), 의사인 고야마 젠(小山善)과 남만주 철도주식회사의 총재인 나카무라 고레기미(中村是公), 이사 다나카 세이지로(田中清次郎), 비서역장 다츠이 라이조(龍居賴三), 사원 쇼지 쇼고로(庄司鐘五郎) 아마노 아키라(天野明) 정영방(鄭永邦) 대사관 2등서기관 등이 그 승객이었다.

전 만주철도 총재 고토 신페이(後藤新平)는 오래 전부터 일본의 아시아 정책을 국제적 전망하에 추진하기 위해서 이토 히로부미에게 외유를 권하고 있었다. 러시아 코코프체프 재무대신이 10월 하순에 동청철도 시찰을 명목으로 하얼빈을 방문해, 그곳에서 이토와 회담을 하기로 합의했다. 즉 일·한합병을 추진하는 일본의 정책과 맞물려, 만주에서의 일·

러 양제국의 이해관계를 조정
하기 위해서 이토가 만주로 떠
나게 되었다.

대일본제국(1890~1945년)의
대한제국(1897~1910년)에 대한
일한합병 정책도 이미 그해 3
월30일에 가츠라(桂) 수상과
고무라(小村) 외상이 합의한 안
건이었고, 4월10일에는 가츠
라의 우려에도 불구하고 한국
통감 이토는 즉각 동의했다.
이토 히로부미가 6월14일에
한국통감직을 사임하고 추밀

이토 히로부미(1841.10.14~1909.10.26)

원 의장에 취임한 것은 일한합병 정책을 추진하는 가츠라 내각의 뜻이
었다.

추밀원 의장이 된 이토는 한국 부통감에서 통감으로 승진한 소네 아
라스케(曾彌荒助)에게 사무인계를 하기 위해 7월1일에 일본의 오오이소
를 출발했다. 5일에 한국의 마산에 입항한 후 열차로 경성(京城, 지금의 서
울)으로 가서 그날 저녁에 통감부의 환영회에 참석했다. 그는 인사말에
서 한국 황제의 편지에 '일한이익공통(日韓利益共通)'이라는 대목이 있고,
또 천황을 배알했을 때 "짐의 뜻을 받들어 일·한의 조화를 도모하도록
하라"는 말을 들었다는 것을 훈시했다.

이튿날인 6일, 일본정부는 각의에서 정식으로 일한합병 방침을 결정하고 이토에게 전신으로 보고했다. 이토는 직접 사법권 및 감옥사무 일본위임을 한국대신과 교섭했다. 12일에는 소네통감의 이름으로 협약을 체결하고, 13일 취운정에서 한국 황제의 성대한 환송회에 참석했다. 그 다음 날인 14일, 이토는 귀로에 올라 인천에서 군함 만슈마루(滿州丸)를 타고 일본 시모노세키에 도착해 기차로 상경하는 도중에 한시를 지었다.

한산(韓山) 5년 몽혼(夢魂) 맑고
담소 3회 협약 이루어지도다
세상의 영예 신경 쓸 것 없도다
인간만물 어찌 명성을 구하랴.

그리고 19일에 오오이소로 돌아가, 이튿날인 20일에 천황에게 일한(日韓)신협약의 보고를 했는데, 한국합병은 이미 시작되고 있었다. 7월26일 이토는 천황으로부터 유학중인 한국 황태자(12세) 보육총재를 명받았다. 이토는 8월1일부터 23일까지 여름방학을 맞은 황태자와 함께 미토, 센다이, 모리오카, 아오모리, 하코다데, 오카루, 무로란, 아키타, 야마가타, 후쿠시마 등 각지의 순회연설에서 '일한융합(日韓融合)'의 필요성을 강조했다.

귀환 후, 이토는 다시 일한관계 사적편찬 총직에도 임명되었다. 이토의 하얼빈행은 이미 굳어진 한국병합을 러시아제국이 받아들이게 하고,

만주의 이권을 일·러 양제국이 나누어 가지며, 미국의 진출을 견제하고, 청국에 대해 공동대응 하는데 있었다. 청국은 이런 일·러 양국 회담에 커다란 우려를 품고 있었다.

고토 신페이의 중재로 코코프체프가 10월 하순에 동청철도 시찰이라는 명목으로 하얼빈에서 이토와 회담하는 것이 결정되자, 이토는 9월29일에 가츠라 수상을 자택으로 방문하여 여행목적을 설명했으나 회담 중에 뇌빈혈을 일으켜 쓰러지고 가츠라 부인의 간호를 받고서 회복했다.

10월7일에, 오오이의 은사관에서 친척과 친구를 초대해서 모친 고도코의 7회기 법회를 열고, 9일에 천황에게 작별을 고했다. 그리고 11일에는 가츠라 수상의 만찬회에 참석하여, 이번의 여행을 '자기 혼자만의 생각으로 하얼빈까지 여행하여 지금까지 본 적이 없는 만주를 구경하는 것이 목적'이라고 말하고, 진짜 목적은 말하지 않았다.

14일 이토 일행은 오오이소를 출발하여 15일에는 시모노세키에 있는 항루에서 숙박하여 15년 전 일·청(日·淸)전쟁의 강화담판 기억을 새롭게 했다. 그 다음 날인 16일 모지항에서 배를 타고 대련(大連)으로 향하여 18일에 입항했다. 19일에 관민연합(官民聯合) 환영회가 열렸다. 그 석상에서 이토는 자신의 만주에 대한 포부를 얘기하고, 이번 여행은 '단순한 순회'라고 고하면서, 처음으로 만주를 시찰하고, '극동의 평화'를 위해 '문호개방' '기회균등'을 유지하는 '문명의 정치'를 발전시키고 싶다고 말했다. 그리고 '만주의 발전'과 '극동 전체의 평화'에 공헌하고 싶다고 얘기하고, '청국인, 일본인, 러시아인'의 '이익증진'을 강조하면서도 '조선인, 한국인'에 대해서는 전혀 언급하지 않았다.

그 다음날인 20일, 이토는 여순으로 가서 일·청 및 일·러 양전쟁의 전쟁터를 둘러보며 3수의 한시를 지었다. 여순에서도 열린 관민 환영회에서 이토는 '문명의 정치'는 '무장의 평화'를 피할 수가 없으며, '국위를 실추시키지 않기' 위해서는 국민이 '막대한 군자금을 부담하지 않으면 안 된다'고 연설했다. 또 동아시아에 교두보를 확보하려면 준비를 강화할 필요가 있다고 강조하고, 가츠라·야마가타의 군사우선 노선을 지지하는 발언을 했다.

그리고 21일 이토 일행은 여순을 출발하여 요양·봉천(심양)에서 숙박하고, 24일에는 무순탄광의 현황을 참관하고 봉천으로 돌아와, 25일 오후 7시에 장춘에 도착했다.

이토의 한시(漢詩) 조언자인 모리 카이낭(森槐南)은 21일부터 장춘에 도착할 때까지 이토가 고심하면서 시를 읊었으나 작시는 하지 않았다고 기록했으나, 도착 후 이날 차안에서 지은 시 한수를 나카무라 등에게 보여주었다.

만리의 평원 남만주
풍광 활원하고 일천의 가을
그 해의 전적 여분을 남기고
그 위에 행인으로 하여금 애수를 느끼게 하는구나.

이것이 절필(絕筆, 죽기 전에 마지막으로 쓴 글)인데, 무로다가 가지고 돌아와서 이노우에 가오루에게 증정했다고 한다. '여분(노여움이 풀리지 않

여순 전적(戰跡)을 시찰하는 이토 히로부미와 일행. 1909년 10월 20일에 찍은, 저격당하기 불과 6일전 사진이다. 앞줄 중앙 지팡이를 든 흰 수염의 노인이 이토 히로부미다.

음)'과 '애수'의 두 단어는 이토의 우연히 떠오른 감상을 넘어서, 다음 날의 사건을 예견하고 있는 것처럼 보인다.

코코프체프 재무대신은 이미 하얼빈에 24일 도착하여 환영 준비를 하면서 열차의 도착을 기다리다가, 즉시 객차에 올라가 이토를 마중하고 다나카 세이지로의 프랑스어 통역으로 초대면 인사를 나누었다.

인사를 끝내고 9시20분이 지나 이토는 코코프체프의 선도로 열차를 내려 플랫폼에서 러시아 수비대의 의장병 열병을 끝내고, 각국 영사단의 사람들과 인사를 나눈 뒤, 일본인 거류민단 인사를 받으려고 했을 때였다. 러시아병사의 대열 사이에서 헌팅모자를 쓴 '산발 양장의 남자'가

앞으로 나와, 약 5미터 되는 곳을 걸어가는 이토 히로부미를 향해 권총을 3발 발사하고, 뒤이어 수행원을 향해 4발을 발사했다.

그 3발은 이토의 흉복부에 명중하고, 1발은 가와카미 총영사의 팔에, 1발은 다나카 만주철도 이사의 다리에, 그리고 1발은 모리 카이낭의 팔과 어깨에 상처를 입혔다.

이토는 금세 쓰러지려고 해서 나카무라·무로다·후루타니 세 사람이 즉시 부축하여 특별 열차에 태우고, 고야마 시의(侍醫) 및 거류민단의 의사 모리 쿄(森橋)가 응급처치를 하려고 했으나, 급소가 명중되어 있어 응급처치를 할 수가 없었다. 고야마가 권한 브랜디를 모두 마시고 또 다음 한 잔을 마셨다.

얼마 뒤 안색이 창백해지며 의식을 잃고, 오전 10시 부상당한지 약 30분 뒤에 숨을 거두었다. 권총을 발사한 안중근은 러시아병사 몇 명에게 붙잡히고 "코리아 울라(한국 만세)!"라고 러시아어로 외쳤다고 한다. 러시아인 가운데는 안중근의 풍채를 보고 "일본인이 일본인을" 하고 말하는 자도 있었으며, 안중근의 외침을 "우악!"하는 비명으로 들은 자도 현장에는 있었다.

고야마 의사는 10여 년 동안 이토가(伊藤家)의 주치의 역할도 맡아왔다. 일·영 동맹을 추진하여 러시아와 싸우려는 가츠라 내각에 대해서, 이토가 러시아와의 협상을 이루기 위해 미국 및 유럽을 방문했을 때도 시의로 수행했다.

이토가 사망한 후 고야마 의사의 사망검안서에 의하면, 제1탄은 오른쪽 상박 중앙에서 들어가 오른쪽 가슴 옆에서 수평으로 양 폐를 관통해서 왼쪽 폐 안에 머물고, 제2탄은 오른쪽 주관절 후면에서 들어가 제9 늑간으로 흉막을 관통하여 왼쪽 아래에 머물고, 제3탄은 오른쪽 상박 중앙의 외면을 찰과하여 상복 안으로 들어가 복근 속에 머물렀다. 이 3개의 총상 가운데 제1과 제2 총상에 의해서 내출혈에 의한 허탈이 생겨 치명상이 되었다는 것을 밝히고 있다.

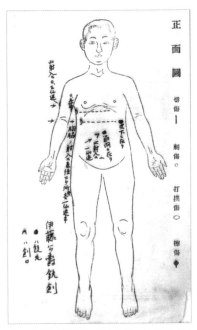

이토 히로부미 주치의(고야마 요시, 小山 善)가 의학적으로 표현한 진단 도면

저격한 안중근의 검찰진술은, "내 앞을 조금 지나쳤을 때 2칸 반가량 떨어져 있는 곳으로부터 팔의 상박이 있는 곳을 향해서 3발인가 4발을 쏘았다"고 했다. 소년시절부터 솜씨가 뛰어났던 사수가 노린 목표는 정확히 관통됐다. 이토 수행원인 조슈한(長州藩) 출신의 무로타는 이토가 쓰러지려고 할 때 나카무라와 함께 이토를 끌어안았는데, 그 자신도 외투와 바지에 총탄을 맞고 왼손 새끼손가락에 찰과상을 입었다.

사건에 관해서 11월20일에 아카마관구재판소(赤間關區裁判所) 검사는 탄환은 7발보다도 많이 발사됐고, 고야마 의사가 수평으로 들어갔다고 본 탄도에 대해서 위에서 아래로 향하고 있다고 약도를 그리며 증언하고, 안중근 이외에도 사격이 행해졌고 진짜 살인범은 따로 있는 것처럼 생각된다고 진술했다.

안중근과 관계자에 대한 신문은 사건 후 1개월이 지나 거의 끝났다. 여순에서는 무기징역에 처해야한다는 의견이 나와 있었는데도, 일본정부는 일한병합을 촉진하기 위해 가능한 한 빨리 사형에 처하기를 원했다. 12월2일에 고무라 외무대신은 통감부의 구라시리 데츠키치(倉知鐵吉) 국장의 청훈에 대해서 답전을 보내, "정부로서는 안중근의 범행은 매우 중대하므로 징악의 정신에 의해서 극형에 처하는 것이 마땅하다고 생각한다"고 지시했다. 사건 후 1개월의 신문취조와 고무라의 지령 이후 2개월의 취조는 그 목표를 달리하고 있었다.

무로타는 12월16일 도쿄지방재판소 검사국에 출두하여 사건에 대해서 다시 진술을 하고 있다. 그 진술은, 일본 관헌의 경비가 행해지지 않았던 것은 이토가 "타국에 가는데 자국인의 호위는 불필요하다"고 하는 의지에 따른 것이며, 또 가와카미(川上) 총영사가 사건 후 부상치료를 위해 하얼빈병원에 후송되어 사후처치를 지휘하지 못했던 것도 어쩔 수 없는 일이었다고 증언했다.

그리고 전회의 진술에서는 밝히지 않았던 이토의 언동에 대해서 얘기했다. 최초에 "당했다"고 말하고, 무로타가 권총이니까 힘을 내라고 격려하니까, "꽤 깊이 들어갔다. 틀렸다" 말하고, 나카무라와 함께 부축하여 열차로 옮겨갈 때 "어떤 놈이냐?" 하고 묻기에 대답을 하지 못하고 차 안으로 들어가, 오른쪽 발과 왼쪽 발의 구두를 벗겼다는 것.

오른쪽 다리는 들어 올리는 기력을 보였으나, 왼쪽 다리는 이미 처들지 못했으며, 의사가 의복을 벗기고 상처를 보더니 치명상이라는 것을 알고 정신을 차리게 하기 위해 브랜디를 권하자 힘안들이고 모두 마셨다. 그때 통역이 와서 범인은 한국인으로 즉각 포박되었다고 고하니까 "바보 같은 놈이군" 하고 말했다는 것. 의사가 주사를 놓고 계속해서 브랜디를 또 한 잔 권하자, 이미 목을 쳐들 기력이 없어서 그대로 입에 부었는데 얼마 뒤 절명했다고 한다.

하얼빈 의거 당시 쓰였던 안중근의 브라우닝식 연발 권총(맨 위) 3정과 탄환

　무로타는 나중에 이토가 살해된 것은 위로부터 소총으로 저격당한 것으로, 한국인 안중근의 소행이 아니었다고 계속 주장하고, 오늘날에도 무로타의 말을 믿고 안중근의 행위를 부정하려고 하는 사람이 있다. 하지만 고야마 의사의 사망진단을 인정하는 한 무로타의 증언은 사실과 민족적 편견이 뒤섞인 것이라고 생각된다.

　고야마 의사와 모리 거류민단 의사가 이토의 간호를 맡고 모리 카이낭에게 응급처치를 행하고 있는 동안에, 가와카미와 다나카는 러시아측의 하얼빈병원으로 향했다. 가와카미는 그대로 병원에서 치료를 받고 다나카는 응급처치 후에 이토의 유해를 실은 열차로 돌아가, 코코프체프의 요망으로 화환헌정을 받기 위해 30분가량 출발이 지연된 오전 11시40분에 장춘으로 향했다.

모리는 러시아인 의사에게 하얼빈병원에서 치료를 받을 것을 권유받았으나 열차에 그대로 남아있기를 원하고, 러시아인에게 붕대를 감아달라고 한 뒤 열차 안에 남았다. 열차는 오후5시에 장춘에 도착하고, 유해는 일본수비병에게 인도되었다. 도중에 대석교에서 대련 병원장이 승차하여 27일 오전 10시반에 대련에 도착하고, 부상자들은 대련병원에 운반되어 치료를 받았다. 카이낭이라는 호를 가진 모리 야스지로의 청취서에는 모리가 무로타와는 달리 현장의 상황을 상세하게 얘기한 다음에, "범인은 단 한 명의 사나이였던 것은 틀림없다고 생각합니다"라고 말했다. 무로타나 거류민 가운데 그 밖에도 권총을 난사하는 자가 있었다고 주장하는 사람도 있으나 "현장에서는 그러한 자를 목격할 수가 없었다"고 확언하고 있다.

그리고 범인은 취조관이 제시한 사진의 인물이라고 증언하고 "범인은 양복을 입고, 위에는 외투를 입고, 헌팅 모자를 쓰고, 안면 창백, 신장은 일본인의 평균 키와 같다고 할 수 있으며, 각별히 큰 편이 아니고, 수염이 드문드문 돋고, 얼핏 보면 우리나라에서 장사(壯士) 배우라고도 할 수 있는 풍채로 나이는 34, 5세 정도로 보였습니다"라고 말하고 "현장에서 그가 이토 공작을 사격했을 때 그의 얼굴을 되돌아보는 순간, 그도 또한 내 쪽을 바라다본 일이 있습니다. 그때 그의 얼굴을 보고 무서운 표정을 짓고 있었다는 것을 지금도 기억하고 있습니다. 그 사진은 그 당시의 눈보다 약간 큰 것 같지만, 코와 입 근처는 그 당시의 상태 그대로

입니다"하고 확언하고 있다.

저격당하고 몇 분 동안에 본 영상을 모리는 똑똑히 기억하고 있었고, 발등에 탄환을 맞은 다나카도 안중근의 모습을 확실히 기억하며,《한국, 나의 마음의 고향》의 저자이자 재계 문화인이었던 안도 도요로쿠(安藤豊錄)의 "지금까지 만난 사람 가운데 누가 가장 훌륭하다고 생각합니까?"라는 질문에 "그것은 안중근이다, 유감스럽지만…"하고 말했다고 한다.

한편, 이토에 대한 급전이 궁중에 전해지자 천황은 스에마츠 가네스미(末松謙澄) 등 시종무관·동궁무관·시의·궁내서기관 등을 위문 파견할 것을 결정하고 이토를 종1위로 승진시키기로 했으나, 추가전문에 의해서 이토의 사망을 알자 시의파견은 중지하고 종1위에 승위와 국장을 지낼 것을 27일자로 결정했다.

이토의 유해는 대련에서 28일에 군함 아키츠슈로 옮겨지고 수행원과 함께 일본으로 향했다. 시모노세키에서 나카무라와 무로타는 군함에서 내려 기차로 상경하고, 유해를 실은 군함은 11월1일 요코스카에 입항했다. 이토의 영구(靈柩)는 2일, 오후 1시7분 신바시 정거장에 도착하여 칙사, 황족, 원로대신, 친척, 친지 등의 마중을 받았다. 신바시역에서 포차(砲車)에 실려져 2시40분에 레이난 사카 관저로 운반되었다. 메이지천황은 칙사, 시종 호조 우지아스(北條氏恭)를 관저에 파견하여 공물과 함께 조사를 내렸다.

"뜻을 세우고 온힘을 다해 노력, 왕정의 복고를 외치고 만난을 배제하여 매진, 커다란 계획으로 유신을 돕고 헌법을 창조하여 깎고 다듬었으며, 한국을 지도하여 불변의 동맹을 맺은 내가 가장 믿는 신하요, 주석(柱石)이라고 할 수 있다. 군주에게는 충정, 공정하게 일에 임하였고, 공훈은 더욱더 빛을 발하고 일세(一世)에 융성(隆盛)이 극(極)하도다.”

이 조사는 추밀원 의장 종1위 대훈위 공작, 이토 히로부미가 왕정복고 이전부터 천황의 '가장 신임하는 충신'이었던 것으로 말하고 있다. 이토를 '메이지의 원훈(元勳)'이라고 부르고 유신 이래의 '대정치가'인 것처럼 취급하는 역사가나 평론가 매스컴 기자가 뒤를 그치지 않는 것은, 조사의 꽃장식 그늘에 숨겨진 인물의 참다운 모습을 응시하려고 하지 않는 역사가들의 죄이다.

국장(國葬)과 조사

　11월4일, 이토 히로부미의 국장은 오전 10시30분부터 히비야 공원에서 거행됐다. 인간의 생애는 그 사후에 관속에 들어간 다음에 정해진다고 말한 요시다 쇼인(吉田松陰)은 죽는 방식이 중요하다는 것을 생각하며 살아갔다. 그러나 권력중심을 맴도는 사람들은 권력자의 죽음과 시체를 권력유지와 강화에 이용하려고 하는 것이 보통이다.

　이토의 관은 제장의 중앙에 놓여지고, 관 앞에는 대훈위 국화장 경식, 그 밖에 여러 외국에서 받은 훈장을 포함해서 20여 개가 놓아져 있고, 관의 좌우에는 천황, 황후, 황태자, 황태자비 추모신목 및 각국 원수, 황족으로부터 바쳐진 화환이 장식되었다. 제주대교정 센카 가네히로(千家尊弘), 상주대리 이토 후미요시(伊藤文吉) 등 친척, 원로, 중신, 제국대공사, 귀족, 중의양의원, 신문기자 등 5천여 명이 참석했다.

　장례가 끝나고 일반조문객의 참례가 끝나자 부슬비가 내리기 시작했다. 식이 끝난 뒤, 관은 마차로 옮겨졌다. 친척 일동이 오이다니다례의 묘지에 오후 2시30분에 도착, 매장을 끝내고 명판에 조각한 묘지명을 수납했다. 그 뒤, 참례자들은 은사관으로 가서 영전제를 행하고, 밤 9시 30분 제식을 모두 끝냈다.

국장비용 4만5천 엔은 천황이 부담했다. 원로대표 야마가타 아리토모와 가츠라 수상이 10월27일에 천황에게 국장(國葬)의 시종을 보고했다.

메이지(明治)천황은 일러전쟁 중인 메이지 37년(1904년) 말부터 당뇨병을 앓아서, 건강이 차츰 쇠약해지기 시작했다. 메이지시대의 반벌(藩閥, 메이지유신에 공이 있었던 반 출신자가 만든 파벌) 지배는 서남전쟁(1877년)과 오쿠보 도시미치(大久保利通, 1830~78년)의 사후에 조슈벌(長州閥)의 손에 넘어갔다. 정치권력을 이토 히로부미(1842~1909년), 군사권력을 야마가타 아리토모(1838~1922년), 재무행정을 이노우에 가오루(1835~1915년)가 분담하여 조슈벌 지배를 유지했다. 일청전쟁 이후에는 메이지 초년에 독일에 유학하여 군정을 배운 가츠라 타로(桂太郞, 1847~1913년)가 조슈벌 권력의 실권을 차츰 손에 넣고, 3원로의 비호 아래 정치권력을 휘두르며 일러전쟁에 임했던 것이다.

이토의 영광은 3원로 중에서 가장 젊음에도 불구하고 기도(木戶)와 오쿠보에게 발탁되어, 궁정정치가 이와쿠라 도모미(岩倉具視)의 세력균형의 수법을 몸에 익히고, 조슈벌의 진짜 보스가 아니라 얼굴마담으로 있었던 것에 지나지 않는다.

나카에 초민(中江兆民, 1847~1901, 에도시대부터 메이지시대까지 활동한 학자이자 언론인)은, 《1년 유반》(1901년)이란 책 속에서, "이토 공작은 서투른 낚시꾼"이라고 평하고, "대훈위훈장은 참으로 얄팍한 속임수요. 그 한학(漢學)은 악시(惡詩)를 지을 뿐인 자질 밖에 없고, 그 양학(洋學)은 책의 목록을 암기할 뿐인 밑천 밖에 없다"고 평하면서, "총리대신이 되기에 이르러서는 오로지 실패가 있을 뿐이고, 단 하나의 실적도 없다"고 평하고 있다.

전후 50년이 지나서도 마치 '시대를 연 대정치가'인 것처럼 계속 여겨지고 있는 것은 유감이다. '탈아시아론'을 외친 후쿠자와 유키치(福澤諭吉)가 국민적 대학자인 것처럼 여겨지며 1만 엔 지폐의 인물이 되어있는 것도 마찬가지다. 제1회 제국의회를 '무혈충들의 진열장'이라고 혹평한 초민 나카에 도쿠스케(兆民中江篤介)의 안목에 의해서, '메이지유신' 이래의 일본의 역사와 역사교육이 다시 평가될 때에야, 비로소 동아시아 여러 나라를 납득시키게 될 것임이 틀림없다.

이토보다 7세 연장자인 이노우에 가오루는 50여 년에 걸치는 이토와의 교분을 생각하여 이토에 대해서 다음과 같이 비사(秘史)를 썼다.

분큐 3년인 1863년 여름, 이토와 함께 '해군 기술'을 영국에서 배우기 위해 유학하여 공부를 시작한지 몇 개월, 조슈(長州)가 바칸에서 외국의 함선을 포격하고 가고시마에서 사츠마(薩馬)가 영국함대와 교전한 것을 알고, 두 사람이 의논해서 귀국하여 시고쿠와 조슈의 강화를 도모하다 이노우에는 암살을 당할 뻔하고 중상을 입었다.

"자네(이토)는 다카스키(高杉)를 도와서 군사를 바칸에서 일으키고, 반론(藩論)을 회복하고, 우리의 대위기를 넘겼네. 왕정복고 후 징사(徵士)에 발탁되어, 기도·오쿠보 두 사람이 판적봉환(版籍奉還, 다이묘들이 토지와 백성을 메이지천황에게 반환한 것)을 외치자, 자네는 이것을 돕는 일에 큰 공을 세웠네. 그 이후부터 유신은 파죽의 기세로 진행되었다."

이것은 마치 기병대를 다카스기와 함께 만들고, 기도·오쿠보와 함께 판적봉환을 실현한 것 같은 찬사이다. 이노우에에 의하면, "네 차례 총리대신이 되고, 국가의 융성을 가져오고, 처음으로 한국통감이 되어 보호의 모범을 보였네. 자네는 한·양학(漢·洋學) 모두 능하고, 그 학식은 동서양에 통했다"는 것이다. 나카에의 평언과는 달리, 동료의 친구찬양이 산 역사를 '하얗게 칠해진 무덤'으로 가리고 있다. 더구나 본래는 이토와 정적이며, 메이지 14년의 국회개설 정변으로 이토한테 추방당한 오쿠마 시게노부(大隈重信, 1838~1922년)의 추억담도, 이노우에의 동료칭찬과 그다지 다를 것이 없다.

"이토는 참으로 훌륭한 정치가였다. 이토의 인물은 이 한 마디로 끝난다. 특히 내가 이토에게 탄복하고 있는 것은 그 두뇌가 다방면이었다는 것. 그 성격이 조화적이었다는 것이다. …이토는 나보다 2세 아래였다. 나이를 보더라도 아직 죽을 시기가 아니다.

그러나 어차피 죽을 바에야 다다미 위에서 죽는 것보다는 만주의 들판에서 자객의 손에 쓰러진 것이 오히려 죽는 보람이 있었으리라고 생각된다. 비스마르크의 만년은 어떤가? 참으로 비참한 것이 아니던가? 나는 비스마르크의 만년에 비해서 이토는 참으로 화려한 죽음을 달성했다고 생각한다."

독일제국(1871~1918년)의 수상으로서의 비스마르크와 대일본제국(1890~1945년)의 이토 히로부미를 비교하여 '비참'과 '화려함'으로 평가하

도쿄 가스미가세키 부근을 지나가는 이토 히로부미의 장례 행렬

는 것은 도저히 '참정치가'로서의 견식을 나타내는 것이 아니다. 제1차
세계대전 중에 미쓰비시(三菱)의 사위 가토 다카아키(加藤高明) 외상과 함
께 중국에 21개조의 요구를 들이댐으로서 반일·항일운동을 불러일으킨
것은 일청전쟁 후 이토의 대한정책 노선을 답습하는 것이었다.

　통치권력의 동료나 연루된 학자들도 입에 침이 마르게 칭찬하는 대
열에 가담했다. 이토가 비서들과 함께 독일과 오스트리아에서 헌법학
의 기초를 배우고 귀국한 이듬해, 이노우에 데츠지로(井上哲次郎, 1855~
1944년)는 이토의 소개장으로 독일유학을 한 뒤 귀국해 도쿄제국대학에
서 독일철학을 강의했다.

"이토 공(伊藤公)은 메이지 연간의 정치가들 가운데 가장 탁월한 사람으로, 우리나라의 문화발전에 공헌한 것은 달리 유례가 없다고 생각된다. …이토 공에게도 역시 다소의 결점은 있었다. 그러나 공은 비교적 많은 장점을 겸비한 사람이었다. 공이 대정치가라는 것은 물론 두말할 것도 없으나, 공을 대정치가로 본다면 비스마르크, 그래드스톤, 루즈벨트 같은 사람들과 비교해도 전혀 손색이 없다. 우리나라의 과거 역사에서 유사한 공신을 구한다면, 어쩌면 후지와라 카마아시(藤原鎌足)같은 지위를 차지하고 있는 것 같다. 그러나 시대가 시대인 만큼 그 관계의 넓고 큰 것은 도저히 카마아시에 비할 바가 아니다. 훨씬 위대한 공적을 갖고 있다."

이노우에 데츠지로는 제국대학의 교수로서 곡학아세(曲學阿世)하여 이토를 비스마르크에 못지않은 '대정치가'라고 치켜세우고 있으나, 학교교육에 대해서는 '직접 감화가 적었다'는 것을 인정하고 "공은 유신난세 때에 태어나 세상에 구애받지 않을 수가 없었고, 그 때문에 교육정신에 일치하지 않는 점이 있었을 것이라고 생각된다"고 말한다. 또 "교육문제, 특히 도덕에 대해서는 제대로 된 가르침을 내리는 일이 거의 없었다"며 호색한으로 유명한 이토의 이면에 대하여 암암리에 언급하고 있다.

그리고 "여러 방면에 빈틈이 없고, 변설과 글이 모두 달인이다. 한문도 쓰고, 시와 노래를 만들고, 또 영문도 쓴다. 영어연설도 할 수 있는 등 여러 가지 기량을 갖추고 있었다"고 인정한다.

그러나 헌법 발포 후, 메이지 22년 4월에 국가학회에서 발표된 '제국

헌법 및 황실 전범의 의해'는 이토가 편성한 것이며, 이토 자신이 '은밀하게 측근 및 아랫사람들과 함께 머리를 맞대고 연구 검토한 것을 상세히 참고하여 여록(餘錄)으로서 필기를 하고, 원고를 작성, 교정한' 것이라는 것을 국가 학회의 부언과 이토 자신의 서문에 의해서 밝히고 있다.

또 이토가 여순으로 출발 전에 가츠라 저택에서 쓰러져서 노쇠의 징후를 나타내고 있으며, 하얼빈에서 한국인에 의해서 암살당한 것에 대해서 오쿠마와 마찬가지로 '화려한 최후'라고 간주했다. "이것은 불행 중 다행이다. 이 불행이 일전해서 행운이 되는 점도 있다고 생각한 것이다" 라고 말하고, 이토의 죽음이 한국병합을 촉진할 것을 기대하고 있었다.

또한 이노우에 데츠지로는, 이토가 대정치가일 뿐만 아니라 입법가와 외교가로서의 탁월한 기량을 지니고 있었다고 하는데, 측근으로서 이토 밑에서 일한 이노우에 쓰요시(井上毅, 1843~1895년)의 심혈을 기울인 노력이 없었다면 대일본제국 헌법의 제정자로서의 이토가 시거를 피우며 비스마르크인체 할 수는 없었을 것이다.

비스마르크는 프러시아 왕국의 수상을 9년, 독일제국의 통일을 실현하고 제국수상을 19년 동안이나 계속한 '가능성의 예술'의 소유자였지만, 이토 수상의 재임기간은 일청전쟁 때 이외에는 모두 단명해서 정치적 수완은 도저히 비교할 수가 없다.

같은 대일본제국의 권력조직에 편입되었던 사람들의 평가를, 친일파 외국인들도 공유하고 있는 것처럼 보인다. 영국인으로 〈재팬 메일〉의 주필인 브링크리는 프랑스의 여러 신문이 이토에 대하여 비판적이었던 것에 반해서, '건설적 정치가'이며 '평화의 지도자'였던 것처럼 찬양하고,

프러시아의 빌헬름 1세(1797~1888년)가 비스마르크를 기용해서 독일제국통일에 성공한 것과 비유해서, 메이지천황의 신임을 얻은 이토가 '현명한 수상'으로서 공헌해왔다고 말한다.

그리고 이토를 유럽의 정치가들과 비교하여, "그는 비스마르크와 같이 무단적(武斷的)이 아니고 평화적이었던 것도 그래드스톤과 비슷하고, 재정지식을 갖고 있었던 것은 피르에 비교되며, 책략을 쓰는 데 기민하고 대담한 것은 비콘스필드를 닮았고, 모든 대정치가의 특징을 빼내서 한 몸에 모은 것 같다"고 말하고, 40여 년간에 걸쳐서 변함없는 공적을 쌓아왔다고 평하고 있다.

영국은 아시아에서 식민지를 유지하기 위하여 경합하는 프랑스와 러시아를 견제하기 위해 1902년에 일본과 동맹조약을 맺었으나, 이토를 그 사후에 거인처럼 추켜올린 이 문장은 몇 개의 제국이 붕괴된 이후 40년의 역사를 알고 있는 우리들에게는 너무나도 허망하다.

엘빈 베르츠(1849~1913년) 의학박사는 메이지 9년에 일본에 입국하여 38년에 귀국할 때까지 일본 의학교육의 발전에 기여했는데, 이토의 생애를 회상하고 이노우에 데츠지로와 마찬가지로 일본 최대의 정치가인 것처럼 평가한다. 베르츠는 이토가 비천한 집안에 태어나 '원훈(元勳)'까지 입신한 것은, 일본의 나폴레옹이라고 불린 도요토미 히데요시(豊臣秀吉)가 있을 뿐, 이토 자신도 스스로 그것을 의식하고 있었을 것이라고 했다.

또 이토가 일본의 비스마르크라고도 불리우고 있으나, 이토의 풍채는 비스마르크의 철혈(鐵血) 재상과는 조금도 닮은 곳이 없으며 체구는 굉장히 왜소했다. 또 '온화하고 항상 친근감이 가는 미소를 띠우고 그 불변의 태도는 내정 외교 모두 온건으로 시종하고 있다'고 말하고, '그 태도는 30년 전의 평범한 이토가 그 입신에도 불구하고 조금도 달라진 곳이 없었다'고 찬양한다. 베르츠는 이토가 술과 담배를 좋아하고 호색하다는 것도 숨기지 않고 솔직하게 털어놓았다고 평가한다.

그리고 베르츠는 이토의 최후에 대해서, 한국인이 그를 살해한 것은 참으로 슬퍼해야 할 일이며, 이토는 한국인의 가장 좋은 친구였다고 말한다. 일러전쟁 후 일본이 한국에 강경한 태도를 나타내자, 한국 내에서는 반항이 일어나고 반란이 나 일본거류민에 대한 살상이 계속되었다. 베르츠는 일본의 군국주의자들이 한국에 강압수단을 취할 것을 주장하고 있었던 것에 반해서, 이토가 온화방침에 의한 한국의 정치개혁을 지향하고 통감직을 받아들였다고 한다.

그리고 베르츠는 "유럽에는 일본의 한국보호라고 칭하는 통치정책을 비난하는 사람들이 많지만, 일본이 학교를 설립하고, 농업을 개선하고, 철도를 부설하고, 조선소를 건설하고, 또 일본이민은 근면한 농민과 근로자로서 한국민에 모범을 보이고, 식민지경영(植民地經營)의 성과를 올린 것을 무시하고 있다"고 말한다. 또 스스로도 직접 세 차례 한국에 가서 그 상황을 목격했고 또 이토가 통감을 그만둘 때 한국을 시찰할 것을 권했으나 다른 형편이 있어서 보러갈 수가 없었다며, 그러나 이토한테서 한국 및 한국민의 행복을 증진하기 위한 계획을 듣고 공적을 올리고 있다는 것을 알 수 있었다고 말한다.

베르츠는 일본에는 이토를 대신할 인물이 없고, 천황은 가장 신임하는 부하를 잃은 것을 슬퍼하고 있을 것이라고 추측하고, 그를 정치가로 서보다는 친구로서 알고 있는 사람들은 추모의 염을 계속 품어나갈 것이라고 했다.

이웃나라인 청국의 신문은, 이토의 요동여행(遼東旅行)은 한국의 경영에 의해서 이미 한국을 세력범위에 집어넣고, 다시 청국 경영을 목표로 관동도독(關東都督)을 폐지하여 한국통감의 권력을 확충하고, 북경에 강요해서 청국의 내정고문이 되려 노리고 있었다고 추측했다.

그러나 일본이 격렬한 정책을 추진하는 가운데 이토는 결코 주모자가 아니라, 회유파와 강경파 두 파 가운데 '회유파의 영수(領袖)'에 지나지 않는다. 일본의 가츠라 내각은 데라우치(寺內) 육군상이 강경하게 무단주의(武斷主義)를 외치고, 고무라 외상, 구라치 정무국장, 그리고 나카무라 만주철도 총재, 고토 체신상도 모두 강경주의자이며, 만주 경영에 대한 이 강경주의가 이토의 만주여행을 가져왔다고 한다.

"이토는 일본 정치가 가운데 완진파(緩進派)로 음모를 주의(主義)로 삼고 있으며, 가츠라 타로는 급진파로 무단을 주의로 삼고 있다. 일본인은 이토가 죽었다고 해서 내정에 문제는 없으며, 국내 정치에서 이토 이상의 재능을 가진 자는 얼마든지 있다"고 말하고 있다. 해외에서는 이토가 일본 유일의 정치가인 것처럼 생각하고 있으나, 사실은 이토는 개국에 공을 세우고 시운을 탄 것일 뿐, 일본인 가운데서는 고식적이고 우유부단하고 만족할 수 없는 인물로 여겨진다고 했다.

"이토의 죽음이 청국(淸國)을 위해 다행이라고 할 수는 없다"고 쓰고 있다. 일본의 장래에 대한 중국인의 예측은 상당히 적중했던 것 같다.

메이지의 원훈(元勳)

　　이토 히로부미는 1902년(메이지35년) 10월25일에 오오이소의 소오로 오가쿠에서 만 60세의 환갑축연을 열었다. 그는 1884년 7월7일 화족(華族, 귀족)제도의 시행에 의해서 백작을 수여받고, 그 이듬해인 1885년 12월23일 내각제도의 실시에 즈음해서 초대 총리대신이 되어 궁내대신을 겸했다. 1887년 9월17일 시강 모도다의 건의에 의해서 궁내대신을 사임하고, 다시 1889년 10월30일에는 총리대신을 사임하고 초대 추밀원 의장이 되었다. 11월1일 칙령에 의해서 대일본제국 헌법제정의 공에 의해 '원훈 대우' 취급을 받게 되었다.

　　정부와 정당의 대립이 군비강화 예산을 둘러싸고 깊어져가는 가운데, 제2차 이토 내각(1892~1896년)을 조직하고 의회대책에 시달렸지만, 일청전쟁과 그 예상을 뛰어넘은 승리에 의해서 정권을 담당할 수가 있었다. 그러나 제3차 이토내각은 반벌과 정당의 항쟁 속에서 1898년 1월12일부터 6월30일까지 단명했고, 제4차 이토내각은 그 스스로 정우회

총재를 1900년 9월15일에 떠맡고 10월19일에 조각의 대명을 받았음에
도 불구하고, 당내의 의견을 장악할 수가 없어서 그 다음해 5월10일에
는 총사직을 했다. '메이지의 원훈'이라는 잘못된 허상에 의해서 대정치
가인 것처럼 여겨지고 있으나, 2회는 반년에 불과한 내각이었다. 그에
게는 카리스마가 없어서 천황 카리스마를 철저히 이용했던 것이다.

이토는 1902년 12월4일, 정우회 총재로서 이렇게 연설하고 있다.

"나는 경제의 일을 논함에 있어서, 메이지 10년까지를 제1기로 하고,
10년부터 전쟁이 일어날 때까지를 제2기로 하며, 전쟁이 끝나고 오늘날
에 이르기까지를 제3기라고 본다. 따라서 이 동안 정금(正金)의 출입, 재
정의 신축 등에 대해서 10년의 전쟁상태를 생각해 보면 마치 장례식을
치른 뒤와 같은 상태이다. 그런데도 일청전쟁의 상태는 축제와 같은 상
태이다. 무엇이 이렇게 만들었는가 하고 자문해 보니까, 10년의 전쟁 뒤
는 정금을 내서 화폐가 하락되었다.

이것을 구치(救治, 구하여 이전의 상태로 돌이킴)하려면 근검절약하는 것
밖에 방법이 없었다. 일청전쟁은 큰돈을 쓰고 대(大)전쟁을 해서 빚을 받
을 수 있었기 때문에 축제 기분이 들고, 그 때문에 아래위가 모두 우쭐
해져 있었던 것이다. 그런데 오늘날은 어떤가? 축제 기분이 점점 사라져
가서, 중국에서 받은 3억6천만 엔 가량의 정금이 어디에 그 흔적을 남기
고 있는가? 흥분한 뒤라 오히려 쇠약을 더했다고 하는 상태이다."

이것이 바로 일청전쟁을 담당한 원훈 대우인 정당 총재의 거품이 빠
진 연설이다. 일·영(日·英)동맹을 맺고, 대 러시아 전쟁을 각오해 가고 있
는 대일본제국의 모습은 어디에서도 찾아볼 수가 없다. 독일제국통일

의 수상 비스마르크의 박력도, 그리고 나치 독일의 내습을 저지한 처칠의 설득력도 찾아볼 수가 없다.

가쓰 가이슈는 서남전쟁과 일청전쟁을 일본이 큰 기회를 그르친 두 번의 사건이라고 1899년(메이지 30년) 7월7일에 이와모토 센지에게 얘기했는데, 이 두 차례의 전쟁은 이토를 부상시키는 파도로 작용했다. '장례식'과 '축제'는 참으로 기묘한 비유이다. 서남전쟁 이후, 사이고 다카모리의 복권에 힘을 써온 가이슈는 이듬해 12월28일, 우에노 산노우다이의 사이고 동상제막식에 병 때문에 참석하지 못해서 해군대장 가와무라 스미요시(川村純義)가 가이슈의 시를 대독했다.

"자네가 있으면 이야기를 나눌 못(澤)가인데
나무아미타불 나도 늙었구나."

마치 자기자신의 사세구(辭世句, 임종 때에 지어 남기는 시가)와 같은 노래를 바치고, 24일 후 1월21일에 세상을 떠났다. 가츠 카이슈는 일청전쟁을 이토상의 조선정벌이라고 부르고, 이토의 때는 일본에 형편없는 일만을 가져다준다고 비난했다.

이토는 정우회 의원총회에서 '축제'연설을 했던 날 밤, 데이고쿠(帝國) 호텔에서 열린 간친회에서 "제군을 향해서 한마디 하고 싶은 것은, 다만 나를 의심하지 말라는 것이네" 하고 말문을 꺼내고 나서, 자신의 생애에 대해서

"돌이켜 보면, 나도 과거 약 40년 동안 몇 번씩이나 생사의 갈림길을

헤맸으며, 오늘날 이 노후한 잔해를 이끌고 살아가고 있지만, 기도 오쿠 보 산족 이와쿠라 등의 유훈을 받들고, 국가를 위해서 일하려고 하는 지 성(至誠)의 념(念)은 늙을수록 더욱 더 왕성해진다네. 그 때문에 연배로 보나 경력으로 보나 나는 제군보다 하루가 더 길고, 또한 보통의 권세에 굶주린 정치가가 정당을 조직하는 주지(主旨)와, 내가 제군 위에 서서 제 군을 지도하는 정신과는 큰 차이가 있네. 그 때문에 제군에게 거듭 말하 겠다. 제군, 절대로 나를 의심하지 말라."

그야말로 '노후한 잔해'가 '메이지의 원훈'의 허상을 믿게 만들려고 하 는 권세욕 밖에 없다. 이토는 메이지유신의 5원훈으로부터 사이고를 끌 어내고, 다른 4원훈의 '유훈'에 따르고 있는 듯한 허세를 나타내고 있다. 그러나 그는 3년 전, 1899년 4월10일에 '국민의 정치적 자각과 국운의 발 전'이라는 제목으로 나가노 조산칸(城山館)에서 행한 연설 속에서,

"지금으로부터 37년 전 처음으로 서양에 가서 유럽제국의 정체를 보 니까, 내 소견이 더욱 더 잘못되지 않았다는 것을 확신하고, 일본은 천 황과 관(官) 사이에 가로놓인 전횡한 권력이 있어서는 결코 국가의 발달 은 있을 수 없다고 생각했던 것이다."

이토 히로부미가 이노우에 가오루 등 5명과 함께 1863년(분큐 2년) 5 월12일에 요코하마를 출발하여 인도양 희망봉을 돌아서 9월23일에 런 던에 도착하여, 반년 가량 영어와 영문을 배우기 위해 자딘 마티슨상회 에서 나뉘어 기숙하고, 영국인 학생과 교제를 하면서 박물관 공장의 견 학을 하는 편의를 얻었을 뿐이니까 '유럽제국의 정체'를 이해할 수 있을 리가 없다.

보신전쟁 당시의 사쓰마번 무사들(1868년). 펠리제 베아토 촬영.

　　그가 유럽제국의 정치체제를 다소나마 알 수 있었던 것은 이노우에 가오루의 조언을 얻고 나서부터의 일이다. 조슈(長州, 장문국의 다른 이름) 와 영국 프랑스 네덜란드 미국과의 전쟁위기를 알고, 1864년 3월 중순 에는 이토와 이노우에는 유학을 단념하고 런던을 떠나 3개월 가량 걸려 서 6월10일에 요코하마에 돌아왔던 것이다. 항해에 7개월이 걸린 1년1 개월의 해외여행의 성과에 의해서 왕정복고와 봉건제도의 폐지 필요성 을 깨닫고, "내가 지금까지 선배로서 존경하는 산조 기도 오쿠부 제씨를 설득하고, 그렇게 해서 마침내 오늘날의 형세에 이르렀던 것이다."

　　이토의 의식 속에는 메이지유신에 의해서 징사(徵士)가 되고, 메이지

4년의 이와쿠라 구미(歐美) 방문사절단에 참가할 때까지는 기도의 추천에 의해서, 그리고 메이지 6년의 '정한(征韓)정변' 이후 서남전쟁에 이르기까지는 오쿠보의 권세에 의거하고, 기도의 병사와 오쿠보 암살 이후는 이와쿠라의 천거를 얻어 권력의 정점에 접근했던 사실은 빠져있다. 그리고 갑신정변 후, 천진조약의 체결에 즈음해서 전권대사가 되었던 것이 이토로 하여금 초대 내각총리대신으로서 피라미드의 정상에 오르게 하고, 일청전쟁에 의한 대륙침략에의 길을 열었던 것이다.

이토는 자신의 의식 속에서 선배들의 공을 모두 자신의 공적으로 만들어 메이지의 원훈의 허상을 만들어내고, 원훈 우대가 원훈으로 거품처럼 부풀어 올라서, 오늘날에도 통용되고 있는 것은 참으로 불가사의한 일이다. 1889년 2월에, 가쓰 가이슈(勝海舟)는 오쿠마 시게노부(大限重信)와 이타가키 타이스케(板垣退助)와 함께 백작의 화족에 서임되었으나 일단은 사퇴하다가 미야지마 세이이치로(宮島誠一郎)의 설득에 의해서 작위를 받았다.

그는 5월에 메이지 정부에 20개조의 건백서를 제출하여 이토 내각의 서정(庶政, 여러가지 정사)을 비판하고 개선을 요구했으나, '중국은 이웃나라, 진정으로 우리나라의 제도문물이 모두 그 나라로부터 전래한 나라이니까 지금에 와서 원수처럼 보지 말고, 신의를 가지고 두텁게 교제를 하고 편견에 사로잡히지 않기를 바란다'고 안중근이나 김옥균과 같은 동양평화론을 피력한 다음에, "지금의 고관들, 모든 것을 제때에 하나도 빠짐없이 이룩하고 성취해야 한다고 하지만, 성급함은 힘만 들었지 결과가 없다는 것은 이미 잘 드러난 사실이다. 앞으로의 영재를 배양하는 것은 오히려 누구일까? 이미 구정부의 방침도 여기에 있었다. 깊이 생각하고 행하기를 바란다"라고 썼다.

메이지정부의 반벌 고관들이 기도 오쿠보 이와쿠라 등 원훈들의 등용을 받아서 영달을 이루면서, 독일에서 배운 군주관료 위계제 속에서 이노우에 가오루 등의 학식을 쓰고 버리는 경향이 있다는 것에 '정문일침'(頂門一針, 아픈 데를 찌르는 따끔한 충고)을 가했다. 정치가 가쓰 가이슈의 눈은 미래로 향해져서 후쿠자와의 '탈아시아론'이나 '오기의 변'과는 차원을 달리하고 있었던 것이다.

이토는 초대 총리대신이 되고, 비스마르크가 프러시아왕국의 수상에서 독일제국의 수상이 되었던 것처럼 대일본제국의 수상이 되는 것을 꿈꾸고 있었으나, 로쿠메이칸(鹿鳴館) 외교에 대한 국민의 비판이 높아지고 그 자신의 추문이 널리 퍼져서, 1889년 7월29일 조약개정이 중지되고 말았다. 이토는 총리대신에 전념하기 위해서 궁내대신을 사임하고 싶다고 천황에게 주상하자, 천황은 모토다에게 의견을 구했다. 모토다는 수기(手記)를 써서, "총리대신이 궁내대신을 겸하는 것에 대해 신은 본래부터 찬성하는 바이고 생각하건대, 궁중부중 일체, 군주입헌국의 체제와 가장 잘 어울리는 것입니다. 그런데도 지금 생각하건대, 이 대신은 마치 제갈공명 비스마르크처럼 행세하려 듭니다. 그러나 그것도 좋습니다. 재능과 지혜가 지나치게 많으나 그 덕망이 모자라서, 만일 오랫동안 궁중에 남아있다면 인심이 내각을 떠날 것이고 그와 함께 황실에서도 떠나려고 할 것입니다. 그리하여 이토는 눈치가 빨라 재빨리 그 기미를 알아차리고 스스로 물러나려고 하는 것입니다. 이것은 참으로 폐하

께는 다행한 일입니다. 신속히 그 청원을 허가하는 것이 좋습니다.(《이토 히로부미전》 중권, 1940년)"라고 진언하여 이토는 사임하고, 도사 출신으로 산조 사네도미에 가까운 히지가다 히사모토(土方久元)가 후임 궁내대신이 되었다. 모토다는 대일본제국이 발족한 이듬해 1월22일 74세로 사망하고, 메이지천황이 서남전쟁 때문에 걸린 우울병을 회복시킨 시강(侍講, 천황에게 글을 가르치는 지위)이 죽자, 그 이후로 이토는 시강을 두려고 하지 않았다.

천황이 일청전쟁 개전에 즈음하며 소칙에 서명하면서, 선조에게 부끄러워서 보고할 수 없다고 제식에의 출석을 거부한 일은 '메이지천황기'에 나와있으며, 메이지천황이 이토 히로부미를 신뢰하고 있었다는 전설의 진실을 부정하고 있다. 일청전쟁의 소칙에 있는 '동양의 평화'와 '조선의 독립'의 문언은 일러전쟁에 즈음해서 '동양의 치안'과 '조선의 보전'으로 바뀌어지고 일본제국주의의 발톱을 드러내고 있었으나, 이토 히로부미를 암살한 안중근은 천황의 '동양의 평화'와 '한국의 독립'에 대한 의지가 일본의 정책으로 실현될 것을 희망하면서 죽어갔던 것이다.

안중근의 총탄을 다리에 맞은 다나카 만주철도 이사는 미츠이(三井) 물산 나가사키 지점장시절에 고토 신페이에게 발탁되어, 대만총독부에 근무하고, 고다마 겐타로 총독, 고토 민정장관 밑에서 일하다가 고토의 범아시아주의의 사상 아래 만주철도에 근무하고 있었다. 대련에서 하얼빈까지 이토의 만주시찰에 동행하여 사건에 조우했으나, 러시아의 재무대신 코코프체프는 고토의 알선에 의해서 하얼빈까지 이토와의 회담에 나왔던 것이며, 만주철도의 업무로 다나카와는 서로 아는 사이였

여순신사(旅順神社) 낙성식에서 육군장병의 참배 모습

을 것이다.

　대련에서 하얼빈까지 이토와 동행하며, 사건 후 상처치료를 받고 이토 유해와 함께 대련으로 돌아온 다나카가 후에 안도 도요로쿠(安藤豊錄)의 "지금까지 만난 사람 가운데 누구를 가장 훌륭하다고 생각합니까?"라는 질문에 답으로 "그것은 안중근일세, 유감이지만" 하고 말했다고 한다. 그 증언은 나카에 초민(中江北民)의《일년 유반》(一年 有半, 메이지 35년 9월2일 발행)과 함께 이토의 허상을 분쇄하고 정체를 폭로한 것이라고 할 수 있다.

동년 4월에 암 진단을 받은 나카에 초민은 생전의 유고로서 본서를 8월2일에 탈고했는데, 그의 눈에는 "대훈위는 참으로 볼품없는 재자(才子)이며, 그 한학(漢學)은 악시(惡詩)를 만들 정도의 밑천이다. 그 양학(洋學)은 목록을 암기할 뿐인 소질이다"라고 논하고, "총리대신이 되기에 이르러서는 오로지 실패가 있을 뿐이고 단 하나의 성적도 없다"고 단언하고 있다.

그의 눈에 비친 일본의 31명의 비범인(非凡人) 가운데 오쿠보 도시미치, 가쓰 가이슈, 사이고 다카모리, 사카모토 료마 등은 들어가 있지만, '그러나 이런 이유로 이토, 야마가타, 이타가키, 오쿠마는 들어갈 수가 없다'고 악평하고 있다.

이토 히로부미보다 5세가 젊은 나카에 초민은 자신이 직접 본 인물을 평가하고 있다. "안중근은 이토를 일·한 양국민의 '역적'이어서 처단하려고 했다. 탄생 백년이 지나서, 그가 옥중에서 쓴 자서전과 '동양평화론'은 일본근대사의 제 모습을 부각시키기 시작하고 있다"고 했다.

이토 암살자의 정체

1909년 10월26일 오전 9시30분, 이토 히로부미와 그 수행원을 향해 권총을 7발 발사한 사나이는 러시아장교들에 의해 그 자리에 쓰러뜨려지면서 "코리아 울라!"라고 세 번 외쳤다. 이 목소리를 "으악!" 하는 비명으로 들은 사람도 있었고, 또 러시아인들 사이에서는 "일본인이 일본인을"하는 목소리를 들을 수 있었다고도 한다.

'산발한 양복차림의 청년'의 모습은 한국인으로 보이지 않고, 러시아인에게는 일본인으로 보였던 것이다. 러시아 병사에 의해서 사나이는 하얼빈역 헌병파출소로 연행되어 신체검사를 받았다.

얼마 뒤, 러시아인 검찰관 및 한인 통역에 의해서 취조를 받고, 그는 한국인이며 이름은 '안응칠(安応七)'이라고 칭했으나 한인 통역은 그의 한국어를 잘 통역하지 못했다. 그곳에서 안응칠은 몇차례 사진을 찍었다. 오후 8시가 지나서 러시아 헌병장교가 안응칠과 사건에 관계가 있다고 생각되는 15명의 한국인을 일본영사관에 마차로 송치해서 16명의 신병은 일본제국의 관할로 옮겨지게 되었다.

관동도독부 고등법원 검찰관 미조부치 다카오(溝淵孝雄, 1834~1944년)
는 10월28일에 하얼빈에 도착하여 일본영사관에 출두하자, 가와카미
총영사로부터 이토 히로부미 살해 피고인 안응칠과 혐의자 15명의 신
병을 서류 및 증거 물건과 함께 송치받았다. 미조부치 검찰관에 의한 안
응칠 심문은 공판에 이를 때까지 11회에 걸쳐 행해졌는데, 제1회 심문은
10월30일에 하얼빈 일본제국 총영사관에서 행해졌다.

통역은 한국에서 파견된 구마모토현인(熊本縣人) 소노키 스에노부(園
木末喜)가 관동도독부 고등법원 촉탁으로 부임하고, 조서의 서기는 기시
다 마나부미(岸田愛文)가 맡았다. 검찰관의 심문에 피고는 성명은 '안응
칠'이고 직업은 '사냥꾼'이라고 대답했으나, 신분에 대해서는 대답하지
않았다. 주소에 대해서는 한국 평안도 평양성 밖이라면서 본적지도 출
생지도 같다고 했다.

피고 안응칠은 직업을 사냥꾼이고 교제도 사냥꾼에 한정되고, 집도
토지도 소유하지 않고, 학문도 한 적이 없고, 부모도 처자도 없다고 대
답했다. 황해도 해주의 명망가에서 태어난 자신의 정체를 될 수 있는대
로 숨기려고 노력했다.

그러나 미조부치가 "한국에서 평소에 가장 존경하고 있는 인물은 누
구인가?" 하고 물었을 때 "아무도 없습니다" 하고 대답했으나 "평소 적시
(敵視)하고 있는 사람은 누구인가?" 하는 질문에 대해서는 "이전에는 없
었습니다만, 요즘에 한 사람 생겼습니다" 하고 대답하고 그것이 누구냐
고 묻자 "이토 히로부미입니다" 하고 똑똑히 대답했다. 그리고 뒤이어

"이토 공작을 왜 적시하는가?"라고 하는 미조부치의 물음에 대해서 15개 조의 이유를 들어서 대답했다.

그 이듬해 2월14일에 사형판결을 받고 여순감옥 안에서 써낸 자서전 '안응칠 역사(安応七 歷史)' 속에서 안중근은 이 진술을 끝내자 미조부치 검찰관이 깜짝 놀라서 "지금 진술한 것을 들으면 동양의 의사(義士)라고 해야 한다. 의사라고 한다면 반드시 사형에 처해지는 법은 없다. 우려할 것 없다"고 얘기했다고 한다.

이에 대답하여 안중근은 "나의 생사는 논해주지 말기 바란다. 내가 생각하고 있는 것을 즉시 일본의 천황폐하에게 상고하여 이토의 좋지 않은 전략을 즉각 바로잡아서 동양의 위급한 대세를 도와줄 것을 열망한다"고 얘기를 끝내고 다시 그곳의 감옥에 수감되었다고 쓰고 있다.

그러나 검찰관 조서에서는 계속 미조부치의 심문이 이어지고, '철도의 개통' '식산공업(가공산업)'의 발전 등에 대한 일본의 공헌에 대해서 피고는 어떻게 생각하고 있느냐고 물었으나, 피고는 그것이 한국의 진보는 결코 아니라고 대답했다. 또 한국의 장래에 대해서 어떻게 생각하느냐는 미조부치의 물음에 대해서는 "만일 이토가 생존해 있으면 한국뿐만 아니라 일본도 끝내 멸망할 것이라고 생각합니다. 이토가 사망한 이상은 앞으로 일본은 충분히 한국의 독립을 보호할 수 있고, 참으로 한국으로서는 더할 수 없이 행복하고, 앞으로는 동양 그 밖의 각국의 평화를 유지할 수 있을 것이라고 믿고 있습니다"라고 대답하고 있다.

미조부치는 다시 피고의 인간관계와 배후관계에 대해서 심문을 계속하고, 응답하는 태도가 사냥꾼이라고는 생각되지 않아 "피고가 말하는 대로라면 세계역사에 이름을 남기게 되는데 본명을 숨기지 말고 얘기하는 것이 어떤가?" 하고 추궁했으나 "나는 결심하고 대죄를 범했으니까 절대로 거짓말은 하지 않습니다"라며 살해사실에 대해서는 숨김없이 대답했으나 '사냥꾼 안응칠'이라고 계속 주장했다.

제1회의 취조가 끝나고 관동도독부 감옥서의 구류장이 작성된 것은, 10월30일 오후 10시로 되어 있다. 한편 살인 피고로서 우연준(禹連俊), 조도선(曹道先) 및 유강로(柳江露)는 31일에 취조를 받고, 조도선(31세)의 구류장은 31일 오후 1시, 유강로(18세)의 것은 오후 11시로 되어있다. 안응칠은 8명의 다른 피고들과 함께 11월1일 오전 9시에 하얼빈 일본총영사관에서 관동도독부 여순감옥으로 호송되는데, 안중근은 우덕순, 조도선, 유동하(강로), 정대호, 김성옥 등 옛동지들과 함께 몇 사람씩 함께 호송된다는 것을 알았다. 안중근이 모르는 세 사람은 김연생, 김형재, 탁공규였는데, '안응칠 외 7명'이 여순으로 보내지고 11월3일에 관동도독부 감옥서에 도착하여 구리하라 사다키치(栗原貞吉) 전옥(典獄, 형무소장)에 의한 신병인수증이 발행되었다.

그 날 일행은 장춘의 헌병분견소에서 하룻밤을 보내고, 이튿날 다시 기차로 여순으로 향했다. 어떤 역에서 정차중인데, 일본인 순사 한명이 기차에 올라 안중근에게 접근하여 주먹으로 안중근의 얼굴을 가격했다. 안중근은 굴욕감으로 분노를 느꼈으나, 옆에 있던 일본인 장교가 그 순사를 제지하고 열차에서 끌어내리고 나서 "일본과 한국 사이에 이런 좋지 않은 인간이 있어서는 안 된다, 제발 화를 내지 말라"고 안중근에게 얘기했다고 '안응칠 역사'에 기록되어 있다.

호위하는 헌병들도 하루의 동행으로 안중근의 인품을 이해하기 시작했는데 '메이지의 원훈, 이토 히로부미 공작'을 살해한 흉악범이라는 보도는 단순한 일본인 순사의 애국심을 부추겼던 것이다. 18년 전, 메이지 24년, 일본에 왔던 러시아 황태자 니콜라이에게 오오츠에서 칼을 뽑아들고 덤벼든 츠다 산조(津田三藏)처럼.

안응칠 외 7명이 여순에 송치되는 동안, 미조부치 검찰관과 기시다 서기는 하얼빈의 일본요리점 종업원 이나다 하루(16세)를 참고인으로 11월1일에 취조하고, 2일에 다시 종업원 아베 다카(20세)와 요리점원 모리 료이치(32세)를 증인으로 조사하고 나서 사건당시 현장에서 목격한 것을 기록하고 서명케 했다.

또 사건 다음날 정대호(鄭大鎬)는 사촌동생인 정서우, 어머니와 두 명의 남자아이, 그리고 안중근의 아내 김아려(金亞麗) 및 두 명의 남자아이, 분도와 준생(俊生)이 한국의 진남포로부터 연행되어 하얼빈에 도착했다. 안중근의 처를 정대호는 누이라고 하고 그 남편은 사망했다고 진술했으나, 러시아헌병은 정대호와 서우(瑞雨)를 체포하여 일본 측에 넘겼다. 청국 세관관리인 정대호만 살인방조혐의로 여순으로 보내고 서우는 석방되었다.

11월3일은 메이지천황의 탄생일인 '천장일'인데, 4일에 도쿄의 히비야에서 이토 히로부미의 국장이 성대히 거행되었다. 5일 미조부치 검찰관 등은 소노키 통역과 함께 김아려를 심문했으나, 안중근의 처는 어디까지나 정대호의 누이이고 정씨(32세)라고 칭하고, 남편은 사망했다고 계속 주장했다. 또 정대호의 아내 김씨(27세)도 안중근의 아내 김아려를

하얼빈 의거 직후 체포된 안중근 의사

정대호의 누이이고 그 남편은 사망했으며, 안중근의 사진을 보여줘도 모르는 사람이라고 딱 잡아뗐다. 정대호의 어머니 김씨(67세)도 같은 말을 하고, 딸의 남편은 사망했으며 안중근의 사진은 모른다고 진술했다.

또 그녀는 정대호와 서우의 사진을 보여주었을 때도 눈이 나빠서 잘 보이지 않는다고 대답하고, 대호의 아내도 모친도 그리고 안중근의 아내도 모두 안응칠과의 관계를 계속 부정했다.

본명은 안중근

한국주재 헌병사령관 아카시 모토지로(明石元二郎)가 지휘를 맡아 안응칠의 신원을 탐색하게 하려고 블라디보스토크에도 헌병장교를 승려로 꾸며서 파견하여 러시아인과의 관계도 추궁했다. 진남포에 사는 안중근의 형제, 정근(定根)과 공근(恭根), 두 사람으로부터 안응칠은 사실은 황해도 해주의 명가 안태훈의 장남 안중근이라는 것을 밝혀내어 11월6일 안중근에게 추궁하자 안중근도 그 사실을 마침내 인정했다.

그 날 더 이상 숨길 수 없다는 것을 깨달은 안중근은 안응칠은 사마귀가 몸에 일곱 개 있기 때문에 붙여진 아명이라는 것을 밝혔으나, 1907년의 일·한보호조약 7개조에 대해서 싸움을 계속하는 의병으로서의 각오를 나타내는 펜네임인 동시에 본적을 숨기는 가명으로 자칭한 것이다. 그는 제1회 심문에서 구두로 얘기한 이토 히로부미의 죄악 15개조와 소감을 한문(漢文)으로 이렇게 썼다.

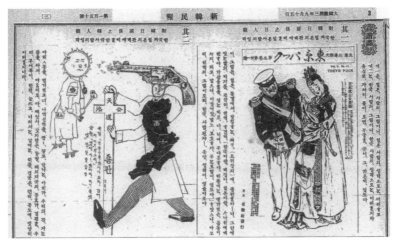
당시 시대상을 풍자한 〈신한민보〉(1909년 9월15일자)

1. 1895년 사람을 한국에 보내 병사들을 시켜서 황궁에 돌입케 하여 대한황후(大韓皇后) 폐하를 시해한 것.

2. 1905년 병력을 가지고 대한황궁(大韓皇宮)에 돌입, 황제폐하를 위협하여 5조약을 강제한 것.

3. 1907년 다시 병력을 동원하여 한국 황실에 돌입, 검을 빼들고 위협하여 7조약을 체결하게 한 것, 후에 대한황제 폐하를 폐위한 것.

4. 한국내 산림·하천·광산·철도·어업·농상공업을 모두 약탈한 것.

5. 이른바 제일은행권을 발행, 한국 내지에 통용케 하여 전국의 재정을 고갈시킨 것.

6. 국채 1300만원을 한국에 떠넘긴 것.

7. 한국 내의 학교서책을 압수하여 불태우고, 내외국 신문을 민간인에게 알리지 못하게 한 것.

8. 한국 내에서 수많은 의사가 봉기하여 국권을 되찾으려고 한 것을 가지고 폭도라 부르고, 혹은 총으로 혹은 목매어 살육한 것. 심한 것은 의사의 권속에 이르기까지, 모두 도살한 자가 10여만 명이나 된 것.

9. 한국 청년의 외국 유학을 금지한 것.

10. 이른바 한국정부 고관, 5적7적(五賊七賊) 등 일진회(一進會)의 무리들과 함께 한인을 규합해서 일본의 보호를 받기를 원하게 만든 것.

11. 1909년 다시 5조약을 갱신한 것.

12. 한국 3천리 강토를 일본의 속방으로 만들려고 선언한 것.

13. 한국은 1905년부터 하루도 편안한 날이 없었다. 2천만의 생령의 통곡소리는 하늘을 진동시킨다. 살육이 그치지 않고, 포성탄우는 지금에 이르러도 그치지 않는다.

14. 그런데도 이토 혼자 한국은 태평무사한 것처럼 말하여, 위로는 메이지천황을 기만했고 동양의 평화는 오랫동안 파괴되어서, 수수만인이 장래에 멸망을 면하기가 어렵게 한 것.

15. 1867년 일본의 메이지천황 부친을 시해한 것. 시해는 대역무도한 짓이다.

위의 죄상은 열거하자면 한이 없다. 전후의 소행이 이와 같이 간악하고 교활하여 밖으로는 열강에게 신의를 잃고, 안으로는 사람들 간의 교의를 끊는다. 먼저 일본을 멸망시킨 뒤, 동양 전체를 멸망시키려고 한다. 어찌 통탄하지 않을 수 있겠는가! 동양의 뜻있는 청년들이여, 이것을 깊이 생각하라.

이처럼 쓰고, 11월6일 하오 2시30분, 여순옥중에서 '大韓國人 安重根' 이라고 서명했다. 그의 5개월에 걸친 옥중생활 동안에 쓴 최초의 작품이다. 그리고 안중근은 계속해서 '한국인, 안응칠 소회'를 똑같이 한글을 쓰지 않고 한문으로 썼다.

"천지 백성이 생기고, 사해(四海)안 모두 형제로 간주한다. 각각 자유를 지키고, 삶을 구가하고 죽음을 싫어하는 것은 인간 모두의 상정이다. 오늘날 세상사람 모두 문명시대라고 칭한다. 그러나 나 혼자 길게 탄식한다. 그렇지 않다고, 현우 남녀노소 가릴 것 없이 각각 천부의 성(性)을 지키고 도덕을 숭상하고, 경쟁의 마음없이 땅을 갈고 생업을 즐기고 함께 태평을 향유한다.

이것을 문명이라고 해야 한다. 지금의 시대는 그렇지 않다. 이른바 상등사회, 고등인물이 논하는 것은 경쟁의 설(說)이고, 연구하는 것도 살인기계다. 그 때문에 동서 6대주가 포연탄우, 그칠 날이 없다. 어찌 개탄치 않을 수 있겠는가! 참으로 글로 쓰기가 어렵다. 이토 히로부미, 그는 아직도 천하의 대세를 깊이 이해하지 못하고 잔혹한 정책을 남용하고 있다.

동양 전체가 장래에 어육의 장이 되는 것을 면하기 어렵다. 아아, 천하의 대세를 우려한다면, 뜻을 가진 청년들이여, 어찌 손을 놓고 아무런 대책도 없이 앉아서 죽음을 기다릴 수 있겠는가? 때문에 나는 이것이 걱정이 되어 견딜 수가 없어서, 하얼빈에서 만인의 눈 앞에서 총을 발사하고 소리를 높여 이토 노적(老賊)의 죄를 다스려 동양의 뜻있는 청년들의 정신을 각성시키려고 하고 있는 것이다"라고 쓰고 '1909년 11월6일 오후

2시30분 제출'이라고 적었다.

'이토 히로부미 죄악 15개조'와 '한국인 안응칠 소회'는 이토 히로부미를 대표로 하는 대일본제국의 정책이 한국에 어떤 해악을 주고 있는가를 고발함과 동시에, 세계 인류가 모두 형제여야만 한다고 하는 세계 시민사상에 입각하여 제국주의 시대에 일본이 '살인기계'에 의해서 동양 전반을 침략하려고 하고 있는 것을 저지하기 위해서, 한국인뿐만 아니라 일본과 중국도 포함한 넓은 동양의 뜻있는 청년들에 대한 호소문이다.

안중근은 사냥꾼이며, 평양 교외의 출신이라고 하는 진술을 더 이상 지킬 수 없다는 것을 알자, 황해도 해주의 명문 안가의 장남 안중근이라는 것을 인정하는 동시에 두 편의 문장을 써서 살인의 동기와 목적을 분명히 밝혔던 것이다. 한문으로 쓴 두 편의 문서로 자공(自供, 스스로 공술함)을 표현한 것은 그 날 오전 중에 안중근의 정체를 알아냈다는 것을 여순형무소 측이 밝히고, 그 뒤 몇 시간에 걸쳐서 안중근이 써서 2시30분에 제출하여 신원과 함께 살인사실을 인정하는 것이었다.

이 자백의 결과는 하얼빈의 일본영사관에서 수사를 계속하고 있는 미조부치 검찰관에게 보내져서 정씨를 자칭한 정대호의 누이가 실은 안중근의 아내, 김아려라는 것을 알았다. 정씨에 대한 제2회째 심문이 11월9일에 전회와 마찬가지로 미조부치 검찰관, 기시다 서기, 소노키 통역에 의해서 행해졌지만 김아려는 안응칠이 남편이라는 것을 계속 부인했다. 안응칠의 사진을 제시하면서 남편이 아니냐고 물어도, 남편은 죽었다고 계속 우겨댔다.

그러나 두 아이에게 그 사진을 보였더니 아버지임에 틀림없다고 말하고 있다는 얘기를 듣자, 김아려는 '입을 다물고 대답을 하지 않았다'고 기록된 태도를 취할 수밖에 없었다. 그날 정대호의 아내도 제2회째 취조를 받았으나, 김아려는 정대호의 누이라는 것을 주장하고 안중근의 아내라는 것을 계속 부인했다.

아시아평화는 자주독립

미조부치 검찰관 등은 하얼빈 일본총영사관에서 살인관계자들의 조사를 끝내고, 11월12일에 여순으로 돌아가 13일에 관동도독부 감옥에서 유강로(柳江露)에 대한 심문을 하고, 14일에 안중근에 대한 제2회 심문을 시작했다. 미조부치 검찰관은 안중근에게 '조부는 진해군수를 지냈잖은 가?'하고 묻자, 그는 그것을 시인했다. 또다시 '부친은 태훈(泰勳)이라고 하며, 5년 전에 사망했잖은가?'하고 묻자, 이것도 시인했다.

또 아내가 김홍변의 딸이라는 것도, 5세의 아들이 있다는 것도 인정했으나 3년 전에 집을 나왔기 때문에 2세의 아이가 있는 것은 모른다고 대답했다. 교육에 대해서는 '사서오경'과 '통감' 외에 만주역사 및 조선역사에 관해서도 읽었다고 대답하고 있다.

뒤이어 황제폐위 군대해산 후의 소란 속에 당시 거주하고 있던 평양에서 경성을 한번 가고, 부산과 원산을 경유해서 시베리아로 건너갔다는 것을 얘기했다. 또 정대호와의 관계도 부정은 하지 않았으나 그는 일가안태를 원하고, 안중근에게도 편안히 집에서 지낼 것을 권하는 사람이지 의병(義兵) 동지는 아니라고 말했다.

또 정에게 처자를 진남포에서 하얼빈으로 데리고 올 것을 부탁했으나, 23일에 평양을 출발하여 27일에 도착한 것은 모른다고 대답했다. 그리고 사건 전후의 행동에 관해서도 사실을 얘기했으나, 이토 암살의 공범은 아무도 없고 혼자서 결행했다고 말했다.

또 이토 저격에 대해서는 한 손만으로 4발 정도를 이토를 향해 쏘고, 나머지 2, 3발은 조금 옆을 향해 발사했다고 진술하고 있다. 이토의 죽음을 알았을 때, '하느님께 감사합니다' 하고 말하고 가슴에 성호를 그었느냐는 질문을 받자, 그것을 긍정하는 것과 동시에 다시 '대한 만세를 외쳤다'고 덧붙였다.

그 다음날 15일 제3회 조사가 시작되자 미조부치는 안중근이 지었다고 여겨지는 노래를 보여주었다.

대장부가 세상에 나서 큰 뜻을 품었으니
때는 영웅을 만들고 영웅이 때를 만들도다
만세 만세, 대한 독립
천하를 두루 보니 언제 뜻을 이룰 것인가
동풍은 점점 차가우나 장사의 뜻은 뜨겁구나
쥐도적 ○○ 네 목숨도 이제 끝이다
동포여, 어서 빨리 큰 일을 이루자
만세 만세, 대한 동포.

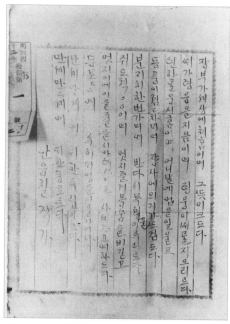
안중근의 노래 작사 원고

미조부치 검찰관은 안중근에게 이 노래를 보여주고 누가 썼느냐고 물으니까, 안중근은 "내가 썼습니다" 하고 대답하고, 한글로 번역한 것도 자신이라고 말했다. ○○라고 되어 있는 곳은 '이토'라는 문자를 집어넣을 생각이 아니었느냐고 묻자, 그것을 시인하고, 살해가 성공했을 때 집어넣을 생각이었다고 대답했다. 쓴 것은 10월23일, 하얼빈에서 채가구로 가기 전날 김성백의 집에서 쓰고, 블라디보스토크의 〈대동공보〉에 보낼 계획이었다고 말했다.

이토 암살의 심경을 전하는 노래이며, 유강로(동하)에게 〈대동공보〉의 이강에게 보내는 주소를 러시아어로 쓰게 하고, 자신의 서명 밑에는 영문으로 '코리아 토마스(한국인 토마스)'의 도장을 찍었는데, 그것은 천주교 신자의 본명이라고 대답했다. 하얼빈에서 검거된 8명의 한국인에 대해서는 모두 아는 사이지만, 공범이라는 것은 계속 부인했다.

또 이토를 저격한 뒤 다시 다른 일본인에게 부상을 입힌 이유를 묻자,

이토가 사진과는 다른 것처럼 생각되었으나 선두에 갔기 때문에 발사했고, 그 뒤 '만일을 위해 뒤의 신사를 향해서 발사했다'고 말했다.

브라우닝식 권총은 7연발인가 8연발인가 하는 질문을 받고, 8연발이라고 대답하고, 탄창에 7개가 있고, 발사하지 않은 것이 한 발 있는 것은 왜냐고 묻자, 목적하는 사람을 쏘았다고 생각했기 때문에 필요가 없어서 그만두었다고 대답하고, 자결을 하기 위해 남겨 놓은 것은 아니라고 말했다.

그 날 안중근을 조사한 뒤, 유강로와의 대면이 이뤄지자 서로 알고 있다는 것을 인정하고 안중근이 유강로에게 사실을 그대로 진술할 것을 권하자, 그는 그때까지 계속 숨기고 있던 사실을 솔직하게 검찰관에게 진술하기 시작했다.

안중근의 〈대동공보〉에 보내는 편지는 안중근이 초서를 쓰고 유강로가 그것을 정서하고 10월24일에 유강로가 표서를 썼는데, 안중근으로부터 당장 보내라는 말을 듣고 있으면서도 끝내 보내지 않고 있었는데, 러시아병에게 체포되고 나서 압수당하고 유동하라는 본명이 탄로나는 것이 두려워서 '강로'라는 가명을 사용했다고 한다.

10월22일에 포프라니티나야의 집을 나와, 안중근과 우연준과 함께 하얼빈에 도착하여, 두 사람이 일본의 이토 히로부미를 마중나간다는 말을 믿고 협력하고 있었다. 25일이 되어서야 처음으로 안중근이 이토를 암살하려고 한다는 것을 알고, 만일 이번 일이 발각되면 '너를 죽이겠다'고 협박해서 목숨이 아까워서 잠자코 있었다고 고백했다.

안중근이 채가구로부터 돌아온 10월25일에 꽃무늬가 있는 황색의 천

가방과 또 잔돈이 들어있는 지갑을 받았다. 18세의 소년은 한국 내에서 이토가 무엇을 했는지도 몰랐다. 그런데 안중근은 이 소년에게 될 수 있는대로 호의를 베풀고 있었다. 다음날 16일에는 하얼빈에서 살인혐의로 안중근과 함께 호송되어 온 우연준(禹連俊)이라고 자칭하는 사나이의 심문이 행해졌다. 그 심문에서 처음에는 10월31일에 있은 하얼빈에서의 조사와 마찬가지로 안중근과 함께 있던 우덕순(禹德淳)이라는 것을 부인하고 있었으나, 미조부치가 유동하를 입정시켜 대질심문을 했다. 눈앞에서 유동하가 사실을 얘기하자 우연준은 지금까지의 진술은 거짓이며 우덕순이라는 것을 시인하고 사실을 진술할 것을 서약했다.

미조부치는 안중근이 "우연준이가 의사라면 진실을 말하고, 겁쟁이라면 거짓을 말한다"고 말했다고 얘기하자, 유동하도 안중근으로부터 진실을 말하도록 충고를 받고 사실을 얘기하게 되었기 때문에 "그대로 진실을 말하라"고 설득했다. 그리고 사건은 러시아와 미국, 그 밖의 나라들의 신문에도 보도되고 있으니까 진실을 말하라 했다.

심문에 대해서 우덕순은 안중근이 음력 9월8일에 찾아와 이토 히로부미의 암살을 얘기해서 공감하고 블라디보스토크를 떠나 다음날 9일(10월21일)에 하얼빈에 도착한 공범자라고 자백했다. 그는 본적은 경성의 동대문안 양사동이며, 충청도 제천에 논을 갖고 있다고 진술했다. 일러전쟁 후에 떠난 한국을 2년 전에 일단 귀국했다가 11월3일에 다시 경성을 떠나 시베리아 각지를 전전, 후에 블라디보스토크에서 3, 4개월 동안 생활하고 있었다고 했다.

블라디보스토크의 〈대동공보〉에는 많은 지인이 있고, 이강도 기자로서 알고 있다고 대답했으나, 하얼빈여행의 여비는 안중근이 자진해서 내놓았고 그 돈의 출처는 모른다고 대답했다. 권총은 우덕순 자신이 지난해 10월에 러시아인으로부터 샀다고 말하고, 권총은 안중근이 가지고 있었고 총탄도 안중근이 구했기 때문에 그 탄환에 십(+)자 모양의 상처를 낸 것은 몰랐다고 말했다. 블라디보스토크에서 이토 암살에 대해 의논한 것은 안중근과 우덕순 두 사람 뿐이어서 다른 사람은 모른다고 답했다.

〈대동공보〉의 이강에게 보내는 편지에는 안중근이 시키는 대로 서명하고 도장을 찍었다고 진술했다. 11일 아침, 하얼빈역에서 안중근과 우덕순과 조도선과 유동하가 기차에 타고 채가구에서 하차하여 1박 하고, 다음날 안중근은 하얼빈으로 향하고 우덕순은 이토가 탄 열차가 채가구를 지나가면 조도선과 함께 살해할 생각으로 그곳에 머물렀는데, 그 열차는 13일(10월26일) 아침, 오전 6시경에 동역에 도착했으나 조도선과 우덕순이 일어난 것은 오전 7시경이라서 이미 열차가 통과해버린 뒤였다고 했다.

우덕순과 조도선은 모두 권총을 지참하고 만일 이토에게 접근할 수 있으면 사살할 생각으로 있었으나, 채가구 역에는 러시아인 수비병이 많고 또 숙소주인이 일어나지 않았기 때문에 둘이서 의논하여 암살을 단념했다고 한다.

우덕순과 조도선은 같은 날 오전 10시경 러시아군에게 체포되어 조사를 받았는데, 러시아 측의 조서에서는 조사도중에 이토 암살사건 소식을 듣고 '목적을 달성했다면서 좋아했다'고 되어 있었으나, 미조부치한테 그 사실을 질문받고는 두 사람 모두 부정했다.

같은 날 안중근에 대한 제4회 심문이 행해졌는데, 검찰관은 안중근과 유동하 및 우덕순과의 공범관계에 대해서 끝까지 추궁하려고 했다. 안중근은 유동하의 진술에 대해서는 "아직 어린애니까 모순된 말을 합니다"라고 부인하고, 자신의 진술이 진실이며 유동하의 진술에는 잘못된 점이 많다고 주장했다.

또 우덕순이 공범이라는 것을 추궁하는 미조부치의 심문에서 "한국을 위한 지사(志士)를 자처하고 사심이 없다면, 우덕순도 그쪽의 동지라고 명백히 시인하는 것이 사내답다고 생각하지 않는가?"하는 질문을 받고, "한국을 위해, 더 나아가서는 세계를 위해서 이토를 암살한 것이지, 나의 명예를 위해서 한 것이 아닙니다. 명예를 위해서라면 자기 집에서 편안히 사는 것이 득책이라고 생각합니다. 우덕순에 관해서는 이토를 죽일 생각이 있는 사람인지 어떤지, 나로서는 알 수가 없습니다" 하고 공범자라는 것을 계속 부인했다.

다음날 17일 조도선에 대한 심문을 하다가 안중근을 입정시켜 대질 심문을 하게 되었으나, 조도선은 안중근의 모습을 보고 채가구의 다방에서 만난 인물인지 아닌지 "잘 기억이 나지 않습니다" 하고 대답하고, 다른 방에서 얘기를 나눈 적도 없다고 진술했다. 안중근은 조도선과 함께 하얼빈에서 채가구로 동행한 것은 시인했으나, 통역을 위해서이지 이토 암살에 대해서는 얘기한 일이 없다고 진술했다.

조도선은 채가구에서 러시아군에게 체포된 것은 우덕순의 진술보다 2시간이 늦은 12시경이었다고 진술했으나, 러시아 측의 조서에 있는 이토 암살에 대해서 '참으로 기쁜 일이다' 라고 쓰여져 있는 것에 대해서 조사할 때는 조서를 작성한 적이 없다고 부인했다. 같은 날 유동하의 조사도 행해지고, 안중근의 진술과 틀린 점을 세밀하게 추궁당했다.

11월18일, 안응칠의 제5회 심문이 행해졌다. 안중근, 우덕순 및 유동하 세 사람의 대질심문이 미조부치 검찰관에 의해서 행해졌는데, 세 사람의 그때까지의 진술 중 틀린 점을 각자의 재심문에 의해서 추궁했다. 대질 심문에 의해서 안중근이 조도선에게도 이토 암살에 대해서 얘기했다고 우덕순이 진술한 것을 안중근은 부정하며 "우덕순과 같은 미치광이가 말하는 것은 믿을 수가 없습니다" 하고 진술하자 우덕순은 자신이 착각했었다는 것을 시인했다.

그러나 안중근은 우덕순의 진술을 듣고 우덕순을 '믿을 수 없는 인물'이라고 생각하고, 이토 암살에 대해서 얘기한 적이 없다고 얘기한 그때까지의 진술을 '본의가 아니었다'고 취소했다. 블라디보스토크 출발 때부터 '믿을 수 있는 인물'이라는 것을 알고, '대사를 결행하는 데는 인원 수가 많을수록 좋다'고 생각하고 동행했다고 사실을 말했다.

그리고 미조부치 검찰관이 우덕순은 채가구에서 늦잠을 자다가 이토가 탄 열차를 놓쳤다는 얘기를 하자, 안중근은 이토를 죽일만한 힘이 있는 사람으로 믿고 있으며, 만일 채가구에 안중근이 머물고 우덕순이 하얼빈에 갔었다면 우덕순이 결행하고 자신은 부끄러운 생각을 했을 것이라고 진술했다.

우덕순을 앞에 하고는 사실을 고할 수밖에 없었던 것이다. 그리고 그날 시베리아에서 가족에게 송금한 일이 있느냐는 질문을 받고, 신천(信

川)의 문화(文華)에 수백 섬의 수확을 하는 밭이 있어서 진남포에 있는 모친과 처자와 동생들 두 명은 생활을 해 나갈 수 있다고 가족 상황에 대해서도 분명히 밝혔다.

　같은 날 유동하의 조사가 계속해서 행해졌다. 블라디보스토크의 조선신문사 유지율(柳智律)에게 안응칠의 명의로 백 원을 보낼 것을 요청하는 전보에 대해서 심문이 행해지자, 유동하는 안중근의 의뢰로 전보를 쳤다고 말하고, 안중근은 그것을 부정했다.

외무대신, 극형을 지령

그리고 19일 조도선의 조사가 행해지며 러시아어 전문에 대해서 대질심문하자, 유동하는 블라디보스토크에 백 원 송금을 요청한 것은 안중근의 의뢰가 아니라 만일 보내온다면 자신의 유흥자금으로 쓸 생각이었다는 것을 고백했다.

또 조도선은 1월24일에 채가구에서 안중근의 의뢰로 하얼빈의 유동하에게 '채가구에서 기다린다. 일이 있으면 전보를 기다린다'라고 전보를 치고, 그 뒤에 안중근으로부터 일본의 대신을 암살한다는 얘기를 들었다고 진술했다.

그러나 안중근이 다음 날 하얼빈으로 떠난 뒤 우덕순과 1박 하고 새벽 6시에 기차가 도착한다는 것을 알았으나 우덕순에 대해서는 5시에 도착한다고 거짓말을 하자, 우덕순이 5시 전에 일어나서 기차가 도착했는지 어떤지 확인해 달라고 나에게 부탁을 했다. 밖에 나가려고 하자 러시아병이 있어서 우덕순에게는 기차는 이미 통과했다고 고하고, 둘이서 자고 일어나니까 벌써 7시가 되어서 진짜로 열차가 지나가고 난 뒤라는 것을 밝혔다.

우덕순이 늦잠을 잔 것은 러시아군의 경계가 삼엄한 것에 겁을 집어먹은 조도선의 기지에 의한 것이었다. 또 유동하로부터의 전문은 '내일 아침, 오전 8시 블라디보스토크에서 온다'고 하는 내용이며 안중근이 25일에 채가구에서 하얼빈으로 간 것은 전문의 내용이 이해할 수가 없는 것이기 때문이었다.

하얼빈에서 유동하를 만나서 그 엉성한 내용에 안중근이 화를 내고, 다음날 아침 이토가 하얼빈역에 도착한다는 것을 알고, 하얼빈에서 결행할 것을 결의했다는 것이 밝혀졌다. 사건의 범인으로서의 안중근의 사실관계는 11월 19일까지 거의 확정되었다.

안중근에 대한 그 다음 심문은 11월 24일에 행해지고, 정대호와의 대질심문을 섞어서 정대호의 진술과 안중근의 자백과의 차이에 대해서 미조부치 검찰관이 안중근에게 물었다. 정대호가 안중근으로부터 들었다고 하는 단지(斷指)동맹에 대해서 미조부치는 헤이그 밀사 사건에서 고종의 밀사가 된 이상설(李相卨)이 블라디보스토크에서 안중근과 함께 단지한 것이 아니냐고 묻자, 안중근이 블라디보스토크에 갔을 때는 이미 이상설은 멀리 헤이그에 가 있어서 도저히 있을 수 없는 일이라고 부정했다.

또 미조부치가 "일본의 근세사를 알고 있는가?" 하고 물으니까 "대개는 읽어서 알고 있습니다" 하고 대답했다. 미조부치가 "이토도 옛날에는 그대와 마찬가지로 배외(排外)사상이 강했기 때문에 가로(家老)를 살해하려고 생각한 적도 있었으나, 한 번 서양에 가서 그 문명을 보고 종래의 생각을 바꾸었다고 하는데, 그것을 알고 있는가?" 하고 묻자 "그러한 일은 모두 알고 있습니다" 하고 안중근은 대답했다.

또 다시 미조부치는, "24, 5년 이래 이토는 일본에서도 자유당 같은 곳으로부터 적대시되어, 그대가 이토를 암살한 것과 같은 이유로 굉장한 반대를 받고, 일러전쟁 후 이토의 동상이 어떤 자에 의해서 대좌에서 끌어 내려져서 코까지 훼손당한 일이 있었는데, 그것을 알고 있는가?" 하고 묻자, 안중근은 "그것도 알고 있습니다" 하고 대답했다.

고치(高知)출신의 미조부치 검찰관은 그 지방 사람들과 마찬가지로 이토 히로부미에 대한 반감을 갖고 있었던 것 같은데, 한국에 대한 편견은 그 뒤의 안중근과의 문답에서 나타나게 된다.

문 : 일청전쟁(日淸戰爭)은 동양평화 때문이란 것을 일본이 선언한 사실을 알고 있는가?

답 : 알고 있습니다. 동양평화를 유지하고, 한국의 독립을 꾀한다는 것이었지요.

문 : 일한협약(日韓協約)도 한국의 독립을 도모하기 위한 선언이라는 것을 알고 있는가?

답 : 그 선언도 있다는 것은 알고 있지만, 그러나 그것은 믿을 수가 없습니다.

그리고 미조부치가 만국공법(萬國公法)을 알고 있느냐고 묻자, 안중근은 전부는 모르지만, 일부는 알고 있다고 대답했다.

문 : 그렇다면, 일본이 동양평화를 외치고, 한국을 멸망시킨다든가 병탄(倂呑)한다든가 해도, 열국이 감시하고 있으니까 그런 일은 할 수 없다는 것을 알고 있는가?

답 : 나는 일본이 한국을 병탄할 야심이 있음에도 불구하고, 열국이 묵시(默視)하고 있는 이유도 알고 있습니다.

미조부치 검찰관은 일본 정부가 이미 한국병합을 결정하고 있는 것을 모르고, 한국 보호의 통감정치가 계속될 것이라고 믿고 그 합법성을 안중근에게 설득하려고 했다. 그러나 안중근은 헤이그 밀사사건에 의한 고종폐위 후의 한국군대 해체에 의해서 이토의 아시아 정책이 한국을 희생으로 삼는 것이라는 것을 확신하고 의병활동에 들어가 있었던 것이며, 양자의 미래에 대한 전망은 이미 완전히 달라져 있었다.

안중근은 미조부치의 질문에 답해서, "동양평화의 동양이란 '아시아주'이며, 중국 일본 한국 샴 버마(현 미얀마)를 포함한다"고 대답하고, 또 '동양평화'란 아시아 제국이 "모두 자주독립해 갈 수 있는 평화이다"라고 답했다. 그리고 안중근은 "이토를 암살하면 일본이 한국에 대해서 실시하고 있는 보호정책, 즉 통감정책을 폐지하게 될 것이라고 생각하고 있다"고 답하고, 이토 히로부미를 죽이고 그 죄상을 재판에서 밝힘으로써 대일본제국의 침략주의를 전환시킬 수 있다고 하는 신념을 말했다.

미조부치 검찰관은 안중근의 진술에 대해서, 일·한 조약이 한국의 독

러일전쟁(1904) 무렵, 일본 야욕에 저항하다가 처형된 조선인들

립을 위해 보호하고 있다는 것을 설득하려고 했으나, 안중근은 "일·한 조약은 형제끼리 사이에서 한쪽이 다른 쪽을 희생물로 삼고 있으며, 이 토는 한국의 유능한 사람들을 모두 살해하고 있습니다"라고 주장했다. 미조부치는 또 "농상공업의 발달, 위생, 교통 그 밖의 내정은 점차 완비 되어 가고 있기 때문에, 본국에 있지 않은 사람은 그 혜택을 받지 못하 고 있어서 잘 모를 것이다"라고 안중근의 이토 히로부미 죄악 15개조를 부정하려고 했다.

안중근은 이에 대해서 "위생, 교통의 완비, 그 밖에 학교 등의 설립이 행해진 것은 모두 일본인을 위한 것이지, 한국에 도움이 되는 것이라고는 생각되지 않습니다"라고 응수했다.

제11회 심문에서 이토 히로부미 죄악 15개조를 평가한 미조부치 검찰관은 24일의 심문에서는 검찰관으로서 일본정부의 입장에 서 있었다.

그 뒤 정대호가 얘기했다고 하는 단지동맹에 대해서, 안중근의 면전에서 정대호가 안중근으로부터 들었다고 진술하자 그때까지 그 사실을 계속 부정하고 있던 안중근은, 지난해 12월인가 금년 1월에 동지 10명 앞에서 손가락을 자르고 '대한독립 만만세'라고 혈서 한 것을 시인하고, 약손가락을 자른 것은 자기 혼자뿐이고, 〈대동공보〉에 그 깃발이 있을 턱이 없다고 진술했다.

미조부치는 최초에 부인하고 있던 단지동맹에 대해서 그제야 고백한 것을 비난하고 사실을 숨기지 말고 진술하라고 다그치자, 안중근은 "다소 거짓말을 해도 이토의 거짓말에 비하면 아무것도 아니며, 나의 일신상에 대해서는 절대로 거짓말을 하지 않습니다. 다만 타인과의 관계에 대해서는 다소 거짓말을 했습니다" 하고 답했다. 그리고 11월26일에 행해진 제7회 심문은 〈대동공보〉와 헤이그 평화회담과의 관계에 대해서 심문이 행해졌다.

그 뒤, 정대호가 누이라고 주장하고 있는 자 및 그 자녀 2명의 사진을 보여주고, 미조부치가 "그 사진은 그대의 처자인가?" 하고 묻자, 안중근은 그것을 시인하고 "그러나 이 작은 아이는 내가 집에 있었을 때는 아직 태어나지 않았으니까 모르겠습니다" 하고 답했다. 또 "그 사진을 보고 어떻게 느끼는가?"하는 질문을 받고, "특별히 느끼는 바가 없습니다"

故閔忠正公泳煥節竹
光武十年七月十五日
大韓俱樂部敬寫

1905년 을사5조약이 체결되자 자결한 충정공 민영환과 그 자리에 솟아났다는 혈죽(血竹) 사진

하고 대답했다.

사건 후 1개월이 지난 이 날, 미조부치 검찰관에 의한 조사가 끝나고 경성의 일본 통감부 경보국에서 파견된 사카이 요시아키(境喜明) 경시(警視, 총경)의 조사가 시작되었다.

사카이 경시는 일청전쟁 후의 민비시해(閔妃弑害) 사건에 연좌해서 무죄가 된 경험이 있으며, 가고시마 출신의 사족으로 한국에서의 안중근 관계의 자료를 가지고 여순에 파견되었던 것이다.

이 미조부치와 사카이의 취조에 대해서 한국통감부 구라치 데츠키치(倉知鐵吉) 정무국장은 대일본제국 외무대신 고무라 쥬타로(小村壽太郎)에게 전문을 보내서 지령을 요청했다. '검찰관은 그 후 심문을 계속하였으나, 달리 새로운 사실을 발견하지 못했음. 사카이 경시의 조사도 특별한 결과를 얻지 못했음. 그렇다면 금후 블라디보스토크 방면에서 어떤 유력한 사실을 발견할 수 없는 한, 당지에서의 조사는 실제로 큰 효과를 볼 수 없을 것이라고 사료됨. 따라서 앞으로 3일이 경과한 뒤에는 최후의 방침에 관해서 당지에서 관계자 협의를 마무리 지어야 할 시기에 도달할 수도 있기에, 그 점에 관해서 어떤 지시를 내려주기를 바람'이라고 하는 것이었다.

고무라 외상 아래서 일·한 병합을 검토한 구라치(倉知) 정무국장은, 다른 재판 관계자와는 달리 일본정부의 대한정책(對韓政策)을 잘 알고 있으면서 하는 청훈이었다. 그리고 이틀 뒤인 11월30일, 구라치는 고무라 외상에게 전문을 보내고 계속 블라디보스토크 방면의 밀정에 의한 탐색을 하고 있으나, '범인의 처벌에 필요한 재료'는 이미 충분하고, 법원으로서는 블라디보스토크 방면의 탐색을 몇 개월 더 기다리는 것은 곤란한 상황에 있으며, 또 무기징역이면 괜찮다고 하는 의견도 나와 있기 때문에 어떻게 대처하면 좋을지 고무라 외상의 지시를 구했다.

이에 대하여 고무라 외상은 12월2일의 전보에서 '정부에서는 안중근의 범행은 매우 중대하므로 징악(懲惡)의 정신에 따라 극형에 처하는 것이 마땅하다고 생각하고 있음'하고 지시를 내렸다. 메이지 24년(1891년) 5월, 츠다 산조(津田三藏) 순사가 오오츠에서 러시아 황태자, 니콜라이를 상해한 사건에서는 국제관계를 배려하고 일·러 관계를 위해서 사형을 요구했는데도 대심원장 고도리 고네가네(兒島惟謙)가 신법전의 독립을 내세워서 무기징역에 처한 바 있다. 이에 반해서, 일러전쟁 후의 일본제국은 일·한합병의 외교정책 때문에 안중근의 사형을 요구하고 관동도독부 고등법원도 그것을 따랐다.

사카이 경시와 국제재판

미조부치 검찰관에 의한 약 1개월간에 걸친 조사가 끝나는 11월26일 안중근은 계속해서 약 반달 동안 사카이 경시의 조사를 받았다. 안중근은 미조부치의 조사내용에 대해서는, 10월30일 심문 때의 이토 히로부미 죄악 15개조에 대한 응수 외에는 쓰지 않았지만, 검찰관은 통역인 소노키와 함께 감옥으로 찾아가서 심문하는 틈틈이 술을 나누고, 또 심문 뒤에는 이집트의 담배를 주며 얘기를 나누는 등 공감을 나타내고 있었다.

또 12월1일에는 상해 거주의 영국인 변호사 더글러스와 함께 블라디보스토크 주재 러시아인 변호사 미하일로프가 면회를 허용받고 그곳 한국인들의 의뢰로 변호를 맡게 되었다. 법원에서도 이미 그 허가를 받고 있었기 때문에, 공판이 결정되면 다시 찾아오겠다고 해서 안중근은 두 사람의 변호인 선임서에 서명하여 제출했다.

관동도독부 지방법원에는 국제재판을 지지하는 의견이 있었는데, 영국이나 러시아 변호사의 변호를 인정한다면 일본의 재판은 '세계 제1등 국가의 행동이라고 할 수 있다'고 안중근은 쓰고, '이토 암살의 과격수단까지 쓴 것은 잘못이 아니었을까'라고까지 생각했다고 한다.

사카이 경시의 심문이 시작된 것은 이 무렵인데, 안중근은 '선경(仙境) 씨'라고 사카이(境)에 '선(仙)'자를 붙여서 기술하고 있다. 사츠마(薩摩)의 사족 출신인 사카이 경시가 일청전쟁 이후의 한국 사정에 정통하고 한국어도 잘하고 매일 만나서 술을 나누었으니까 일본과 한국이란 입장은 크게 다르다 하더라도, 인정은 차츰 친근해져서 옛 친구를 만난 것 같은 생각이 들고 신선에 가까운 심경에 도달했다고 평가했을 것이다.

안중근은 사카이에게 "영국과 러시아 양국의 변호사가 재판정에 올 때 이 법원의 관리는 공정한 마음으로 이것을 허가할까?"라고 묻자, 사카이 경시는 "그럴 것이네" 하고 대답했다. 안중근은 "만일 그렇다고 한다면 동양의 특색은 바로 이것에 있으며, 또 그렇지 않다고 한다면 내가 한 일은 해만 있고 이익이 없는 것이 될걸세"라고 말하고 두 사람은 웃으면서 헤어졌다고 한다.

두 사람은 그 며칠 전인 12월2일, 이미 고무라 외무대신이 일·한 병합을 추진하기 위해 '극형'을 지시해서 국제재판은 허사가 되었다는 것을 모르고 있었다. 여순감옥의 안중근에 대한 대우는 각별해서 구리하라 감옥소장, 나카무라 경수계장은 항상 안중근에 대해서 신경을 쓰고 있었다. 안중근은 일주일에 한번 목욕을 할 수가 있었고, 매일 오전과 오후 2회 감방에서 나와 사무실로 가서 각국의 고급담배를 피울 수가 있었으며, 또 서양과자와 차도 충분히 즐길 수가 있었다.

그리고 아침 점심 저녁, 세 차례 좋은 백미 밥과 좋은 부식품을 먹고 의류 솜이불 등이 특별히 지급되고 귤 사과 배 등도 매일 세 차례씩 나왔다. 또 매일 우유 한 병이 지급된 것은 소노키 통역의 배려에 의한 것이었고, 또 미조부치 검찰관은 닭고기와 담배를 사다 주는 등등 이러한 수많은 호의는 이루 헤아릴 수 없을 정도였다고 안중근은 쓰고 있다.

사카이 경시의 한국어에 의한 조사는 12월11일에 끝나고, 사카이는 12일에 조선통감부의 경보국장에게 보고전문을 보냈다.

사카이 경시는 안중근의 경력에 관한 조사에 임해서, 안중근은 본래 교육자라는 것을 인정하고 있는데, 조사하던 중에 알 수 있었던 안중근의 성장과정에 대해서 스스로 자서전을 쓸 것을 권했다. 감옥 관계자들의 합의를 얻어서 안중근이 자서전, '안응칠 역사'를 쓰기 시작한 것은 12월13일의 일이며, 그 이듬해 3월15일에 완성할 때까지 93일이 걸렸다.

일·한 병합의 국책에 관여하고 있던 구라치 정무국장이 고무라 외상에게 조급한 지시를 요청한 것은, 관동도독부의 사람들이 안중근에 대해서 호의를 베푸는 것이 확대될까봐 우려했기 때문임에 틀림없다.

대만통치에서 대만총독 고다마 겐타로가 민정국장으로 의학자 고토 신페이를 내세워 과학적 제국주의 통치를 실현한 것에 반해서, 이토 히로부미의 조선통치는 조슈 군벌의 팽창적 제국주의에 봉사하는 것이었다. 일러전쟁에서 참모총장으로도 활동했던 고다마가 이듬해 53세의 나이로 급사하자, 일본의 군사관료적 제국주의는 더욱 맹목적으로 기승을 부리게 된다.

사카이가 경성으로 돌아간 뒤, 안중근이 희망하고 있던 두 동생, 정근과 공근이 여순으로 왔다. 세 형제는 장남인 중근이 3년 전에 의병이 되기 위해 고향을 떠나고 난 다음 처음으로 함께 만나는 것이어서. 정말로 꿈같은 시간을 4, 5일간이나 계속 갖고 자유롭게 얘기를 나눌 수가 있었다. 그리고 영국인과 러시아인 변호사가 인정된다면 한국변호사도 청구해주기 바라며, 천주교 신부에게 와 달라고 해서 성체예식을 하고 싶다고, 안중근은 동생들에게 부탁했다.

안중근은 여순에서 만난 재판과 감옥 관계자들이, 한국에서 접한 일본인들과 너무나 달라서, 여순주재 일본인과 한국의 일본인과는 "종류가 다른 것일까? 물과 흙과 바람과 공기가 같지 않기 때문일까? 한국에 거주하는 일본인들이 모두 악한 것은 통치하는 이토가 극악하기 때문에 그렇게 된 것일까? 여순의 일본인은 통치자인 도독이 인자하기 때문에 덕이 많은 것일까?"라고 쓰고 있다.

이토 히로부미는 조슈 군벌의 대리인이었다. 반면 여순감옥의 관계자들은 도사·구마모토·히로시마 등 조슈에 대해서 반드시 호의적이지 않은 사람들이 많았다. 또 옥중에서 생활하는 안중근의 태도와 조사내용을 알게 되어감에 따라서, 안중근의 인물에 경의를 품기 시작했던 것이다. 안중근이 공평한 국제재판에 기대를 걸 수 있었던 나날이 며칠은 있었다.

미조부치 검찰관의 변심

　안정근과 공근을 참고인으로 해서 형제들과 안중근과의 관계를 미조부치 검찰관이 조사한 것은 12월20일의 일이다. 형제는 모두 심문에 사실을 그대로 진술했다. 의병(義兵)이 되기 전까지는 형 중근이 돈버는 일만 생각하고, 동생들에게는 진남포에서 학문을 배울 것을 원하고 있었으나 나라를 떠나고 나서는 역경에 빠져, 그러한 형이 이토를 암살한 것은 잘못된 일이라고 진술했다. 동생들의 조사를 끝낸 뒤, 안중근에 대해서 제8회째의 심문이 상당히 오랜 시간에 걸쳐서 행해졌다.

　'안응칠 역사' 속에서 안중근이, "어느 날, 검찰관이 다시 심문을 하러 왔는데, 그 말이나 태도가 전날과는 전혀 달랐다. 내 생각을 압제하려고 하고, 또 발언을 가로막으려고 하고, 경멸하는 모습이 나타나 있었다. 나는 혼자 생각하기를, 검찰관의 사상이 이처럼 갑작스럽게 변한 것은 본심은 아닐 것이다. 밖으로부터의 바람이 크게 불어서, 도심(道心)이 쇠해지면 인심이 위태롭다는 말이 있는데, 그것이야말로 정확하게 이것을 전해주는 문장이다"라고 쓴 것은, 이 날의 미조부치 검찰관의 태도를 가리키는 것이라고 생각된다.

이 날 미조부치는, 이토가 한국 통치에 대해서 연설한 말을 인용해서 안중근을 설득하려고 했다. 안중근은 그런 말은 다 알고 있지만, "일본의 목적은 다른 데 있다는 것을 알고 있다"면서, 한국을 식민지화하려고 하고 있다는 것을 계속 주장했다. 또 미조부치가 한국 황제가 안중근의 이토 암살을, '국가 사직에 해독을 끼치는 것이다'라는 소칙(詔勅)을 내렸다는 것을 고하자, 안중근은, "나의 행동이 죄악인가, 또는 국가에 공로를 다한 것인가는 후일이 되어서 밝혀질 것이며 나라에 쟁신(爭臣)이 없으면 나라가 망하고, 한 가정에 다투는 자가 없으면 집안이 망한다는 격언도 있는 것처럼, 지금 황제는 혹시 어쩌면 내 행위에 반대하고 있을지도 모르지만 나는 국가를 위해서 한 일입니다. 또 소칙은 통감의 손을 거쳐서 나온 것이니까, 그것이 황제의 참뜻이라고는 믿을 수가 없습니다" 하고 응수했다.

또 미조부치가 살인은, "잔혹의 극치이고, 가족 친척을 비탄에 빠뜨리고, 그 나라에 손실을 주고, 암살 소식은 세계의 사람들을 전율케 하는 죄악이라는 것을 알고 있는가?" 하고 추궁하자, 안중근은 "알고 있습니다"라고 대답하고 "이토를 죽이는 것은 인도(人道)에 어긋난다고는 믿지 않습니다. 이토 때문에 살해당한 수만 명을 대신해서 이토를 죽인 것입니다" 하고 대답했다. 그리고 "어떻게 해서 이토 공이 수만 명을 죽였다는 것인가?" 하고 검찰관이 묻자, 안중근은 이렇게 대답하고 있다.

"메이지유신은 변란이었고, 일·청 일·러의 양 전쟁에서 수만 명이 목

일제의 해군근거지인 진수부(위)와 관동도독부 민정부(民政部) 건물

숨을 잃었습니다. 또 일본의 전(前)황제를 독살하고, 통감으로서 한국에 오고 나서 수만 명의 인명을 죽였습니다."

'메이지유신 변란'의 정치적 책임을 이토에게 지운다는 것은, 메이지 30년대에 '메이지의 원훈'을 스스로 자처한 이토에 대한 과대평가에 의

거한 것이겠으나, 메이지시대의 일본정치에 대한 안중근의 요구는 되돌아보지 않으면 안된다.

일청전쟁에 대하여, 개전 때 '무명(無名)의 군대'로서 동아시아를 유럽 열강에게 분할하는 원인이 된다고 해서 가쓰 가이슈(勝 海舟, 메이지시대 고위관리)는 반대하고, 또 메이지천황 자신은 소칙에 서명을 하면서도 선조의 영전에 개전을 보고하는 것에 며칠간 반대하고 있었으며, '동양의 평화' '한국의 독립'을 명의로 하는 소칙이 현실과는 다르다는 것을 이해하고, 가쓰와 같은 견식을 나타내고 있다.

일청전쟁 개전시의 수상이 이토 히로부미이고, 안중근이 일·청 일·러의 양전쟁을 거쳐서 한국병합에 이르는 군사제국주의의 길을 걷는 이토의 아시아정책을 추궁하는 것은 적절한 비판이었다. 미조부치를 위시해서 많은 일본인들의 이해를 뛰어넘는 것이기는 했지만….

또 메이지천황의 아버지, 고우메이(孝明) 천황이 게이오2년(1866년) 12월25일에, 포창(疱瘡, 천연두)에서 쾌유되어가고 있을 때 독살되었는데, 상황 증거로 범인은 이와쿠라 도모미로 간주되었다. 아직 밑바닥에 있던 이토가 관여하고 있었다고는 생각할 수 없다.

그러나 메이지정부 속에서 천황의 초권위를 정치적으로 활용하며 천황독살까지도 감행해 권력을 손에 넣는 것이 이와쿠라의 수법이며, 메이지6년 및 14년의 정변에서 이토가 이와쿠라에 협력하며 권력의 중추에 접근해가기 위해 배운 것이었다.

이토가 독일헌법 조사를 명목으로 하는 독일 오스트리아 체류 중에 이와쿠라는 죽었고, 근대화 신설제도의 중심이 되는 화족(華族, 귀족)제도에 의해서 백작(伯爵)이 되었다. 내각제도를 실시할 때 많은 저항을 물리치고 내각총리대신이 되고, 독일제국통일의 재상 비스마르크를 흉내내어 장기간의 통치 담당을 받아들일 생각이었다.

가쓰 가이슈는 메이지20년(1887년)에 백작을 받은 뒤에 '20개조'의 건백서를 제출하여, 이토의 대외정책과 더불어, 일찍이 이토 스스로가 기도·오쿠부·이와쿠라 등에게 등용되면서 부하의 재능과 학식을 철저히 이용해먹는 행태에 비판을 가했다.

가쓰의 이토 비판은 이웃나라의 청년, 안중근의 '죄악 15개조'의 비판과 상통하고 있다. 이토 초대내각은 이토의 여성스캔들과 사츠마의 구로타 기요타카(黑田淸隆) 등의 반대에 의해서 그 이듬해 1월에 총사직했다. 대신에 구로타 내각이 들어서고 일청전쟁 때까지 사츠마와 조슈가 번갈아 수상 자리를 차지하게 되었다.

이토는 신설된 추밀원 의장이 되고, 헌법제정의 공에 의한 '원훈 대우'에 의해서 '메이지의 원훈'을 칭했다. 또 일청전쟁의 수상 담당자로서, 조슈인이 수뇌를 맡고있는 육군의 지원에 의해서, 천황을 신격화하는 피라미드의 정점자리를 계속 지켜나갔다. 안중근은 오늘날 우리들이 알고 있는 역사적 사실을 상세히 알 수 있는 자료를 보았을 리가 없지만, 일본의 정치정세와 역사를 상당히 깊이 연구하고 있었다. 한국에서의 사정(事情) 체험과 시베리아에서 의병으로써의 경험 덕분에, 서남전쟁이래 일본의 정치정세를 극명하게 보아온 가쓰 가이슈와 같은 시각에서 세계를 보고 있었다.

안중근은 '수만 명의 사람들'이란 무엇을 의미하느냐고 검찰관이 질문했을 때, 메이지유신이래 일청전쟁 일러전쟁 고우메이(孝明) 천황에 더해서, 이토가 한국통감으로서 한국을 탄압하고 처형한 사람들을 들었다. 일·청 일·러 양 전쟁에서 일본군에게 살해당한 청국 장병, 러시아군 장병뿐만이 아니다. '무명의 군대' 때문에 희생된 일본인들도 포함하고 있었던 것이다. 가쓰 가이슈는 일청전쟁 후 메이지 정부가 해서는 안 될 일이라고 해서 서남전쟁과 일청전쟁을 들었으나, 만일 그가 일러전쟁 때까지 살아 있었다면 안중근에게 동조했을지도 모른다.

그러나 미조부치 검찰관은 '이토 공'이 수만 명을 죽인 것은 한국을 위해서이고, 안중근이 한국을 위해서 이토 공을 암살한 것은 "그대의 완고한 생각에서 나온 것으로, 사실의 관찰을 그르친 무지 천박함 때문이 아닌가?" 하고 윽박지르려고 했다.

그러나 안중근은, "이토를 암살한 것은 동양평화를 위해서이고, 이토가 수단에 맞지 않는다고 해서 한국에서 폭도를 죽인 것도, 내가 한국을 위해서 이토의 소행을 수단이 맞지 않는다고 해서 죽인 것과 결국은 동일하다"고 주장하고, "나는 내 생각이 틀림없다고 확신하고 있습니다" 하고 한 발도 물러서지 않았다. 또 이 날의 심문에서 단지동맹에 대해서 종래의 진술을 바꾸었다.

노보키에프스크(煙秋)에서 지난해 10월12일에, 12명의 동지와 한국독립을 위해 맹세하고 각자 왼손의 약손가락을 절단하여 태극기에 '大韓獨立'이라고 썼다고 진술하고, 다른 11명의 이름과 신분을 공술하고, 맹주(盟主)는 자신이라는 것을 얘기했다. 12월21일에도 심문이 행해지고, 블라디보스토크 출발 이후의 안중근의 행동에 대한 사실 확인과, 우연준 등과의 인간관계에 대해서 질문을 받았으나 살해동기와 목적에 대해서 질문을 받은 일은 없었다.

그리고 제10회째 심문은 그 이튿날인 22일에 열리고 자질구레한 사실 확인이 이루어졌다. 또한 당일 아침의 행동과 함께 하얼빈역에서 이토 히로부미라고 생각되는, '키가 작고 수염이 있는 노인이 맨 앞에 서서 경례'를 하고 있을 때 4발을 발사하고, 그 뒤에 '외치지도 않고, 쓰러지지도 않고, 그냥 멈춰섰을 뿐'이었기 때문에, 다른 '일본신사'에게 3발을 발사하고, 다시 발사하려고 하는데 러시아헌병 두 명에게 붙잡혀서 권총을 버리고 헌병과 함께 땅바닥에 쓰러졌는데, '일본인이냐 한국인이냐'하는 질문을 받고, '한국 만세와 영어로 코리아 울라하고 외쳤다'고 얘기하고, '코리아 울라'는 러시아어가 아니냐는 미조부치 검찰관의 물음에 대해서 "영어도, 프랑스어도, 러시아어도 모두 코리아 울라라고 합니다"라고 답했다.

그리고 이토가 죽었다고 말하는 사람은 오늘날까지 아무도 없었다고 대답하고 있다. 마지막에 이토 암살이 정당한 행위였다고 생각하느냐는 질문에 "처음부터 그렇게 믿고 암살했기 때문에 나는 인도(人道)를 벗어나거나, 또 인도에 벗어난 일을 했다고는 생각하지 않으며, 다만 오늘날 이토가 이 자리에 없어서 내 살의가 생긴 이유에 대하여 의견을 서로 나눌 수 없는 것이 유감입니다" 하고 말했다.

그리고 미조부치가, "그대가 믿는 홍 신부가 이번의 흉행 소식을 듣고, 자신이 세례준 사람 가운데 이런 자를 낸 것은 유감이라고 한탄하고 있다"고 말하고 그래도 "자신의 행위를 인도 및 교의에 어긋났다고 생각하지 않는가?" 하고 다그치자, 안중근은 '침묵한 채 대답하지 않는' 태도로 나와, 이미 사건조사는 실질적으로는 종료되었다. 이듬해 1월26일에 제11회째 심문이 행해졌으나, 안중근이 사건 때까지 만난 사람들의 증언에 대해서 검찰관의 질문을 부정했을 뿐이고, 사건에 직접 관계되는 심문은 없었다.

공판(公判)과 곡판(曲判)

12월22일 조사할 때 안중근이 '침묵을 지킨 채 대답하지 않는'이라는 조서에 쓰여진 태도로 나온 것에 대해서, '안응칠 역사' 속에서 안중근은 이렇게 말하고 있다.

"이것은 '공판(公判, 공정한 재판)'이 '곡판(曲判, 잘못된 재판)'이 되는 기세로 되었다. 발언을 저지하려고 해서, 목적이나 의견을 말할 수 없게 되었다. 여러 가지 사항에 대해서 사실을 숨기고, 거짓을 장식하게 된 것은 왜인가? 이것은 구부러진 것을 '똑바로'라고 말하고, '똑바로'인 것을 구부러졌다고 말하는 것이나 같다.

법의 성질은 거울처럼 명백해서, 한 오라기의 머리칼도 집어넣을 수가 없다. 지금 내 사건에 대해서 시비곡직은 이미 명백해졌을 것이다. 굳이 이것을 숨기는 것도, 거짓을 말할 수도 없다. 이 세상의 인정(人情)은 현우선미(賢愚善美)한 일은 밖에 자랑하고, 악사(惡事)는 모두 반드시 숨기려고 한다. 지금 이것이 행해지려고 하고 있다고 생각하면, 저절로 분노가 치밀어 올라와 머리가 아파지고, 며칠이 지나서야 가라앉았다. 그 뒤 1개월 간, 아무런 조사도 없었던 것이 이상하다" 하고 안중근은 말하고 있다.

그러나 하얼빈으로부터 안중근과 함께 사건관계자로 송치되어 온 9명 가운데서 안중근과 우덕순 조도선 유동하 4명을 고소하기로 결정하고, 다른 4명, 즉 김형래 김려수 김성옥 탁공규는 12월24일에 석방하고, 안중근의 처자를 진남포에서 하얼빈까지 데리고 온 정대호는 감옥에 갇혀 있다가 재판방침이 확정된 이듬해 2월1일에 겨우 석방됐다. 또 사카이 경시의 심문이 12월27일에 행해졌으나, 한국내의 항일운동가와 안중근의 관계를 조사하는 것이 목적이어서 사건의 조사와는 이미 관계가 없었다.

관동도독부 고등법원장 히라이시 우지토(平石氏人)는 1월에 일본으로 건너가, 고무라 외상과 협의를 끝내고, 1월27일에 여순으로 돌아왔다. 도사(土佐) 출신인 히라이시는 자유민권운동의 기개를 변호사 미즈노 기치타로(水野吉太郞)와 함께 갖고 있어서, 이토의 죽음보다는 안중근의 인물에 공명하는 바가 있었으나 '극형'을 설득당하고 귀임했음에 틀림없었다.

그러나 살인범 피고 안중근은 사카이의 12월26일의 조사 뒤, 1개월 가량은 어쨌든 국제재판을 기대하고 공판 중에 주장해야 할 것을 생각함과 동시에, 쓰기 시작하고 있던 '안응칠 역사'를 집필하기 위해 자신의 생애를 뒤돌아보고, 이토 암살에 이르는 경위와 조사과정을 한문(漢文)에 의해서 어떻게 표현할 것인가를 감방에서 구상하고 있었다.

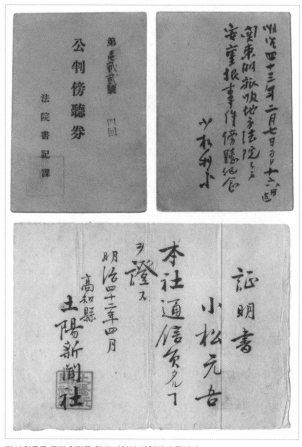

당시 안중근 공판 입장을 위해 받았던 방청권과 증명서

그러나 2월1일 미조부치 검찰관은 안중근에게, 재판은 2월7일부터 시작되지만 영국 러시아 한국의 변호사는 모두 변호를 허용하지 않고, 이 지방의 관선변호사만이 담당할 수 있다고 말했다.

안중근은 국제적인 공판이 될 것이라는 기대가 어긋나고, '지난달까지 상·중(上·中)의 두 가지 책략을 생각하고 있었던 것은 남을 믿고 지나

친 욕심을 갖고 있었기 때문이다. 내가 생각하고 있던 하(下)의 처우가 되고 말았다'고 생각했다. 더 이상 '공판'은 기대할 수가 없고, '곡판'이 될 것을 알아차렸던 것이다. 〈대한매일신보〉는 2월7일에 개정해서 10일에는 결심 예정이라고 보도하고 있었다.

미조부치 검찰관의 공판청구서는 2월1일에 제출되었는데, 사실의 표시로서 "피고 안중근은 추밀원의장 공작 이토 히로부미 및 그 수행원을 살해하려고 결의하고, 메이지 42년 10월26일 오전 9시경, 러시아국 동청철도 하얼빈역에서 미리 준비해 온 권총을 발사하여 공작을 죽음에 이르게 하고, 또한 공작의 수행원인 총영사 가와카미 도시히코, 궁내대신 비서관 모리 야스지로, 남만주철도주식회사 이사 다나카 세이지로의 각 수족, 흉부 등에 총상을 입혔으나 위 3명은 죽음에는 이르지 않았다"라고 되어있었다. 안중근은 피고로서 이토 히로부미를 '한국의 독립'과 '동양의 평화'를 위해서 살해했다는 것을 주장하고, 다른 수행원을 살해할 의도는 없었다는 것을 진술했음에도 불구하고, 미조부치는 복수의 살인을 기도한 것으로 기소했던 것이다.

또 이날 관동도독부 지방법원 판사 마나베 주조(眞鍋十藏)의 이름으로 러시아인 변호사 콘스탄틴 미하일로프 및 영국인 변호사 이 더글라스의 12월1일자 변호계를 허가하지 않을 것을 결정했다.

제1회 공판

인정 심문과 구형

2월7일, 오전 9시에 개정한 법정은 판사의 자리에 마나베 주조, 검찰관 미조부치 다카오, 서기 와타나베 료이치, 입회통역 촉탁 소노키, 심판은 공개되어서 방청인은 3백여 명에 이르렀다. 관선변호사로 미즈노 기치타로, 가마다 마사하루 두 사람이 출두하고 피고석에는 안중근, 우덕순, 조도선, 유동하가 앉았다.

안중근 형제가 의뢰한 한국인 변호사 안병찬(安秉瓚)은 변호를 할 수가 없게 되어서 그 전날 양해를 구하고 귀국했으나, 영국인 변호사 더글라스는 3백여 명의 방청객 중 한 사람이 되었다.

마나베 판사는 우선 4명의 피고에게 성명, 나이, 신분, 직업, 주소, 본적지 및 출생지를 묻고, 안중근은 '성명은 안응칠, 나이 31세, 신분은…. 직업은 무직, 주소는 부정(블라디보스토크 부근), 본적지는 한국 평안도 진남포, 출생지는 황해도 해주'라고 대답하고, 뒤이어 우덕순, 조도선, 유동하도 각각 인정심문에 대답했다.

그 다음에 미조부치 검찰관이 기소장을 낭독하고, 안중근을 살해행위, 우덕순 및 조도선을 같은 목적을 지닌 살인예비행위, 그리고 유동하를 살해행위를 방조하는 통신통역 역할을 수행한 자로서 심판을 청구했다.

안중근은 2월7일에 시작하여 8일, 9일, 10일, 12일, 14일 등 5회에 걸친 공판에서 마나베 판사가 이미 미조부치에 의해서 행해진 심문과 같은 내용의 질문을 하고, 자신이 진술하려고 생각하고 있는 것을 충분히 얘기하게 하지 않는 것에 불만을 품었다. 또 일본어에 의한 재판에서 통역을 기다리지 않으면 안 되는 것에 짜증을 느꼈다. 그러나 미조부치의 10회에 걸친 심문과 자서전의 집필에 의해서 안중근은 '곡판(曲判)'의 재판에서도 가능한 한의 진실을 얘기할 준비를 갖추고 있었다.

'안응칠'이라는 이름에 대한 판사의 질문에 대해서 "본국에서는 안중근이라고 하고 있었으나 지금부터 3년 전에 안응칠이라 칭하고, 요즘에 와서는 주로 안응칠이라고 하고 있습니다" 하고 대답했다. 헤이그 밀사 사건 후 고종황제의 폐위와 일·한 7개조 조약의 체결과 군대해체에 의해서, 대일본제국의 '동양의 평화'와 '한국의 독립'이라는 명목은 일·한병합에 대한 거짓말이며, 이것에 대해서 항일의병을 시베리아에서 조직하여 반대하기 위해서 '안응칠'의 이름으로 바꿨다는 것을 명백히 밝혔다.

또 양친의 소재에 대한 질문에 "아버지는 태훈이라고 하며, 진사의 직명이 있었으나 실제로 직위에 오른 적은 없고, 살아있을 때는 처음에는 해주에 살고 그 뒤 신천으로 이사 가고 지금부터 5년 전에 사망했습니다. 어머니는 진남포에 생존해 있습니다" 하고 답했다. 부친의 재산에 대해서 묻자, "아버지의 재산은 수천 석의 수입이 있는 지소(地所)가 있었습니다만, 점차 없어져서 지금은 수백 석이 되었습니다" 하고 답하고 있다.

자서전에는 "조부의 이름은 인수(人壽), 성질이 온후하고 가산이 풍부하며 자선가로서 도내에 이름이 알려져 있었고, 진해군의 현감(군수)을 지낸 일이 있으며, 6남3녀를 낳고 태진, 태현, 태훈, 태건, 태민, 태순의 6형제가 모두 학식이 있었으나, 특히 부친인 태훈은 재지영준(才智英俊)했다"라고 쓰여 있다.

또 교육에 대해서 질문하자 "내가 해주에 있었을 때, 또 신천으로 이사를 가고 나서도 집안에 사립학교가 세워지고, 한문의 천자문이나 조선의 역사, 맹자 및 통감 등을 공부했습니다"라고 진술하고 있다.

후에 상해에서 대한민국 임시정부의 주석으로 한국독립운동의 지도자가 된 김구(金九, 1876~1948)는 안중근보다 3세 연장자였으나, 일청전쟁의 원인이 되는 동학당(東學黨)에 가담하여 황해도의 15명 '도유(道儒)'의 한 사람으로 뽑히고, 신천의 청계동에 있던 안태훈의 집에 비호되어 4, 5개월을 지내게 되었다.

김구는 자서전《백범일지》(白凡逸志, 1947)에 "이 기간이 나에게 대단히 중요한 시기가 되었다"고 쓰고, "안진사와 같은 위대한 인격을 접했다"는 것과 "고산림(高山林, 能善)과 같은 의가 두터운 학자의 훈도를 받게 되었다"는 것, 두 가지를 들고 있다.

그리고 안중근을 13세라고 세살 낮추어서 쓰고, "청계동의 병사 가운데서도 사격술이 발군이어서 산에서 잡아오는 사슴고기를 병사들에게 제공하고, 부친인 태훈은 두 동생인 정근과 공근에 대해서는 '전혀 글을 읽을 줄 모른다'고 불평하고 있었으나, 중근에 대해서는 간섭하지 않는 것 같았다"고 쓰고 있다.

태훈은 중근의 뻗어나는 소질을 잘 보고 있었다. 청계동에서 태훈은 자택에 '의려소(義旅所)'를 설치하여 사격수 3백여 명을 갖추고, '동학당(東學黨)'을 사칭하며 약탈하는 폭도들에 대해서는 자위하고, 김구처럼 조국의 독립을 위해서 싸우는 의병 같으면 숨겨주었다. 소년병으로서 청계동 '의려소'에서 안중근이 겪은 체험은 그대로 청년 안응칠의 의병활동으로 이어졌다. 그러나 법정의 심문에서는 한 번도 이야기하지 않았다.

마나베 판사가 안중근에게 외국어 교육에 대해서 묻자, "우리 집안은 천주교를 신앙하고 있기 때문에 신천에서 천주교의 선교사 프랑스인 홍신부로부터 프랑스어를 몇 개월 배웠지만, 일본어와 러시아어 그 밖의 외국어는 모릅니다" 하고 대답하고 있다. 또 시베리아에서의 3년간의 생활에 관해서 어떤 목적으로 갔느냐는 질문에 대해서 "외국에 나가있는 한국 동포를 교육하는 것을 계획하고, 또 의병으로서 본국을 떠나 한국의 국사(國事)를 위해 동분서주하고 있었습니다. 이 생각은 수년 전부터 있었지만, 절실히 필요를 느낀 것은 일러전쟁 당시부터이고, 지금으로부터 5년 전의 일·한 5개조 조약 및 3년 전의 7개조 조약이 체결되고 나서부터 점점 더 분투노력하게 되어 국외로 나왔던 것입니다" 하고 진술하고 있다.

이 진술에 의하면, 한국동포의 국민교육에 대해서는 일러전쟁 전부터 생각하고 있었고, 전쟁 후 한번은 아버지와 함께 해외로 탈출하는 것을 생각해 보았지만, 상해에서 만난 프랑스인 곽 신부(郭神父)로부터 나라에 머물러 있으라는 권고를 받았다. 아버지가 사망한 후, 청계동의 자산을 처분하고 진남포로 이사하여 삼흥학교(三興學校)와 돈의학교(敦義學校), 두 학교를 세워 교육사업을 했지만, 교육도 사업도 일본의 통치정책에 의해서 곤란해졌다. 1907년 7월의 일·한 7개조 보호조약의 체결에 따라서 국내의 활동을 단념하고 시베리아로 동포를 조직하기 위해 나가게 되었다는 것이다.

또 판사가 '한국의 앞길을 어떻게 생각하느냐'는 질문에 대하여,

"1904년 일러전쟁 때 일본 천황의 선전 소칙에 의하면, 일본은 동양의 평화를 유지하고 한국의 독립을 기하기 위해서 러시아와 싸운다고 했기 때문에, 한국민은 모두 감격하여 일본인과 마찬가지로 출진해서 싸운 자도 있습니다. 또 한국인은 일본의 승리를 그야말로 자기나라가 이긴 것처럼 기뻐하고, 그것에 의하여 동양의 평화가 유지되고 한국은 독립할 수 있다고 기뻐했습니다.

그런데 이토 공작이 통감으로 한국에 와서 5개조 조약을 체결했습니다. 그것은 이전의 선언에 어긋나고 한국에 불이익이 되기 때문에 국민일반은 불만이었습니다. 또한 1907년에는 7개조 조약이 체결되었지만 이토 통감이 병력을 가지고 압박을 가하여 체결했기 때문에, 국민일반은 크게 분개하고 일본과 싸워서라도 세계에 발표하려고 생각했습니다. 본래 한국은 무력에 의하지 않고 문필을 가지고 성립해 온 나라였습니다.

이토 공작은 일본에서도 제1위의 인물이지만, 한국에 와서 두 개의 조약을 체결한 것은 일본 천황폐하의 뜻이 아니라고 생각했습니다. 이토 공작은 일본 천황폐하를 기만하고 있기 때문에 이토 공작을 없애야겠다고 생각하고, 7개조 조약 성립당시부터 살해할 것을 결의하여 블라디보스토크 부근에서 한 몸을 던져 한국의 독립을 기하려고 했습니다."

이 진술은 이토 암살의 동기와 목적을 잘 나타내주고 있는데, 안중근은 일청전쟁의 개전 소칙(詔勅)에 있었던 '동양의 평화'와 '한국의 독립'의 두 말은, '동양의 치안'과 '한국의 보존', '한국의 존망'이라고 다시 쓰여졌다는 사실을 모르고 있었다.

메이지천황이 두 전쟁에 대해 계속 커다란 의구심을 품고 있었다는 것을 일본의 일반국민은 알 길이 없었으나, 천황의 참뜻과 조슈 군벌에 의존하는 이토의 소행과의 차이를 안중근은 잘 통찰하고 있었다. 여순 형무소 관계자들, 다나카 세이지로 및 변호사 미즈노 기치타로 등은 안중근의 이토 히로부미에 대한 원한을 이해할 수가 있었을 것이다.

판사의 그 밖의 질문은 안중근의 블라디보스토크 부근에서의 행동과 이토 암살에 이르는 경과와 다른 세 사람과의 관계에 대한 사실에 관한 것이었는데, 정오부터 1시까지 휴정하고 오후 1시부터 4시10분까지 판사에 의한 질문과 안중근의 진술이 행해지고 폐정되었다.

우덕순과 조도선

2월8일 오전 9시 제2회 공판이 열리고, '안중근 외 3명'을 '살인피고'로 하는 재판이 전날에 이어서 행해졌다. 이날은 우덕순의 심리로 시작되었다. 고향은 충청도의 제천이고 아버지는 소농인데 4, 5세 때 경성으로 올라와 서당에서 글을 배우고 본국에서는 잡화상을 하고 있으며, 아내는 있으나 자녀는 없다고 했다. 또 5년 전에 미국인 선교사 밑에서 그리스도교의 신자가 된 일이 있으나 4년 전 블라디보스토크에 온 후로 멀어져있다고 경력을 얘기했다. 직업은 잡화상을 할 생각이었으나 담배팔이로 생활을 꾸려나가고, 경성에 있는 부모와 아내에게도 50원을 보냈을 뿐이고 가족은 귀국을 원하고 있는 상태에 있다고 말했다.

안중근과는 2년 전에 알게 되었고, 매약(賣藥)을 업으로 하고 있는 것으로 믿고 사귀고 가까워졌다고 한다. 9월7일에 안중근이 찾아와서 할 얘기가 있다고 해서 불려나가, 안중근이 머물고 있던 이치권(李致權)의 집으로 가서, 이토 히로부미 암살의 목적을 듣고서 동의하고 동행할 것을 승낙했다. 그날 밤에는 안중근과 함께 객실에서 자고 다음날 오전 9시 기차로 블라디보스토크를 출발하여 하얼빈으로 향했다. 여비는 안중근이 있다고 했으며 차표도 안중근이 3등 차표를 샀다.

이토 암살의 이유를 판사가 물어보자 우덕순은 안중근과 거의 같은 목적을 들었는데, 이토가 5개조의 보호조약을 한국의 6대신에게 강요하고, 이토는 그것을 본국으로 가지고 돌아가 '일본 및 한국의 황제폐하를 기만하고, 또 한국국민을 기만했기 때문에 원수입니다'하고 말하고, 5개조 조약이래 이토를 살해하려고 생각하고 있었다는 것을 진술했다.

안중근과는 정치상의 일은 얘기한 적이 없고 또 어떤 회합에서도 논의한 일이 없고, 또 어떤 정치결사와도 관계가 없으며 또 있다는 것조차 모른다고 대답했다. 안중근은 도중에 하차하여 유동하를 데리고 와서 인사를 나누었는데, 그곳의 정대호가 하얼빈까지 안중근의 가족을 데리고 와주기로 했다는 말을 들었다.

하얼빈은 10월22일 오후 9시경에 도착해서 유동하의 안내로 김성백의 집에 머물고, 이튿날은 안중근과 함께 시내를 구경하고 돌아다니고, 밤이 되어서 안중근은 혼잡하고 또 군대의 경비도 삼엄하니까 좀 더 한적한 역에서 결행하자고 말했다.

그날 저녁때 우덕순은 안중근과 이름을 모르는 사람과 셋이서 조도선을 찾아가, 안중근은 가족을 마중가기 때문에 러시아어의 통역을 해달라고 부탁했다. 조도선이 승낙을 해서 이튿날 아침 일찍 출발하기 위해 조도선은 안중근과 우덕순과 함께 김성백의 집에서 1박하게 되었고, 오후 6시경에 집에 도착했다.

그날 밤 안중근은 한문으로 시를 짓고 우덕순은 한글로 시를 썼으나, 서로에게 보이지는 않았다고 우덕순은 증언했다. 다음날 아침, 오전 9시경에 하얼빈역을 출발해서 남으로 향하고 오후 12시가 지나서 채가구역에서 세 사람은 하차했으나, 우덕순은 안중근이 조도선에게 이토 암살에 대해서 얘기를 했는지 어떤지는 모른다고 진술했다. 우덕순은 안중근과 조도선이 함께 다방에 들어가 차를 마시고, 안중근은 하얼빈에 전보를 쳤는데 우덕순은 그 전보의 내용에 대해서는 모른다고 답했다.

정오가 되어 판사는 휴정을 선언했다. 오후 1시에 개정하고 심리는 속행되었다. 안중근은 채가구역을 그 다음날 10월25일 정오경에 출발하여 하얼빈으로 향했으나, 이토 도착기일이 분명치 않아서 하얼빈에서 돈을 구해오겠다며 나갔다고 한다. 이토 히로부미의 하얼빈역 도착이 25일인지 26일인지 알 수가 없었으나, 만일 채가구역을 지나간다면 우덕순이 암살할 생각이었다고 말하고, 그것은 안중근이 하얼빈으로 향해서 출발한 뒤에 결심했다고 한다.

우덕순과 조도선은 그날은 다방에 머물며 잡담을 계속하고, 그날 밤에도 다방에서 잠을 자게 되었다. 10월26일 저녁때 두 사람의 머리 위에서 계속 시끄럽게 발소리가 들려서 조도선이 러시아인에게 물어보니까, 내일 새벽 6시에 일본의 고관이 오기 때문에 그 출영준비를 하고 있다는 것을 알 수 있었다.

우덕순은 오전 6시에 이토의 열차가 오면 자기 혼자서 살해할 생각으로, 그날 밤 두 사람은 다방 주인의 방에서 주인 부부, 두 딸과 함께 잤다. 다음 날 아침, 우덕순이 잠을 깼을 때 러시아인 주인이 투덜거리고 있었다.

조도선이 그 이유를 물으니까, 대관이 온다고 해서 역에 나가보려고 생각하고 밖에 나갔더니, 군인들이 밖으로 나와서는 안 된다고 제지하더라는 것이었다. 경비가 심해서 도저히 한국인으로는 밖에 나갈 수 없다는 것을 알고 결심도 누그러져서, 7시까지 자서 기차를 놓쳐버렸다고 한다. 또 권총의 탄환은 조도선이 없을 때 다방에서 안중근으로부터 받았다.

장전해 둔 적은 없고, 러시아인 헌병에게 오전 11시경에 체포당했을 때 소지하고 있던 권총에서 탄환을 빼냈으나, 헌병이 본래 있던 탄환과 안중근에게서 받은 탄환을 뒤섞어서 장전했다고 진술했다. 12시 채가구에서 하얼빈으로 기차로 보내졌으나 이토 암살 건에 대해서는, 러시아어를 모르고 또 조도선의 설명도 없었기 때문에 한국인을 모두 체포하는 것은 불법이라고 항의했다.

마지막으로 판사는 안중근은 의병으로서 이토를 암살했다고 하는데, '그대도 의병이 아닌가' 하고 물었으나 이것을 부정했다. 안중근은 의병 중장이라고 말하고 있는데 안중근으로부터 명령을 받은 것은 아닌가 하는 질문을 받고, "나는 안중근한테 명령을 받은 것이 아닙니다. 또 그런 것은 명령으로 행해질 일이 아니라고 생각합니다" 하고 대답하고, 자신의 의지에 의한 행동이었다는 것을 주장했다.

다음에 마나베 판사가 조도선에게 한국 출국의 시기를 묻자, 조도선은 15년 전에 출국하여 한국인의 농가에서 2년 가량 농작을 하고, 그 뒤

금광에서 4년 정도 일을 하고, 그 후 금광에서 통역으로 돈을 벌어서 저축한 돈을 가지고 귀국하려고 했을 때, 친구가 장사를 하자고 꼬드겨서 소지금을 모두 날리고, 일러전쟁이 시작될 무렵 다시 금광에서 일을 하고 3년가량 지나서 이르크츠크에서 세탁업을 시작했다고 말했다.

다시 러시아인이 금광에 가면 돈을 벌 수 있다고 권하는 바람에, 세탁 도구를 팔고 가게를 치우고 1년가량 일하고, 그 뒤 다시 세탁업을 시작하고 금년 3월에 이르크츠크에 왔는데 4년 전에 결혼한 러시아인 아내를 이르크츠크에 남겨두고 블라디보스토크로 나가 도로공사 인부감독의 통역을 몇 개월 하고, 7월 초에 블라디보스토크를 떠나 8월에 하얼빈에 도착하여 하얼빈에서 세탁업을 시작하려고 하고 있었다고 경력을 말했다.

아버지는 함경남도 강원군 경포면에서 농업을 하고 있으며, 8월에 편지를 보냈으나 답장이 없어서 부모의 소식은 알 수가 없다고 진술했다. 한국에서 교육을 받은 적은 없고, 한글은 금광에서 일하고 있었을 때 한국인에게서 배워서 어느 정도 알고 있으나 한자는 전혀 읽을 수가 없다고 했다.

9월 10일에 안중근과 우덕순이 그의 집을 방문하여 부재중이던 그의 귀가를 기다리고 있었는데, 두 사람은 블라디보스토크에서 왔다고 말했다. 조도선은 7월에 포프라니치나야에서 한 번 만나서 얘기를 나눈 적이 있고, 안중근에게서 정대호가 '자신의 가족을 한국에서 데리고 오기 때문에 관성자역까지 마중나가고 싶은데 러시아어를 모르기 때문에 통역으로 동행해 달라. 3, 4일이면 끝난다'고 해서 그 일을 맡았다고 했다.

다음 날 아침에 출발하기로 정해졌으나, 조도선의 집에서는 아침이 늦기 때문에 안중근과 우덕순이 숙박하는 김성백의 집으로 가서 저녁을 먹고 셋이서 잤으며, 안중근이나 우덕순이 편지를 쓰거나 시를 짓거나 한 일은 모른다고 대답했다.

다음날 아침, 정거장에는 유동하도 나오고, 안중근과 우덕순과 조도선이 출발하고, 차표는 안중근한테서 받았는데, 채가구역의 하나 전역인 삼상하가행의 차표라는 것을 러시아인에게서 들었다. 조도선은 러시아어나 청국어 신문을 읽지를 못하기 때문에 이토 공작이 언제 도착하는지를 모르고, 또 안중근 우덕순으로부터 이토 공 암살 건은 듣지 못했으며 만일 들었더라면 당장 하차했을 것이라고 대답했다.

이토 공이 온다는 것을 안 것은 25일 저녁때, 채가구역에서 러시아인이 얘기하는 것을 들었기 때문이라고 했다. 10월26일 아침 조도선은 소변을 보러가려고 했으나, 러시아군인이 잔뜩 있어서 밖으로 나갈 수가 없어서 주인에게 얘기를 하니까, 부엌의 세면물을 버리는 그릇에 하라고 말해서 소변을 보고 방으로 돌아왔다. 우덕순도 역시 변소에 가고 싶어 했으나 주인이 그 사정을 얘기해서 우덕순도 또한 밖에 나갈 수 없다는 것을 알았다. 그 시각은 7시나 8시로 이토를 태운 기차는 이미 통과한 뒤였다.

조도선은 11시경에 체포되고, 12시발 기차로 하얼빈으로 보내졌다. 채가구의 정거장에서 러시아군인에게 소지품을 압수당하고 신체검사를 받았다. 군인에게 그 이유를 물으니까, 오늘 아침 하얼빈역에서 한국인이 일본의 대신 이토 공작을 암살했는데 "그 한국인은 안중근이라고 하는데, 이곳에 너희들과 함께 와서 전보를 쳤다는 것을 알고 있으며, 안중근과 동행하고 있었기 때문에 체포한다"는 것이었다.

채가구에서 안중근의 명의로 하얼빈 김성백 방의 유동하에게 전보를 쳤는데, 그 반전(返電)은 내일 아침에 도착한다고 역무원한테 들었다. 그 내용을 안중근에게 전하자, 정대호가 내일 블라디보스토크에서 도착한다는 의미일 것이라고 안중근은 말하고, 그 이튿날 안중근은 하얼빈으로 향해 출발하고, 가족도 그 다음 날 12시에 도착하니까 그대들도 함께 하얼빈으로 와달라는 전언을 남겼다고 했다.

안중근이 왜 하얼빈으로 갔느냐고 판사가 물으니까, 조도선은 "모르겠습니다" 하고 대답하고 있다. 또 안중근으로부터 보수를 받았느냐는 질문에 "아무 것도 받지 못했습니다"라고 했다. 김성백의 집에서 놀고 지내며 가까운 장래에 아내가 하얼빈으로 오면 세탁소를 개업하려고 생각하고 있었으며, 정대호의 가족도 안중근의 가족과 함께 온다고 하니까 정대호에게 신세를 지려고 생각하고 있었다고 대답했다. 조도선의 심리는 오후 4시에 끝나고, 다음 공판은 다음날인 19일 오전 9시에 개정하기로 했다.

제3회 공판

나는 의병중장

2월9일, 제3회 공판은 유동하의 심문부터 시작되었다.

유동하는 함경남도의 원산에서 태어나 10세 때 어머니와 함께 한국을 떠나 시베리아로 가서, 처음에 소왕령, 후에 포프라니치나야에서 약국을 경영하는 아버지에게 갔다. 그곳에는 20명 정도의 한국인이 거주하며 담배나 세탁영업을 하고 있는데, 자신은 교육은 러시아학교에 가본 적도 없으며 아버지에게서 러시아어 책을 조금 배웠다고 했다. 16세 때 장가를 갔으나 아직 자식은 없고, 최초에 유강로라고 칭한 것은 하얼빈에서 체포될 때 가명을 진술했기 때문이라고 했다.

9월8일 저녁 때, 안중근이 유동하의 집에 찾아와서 부친에게 하얼빈으로 물건을 사러 가는데 러시아어를 모르기 때문에 아들인 동하와 함께 갔으면 좋겠다고 부탁했다. 부친은 마침 하얼빈에 약을 사러 보내려고 생각하고 있었으나 나이가 어려서 혼자서는 보낼 수 없다고 생각하고 있던 참이라고 하면서 동행을 허락하고, 동하에게 약값 33원을 건네주었다. 안중근과 함께 오후 9시 기차에 오르자, 또 한 사람의 남자가 있었는데 그것이 우덕순이라는 것을 나중에 알았다.

그 차 안에서 안중근은 정대호가 자신의 가족을 하얼빈으로 데리고 오니까, 마중할 겸 해서 하얼빈에서 물건을 사는 것이라고 설명했다고 한다. 다시 하얼빈에 가까이 가자, 안중근은 하얼빈에는 아는 사람이 없는데 어딘가 숙박할 곳은 없느냐고 유동하에게 묻고, 유동하가 김성백은 친척이니까 그곳에 가자고 하여 안중근은 그렇다면 함께 데려가 달라고 부탁했다.

하얼빈에 도착해서 김성백의 집으로 갔으나, 김성백이 부재여서 그의 아내를 만나 외출 중인 김성백에게 심부름꾼을 보냈다. 성백이 귀가해서 의논한 끝에 세 사람은 김성백의 집에 머물게 되었다.

이튿날은 세 사람이서 시내구경을 하러 나갔는데, 안중근과 우덕순이 이발을 하러 가니까 함께 가자고 말해 셋이서 이발소에 들르고, 돌아오는 길에 안중근과 우덕순이 사진을 찍자고해서 사진을 찍었다. 저녁때가 되자 안중근과 우덕순은 조도선을 방문하고, 돌아올 때 조도선을 데리고 돌아왔다. 김성백이 학교에 가고 부재중일 때, 유동하는 안중근에게 남쪽으로 가는데 여비가 모자라니까 김성백으로부터 50원을 꾸어주지 않겠느냐는 부탁을 받고 김성백에게 얘기를 했더니, 지금은 돈이 없다고 하길래 안중근에게 그것을 전하자, "돈이 없으면 할 수 없지" 하고 말했다.

안중근은 돈을 갚을 길이 있다면서 블라디보스토크에 있는 유진진(兪鎭津)에게 꾸어준 돈이 있으니까 편지를 보내면 즉시 보내줄 것이고, 편지가 느리면 전보를 치면 당장 보내줄 것이라고 말하면서 부탁했다고 한다.

또 안중근과 우덕순으로부터 대동공보사 이강에게 보내는 봉투를 러시아어로 써달라는 부탁을 받고 쓰기는 썼으나 발송을 부탁받은 일은 없고, 또 안중근이 편지 외에 시나 노래를 지었다는 것은 몰랐다고 진술했다. 또 이토 공작의 하얼빈 도착에 대해서 안중근과 우덕순이 의논하는 것도 들은 일이 없었다고 했다.

10월24일 안중근과 우덕순과 조도선이 출발하기 때문에, 정거장까지 달려가 쟈지스고까지 가는 차표를 세 장 사서 안중근에게 건네주고, 유동하가 안중근에게 "돈을 2원만 달라"고 말하자 4원짜리 지폐를 주었다. 그리고 안중근은 러시아의 대신과 일본의 대관이 오기 때문에 그 마중을 가는데, 만일 만나지 못하면 통지할 테니까 대답을 해달라고 부탁했다. 그때 우덕순과 조도선은 그 자리에 없었다고 한다.

그날 저녁때 안중근으로부터 하얼빈에 언제 오느냐는 전보를 받고, 유동하는 이토 공작의 도착 건이라 생각하고 내일 아침에 간다고 채가구에 답전했다. 유동하는 신문같은 것을 확인하지 않고, 사람들의 소문에 의해서 10월25일 도착이라고 믿고 답전을 보냈다고 한다. 다음 날인, 10월25일 오후 3시경 안중근은 하얼빈으로 돌아와서 유동하와 만났을 때 전문을 알 수가 없다고 말하고, 유동하가 이토 히로부미의 도착 건이라고 생각하고 답전을 보냈다고 말하니까 안중근은 아무 말도 하지 않았다고 한다. 그날 밤, 유동하는 안중근과 우덕순과 함께 같은 방에서 잤으나 유동하는 아무 것도 묻지 않았고, 또 이튿날 아침 안중근이 외출

할 때도 어디에 가는지를 묻지 않았다고 진술하고 있다.

마나베 판사가 미조부치 검찰관에게 한 진술에서는 '사건 전날 정거장에서 총성을 들으면 이 편지를 부쳐달라고 안중근으로부터 의뢰받았다고 진술하지 않았는가' 하고 조서와 진술의 모순을 따지자, 유동하는 그런 사실은 없으나 검찰관에게 질문을 받고 그대로 대답한 것뿐이라고 말했다. 또 유동하는 안중근에게서 금품을 받은 적이 없으며, 권총을 가지고 있다는 것도 몰랐다고 대답했다.

다시 25일 밤, 안중근으로부터 내일은 이토 공작을 암살하겠다는 말을 들었다고 검찰관에게 진술하지 않았느냐고 따지고 들자, 유동하는 질문에 대해서 대답하라고 해서 시키는 대로 "네, 네" 하고 대답한 것이라고 진술했다.

또 판사는 유동하에게 블라디보스토크의 유진진에게 100루블을 보내라고 전보를 쳤느냐고 묻자, 그는 그것을 인정하고 안중근에게 부탁을 받고 친 것이 아니라고 했다. 안중근이 김성백으로부터 빌린 돈을 갚는데 유진진이 틀림없이 보내줄 것이라고 해서, "안중근에게는 알리지 않고 자신이 쓸 생각"이었다고 답했다. 판사의 물음에 답해서, 안중근은 김성백으로부터 돈을 빌릴 수가 없었기 때문에 유진진에게 전보를 칠 필요가 없어져서, 유동하가 멋대로 전보를 친 것이라고 명언했다. 판사는 유동하에게 그 전보에 송금이나 답전이 있었느냐고 묻자, 유동하는 답전도 송금도 오지 않았다고 답하고, 유동하에 대한 심문은 끝났다.

안중근은 유동하를 믿을 수 없는 소년이라고 단정하고, 이토 히로부미 암살의 목적을 밝히지 않고 통역으로서 조도선을 고용하기로 하였고, 유동하는 안중근을 이용해서 유흥비용을 구하려고 했다고 진술을 적당히 계속하고 있었지만, 재판정에서 안중근과 다른 2명 피고의 태도를 보고 최후에는 사실을 얘기하는 결과가 되었던 것이다.

유동하의 심문으로 9일 오전의 재판은 끝나고, 정오부터 1시까지 휴정되었다. 오후에는 러시아 관헌에 의해서 작성된 조서 및 일본 측의 심문기록에 의거하여, 판사는 안중근외 3명의 피고들의 공술과의 모순점을 심문하고, 또 각 피고의 진술이 엇갈린 것을 명백히 하는 동시에, 피고들의 권총 등 소지품의 확인이 행해졌다.

그리고 판사는 마지막으로, 이러한 서류 및 물건들에 대해서 각 피고의 의견을 구하고, '이익의 증거'가 있으면 그것을 제출할 수 있다고 고했다. 이것에 대하여 각 피고는 '이익의 증거'는 없다고 말했다. 의견에 대해서는 조도선 유동하는 없다고 말하고, 안중근만이 '의견'을 진술하기 시작했다.

안중근은 그때까지 이틀 반에 걸친 재판의 경과는 판사의 상세한 심문에 답했을 뿐 그가 세계에 호소하려고 한 진실을 충분히 진술할 수가 없었기 때문에 겨우 자신의 참뜻을 모조리 털어 놓으려고 결심하고 진술하기 시작했다. 재판은 일본어로 진행되고, 안중근의 발언 기록은 소노키 통역에 의한 일본어 역(譯)밖에 남아있지 않다.

"이번의 암살에 대해서 그 목적의 대요는 말했지만, 나는 내가 좋아서 이토 공작을 암살한 것이 아닙니다. 다만 나의 커다란 목적을 발표하는 한 수단으로 행한 것이기 때문에 사회의 오해를 피하기 위하여 말하고 싶은 것이 있어서 그 대요를 말하겠습니다.

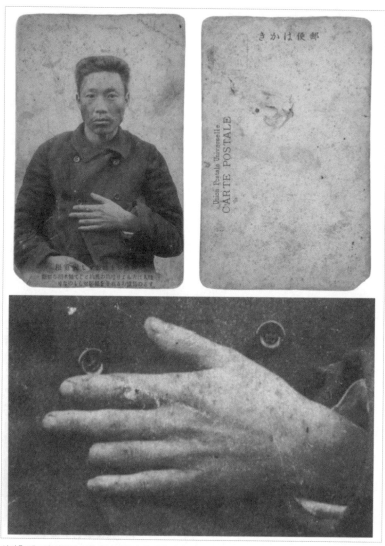

의거후 체포된 안중근 의사 일본어엽서. 앞면과 뒷면. 단지한 부분이 확대된 사진이다.

이번의 암살은 나 한 개인을 위해서 한 일이 아니라 동양평화를 위해서 했습니다. 일러전쟁에 대한 일본 천황폐하의 소칙에 의하면 '동양의 평화'를 유지하고 '한국의 독립'을 강고히 한다고 되어 있습니다. 그래서 일본의 개선을 한국인은 자국의 개선처럼 기뻐하고 있었습니다.

거기에 이토 공작이 통감으로 파견되어서 한국 상하의 인민을 기만하고, 5개조 조약을 체결했습니다. 이것은 일본 천황폐하의 참뜻에 어긋나는 것이니까, 한국민은 모두 통감을 원망하게 되었습니다. 다음에 다시 7개조 조약이 체결되어 한국은 더욱더 불이익을 당하고, 게다가 있어서는 안 될 황제의 폐위까지 행해졌기 때문에, 모두 이토 공작을 원수라고 생각하고 있었던 것입니다.

그래서 나는 3년 동안 각처에서 유세를 하고, 또 의병의 참모중장으로서 각지에서 싸웠습니다. 이번의 암살로 한국의 독립전쟁을 위해서, 내가 의병의 참모중장으로서 한국을 위해서 한 일이지, 보통 자객으로서 한 일이 아닙니다. 나는 지금 피고인이 아니라, 적군이기 때문에 포로가 되어 있다고 생각합니다."

안중근은 '보통 자객'이 아니라 '의병의 참모중장'으로서 한국 인민의 레지스탕스 의사(義士)로서의 자각을 갖고 있으며, 더 나아가 이토 히로부미를 '원수'라고 하던 것을 일·한 친화를 전제로 하여 양국 황제의 '역적'으로서 고발하기 시작했다.

"오늘날 한국과 일본의 관계를 보면, 일본인이 한국의 관리가 되고 한국인이 일본의 관리가 되어 있기 때문에, 양국민은 서로 일본과 한국을 위해서 충성을 다하지 않으면 안됩니다. 이토 공작은 한국통감으로서 한국의 신민이어야 하는데도, 황제를 억류하고 끝내는 폐위했습니다. 본래 사회에서 가장 높은 것은 황제니까, 황제를 폐위하는 것은 있을 수가 없는 일인데도, 이토는 황제를 침범했습니다. 신하로서 도저히 있을 수 없는 행위이며, 더 할 수 없이 불충한 자입니다.

그 때문에 한국에서는 지금도 의병이 각지에서 일어나 싸우고 있습니다. 일본 천황의 성지(聖旨)는 '한국의 독립'을 강고히 하고 '동양의 평화'를 유지한다는 것이었는데, 이토 공작이 통감으로서 한국에 오고부터 그 소행이 모두 성지에 위반되기 때문에 일·한 양국은 지금도 싸우고 있는 것입니다. 그리고 한국의 외무법부 및 통신기관 등은 모두 일본에 인도되고, 이래 가지고서는 한국의 독립이 강고해질 턱이 없습니다. 이토는 일본 및 한국에 대한 역적입니다. 특히 이토는 얼마 전에 한국인을 교사해서 민비를 살해하게 한 일도 있습니다.

이러한 일들은 모두 신문지상으로 세상에 공표되어 있어서 말씀드렸습니다. 우리들은 일찍이 이토는 일본을 위해서 공로가 있다고 듣고 있습니다만, 다른 한편으로는 일본 천황폐하에 대해서도 역적이라고 듣고 있습니다. 지금부터 그 사실을 말씀드리겠습니다."

안중근이 여기까지 발언했을 때, 마나베 판사는 심문을 공개하는 것은 '안녕질서를 해칠 우려가 있다'는 이유로 공개를 중지하고 방청객을 퇴정시켜 버렸다.

안중근은 5일 후에 사형판결을 받고, 8일 후에 히라이시 고등법원장과의 회담 끝에 공소를 하지 않아서 사형이 확정되었다. 그 날부터 3월 15일까지 자서전으로 '안응칠 역사'를 쓰는 일에 전념하게 되는데, '안응칠 역사'속에서 2월7일과 8일의 심문에 대해서는 심문의 연장으로서 아무 것도 말하지 않고 9일 오후에 의견을 얘기할 기회를 얻어서 "몇가지

목적을 설명할 때 판사가 크게 놀라서 벌떡 일어나 즉시 방청중지가 되었다"고 쓰고 있다. 법정을 물러나 다른 방에 집어넣어진 안중근은 생각했다.

"나의 말 속에 도검이 있었는가, 총포가 있었는가? 비유를 한다면, 청풍이 한번 세게 불어 먼지모래가 모조리 사라져버린 것 같다. 그것은 다름이 아니라, 이토의 죄명을 들어 일본의 고우메이 천황 시해를 얘기하려고 했을 때 이와 같이 방청객을 내쫓았다"라고 쓰고 있다. 한국의 민비 살해, 고종황제 폐위와 일본천황의 소칙을 어기는 역적이며, 더 나아가 고우메이 천황을 살해한 자로서 이토 히로부미를 고발하려고 하고 있었다. 고우메이 천황이 게이오 2년(1866년) 12월25일에 천연두에 걸려서 쾌유되어 가던 중에 독살된 것은 막부와 조정과의 공무 합체노선으로부터 개국토막(開國討幕)으로 전환할 때에 천황 측근으로부터 쫓겨나 있던 이와쿠라 도모미의 정계복귀를 가져다주었기 때문에 이와쿠라가 주범으로 생각되었고, 조슈반의 하부관료였던 이토의 손이 미치는 사건은 아니었다.

그러나 메이지유신, 메이지 6년 및 14년의 정변과 약 7년마다 행해진 천황의 권위에 의해서 권력을 장악하고, 천황의 인격적 의지를 무시하는 이와쿠라의 궁정관료적 정치수법은 메이지 16년(1883년) 7월20일 이와쿠라가 병사(病死)한 후에는 조슈 군벌의 강력한 후원을 받은 이토에 의해서 계승되었다.

서남전쟁에 임해서 천황의 우울은 시강(侍講, 군주에게 강의하는 사람) 모도다 나가후(元田永孚, 1818~1891년)의 유학적 훈육에 의해서 극복되었으

뤼순신사(旅順神社) 낙성식 – 해군장병의 참배

나, 메이지 24년 1월 22일에 모도다가 사망한 후, 메이지천황은 가도의 다카사키 마사가제(高崎正風, 1836~1912년)이외에 신뢰할 수 있는 사부를 가질 수가 없었으며, 일청·일러의 양 전쟁의 심로 기운데서 당뇨병을 앓다가 메이지 45년 7월 30일, 60세의 나이에 사망했다. 천황이 이토를 신임하고 있었다고 하는 전설은 '메이지천황기'의 문자 밑바닥에서 파탄하고 있다.

마나베 판사는 미즈노와 가마다 두 변호사와 협의한 다음, 안중근에게 '정치상의 의견'은 법정이 아니라 서면으로 해서 제출하면 되지 않겠느냐고 권고했으나, 안중근은 "나는 문장을 쓸 수가 없습니다. 옥중에서 이 추위 속에서는 조금도 쓸 생각이 없습니다. 나는 내가 좋아서 여러가지 얘기를 하고 있는 것이 아니고, 기회를 얻어서 오로지 우리들의 목적만을 발표하려고 생각하고, 의견으로서 얘기한 것뿐입니다. 심문의 공개를 금지 당했지만, 이것들은 모두 내가 보거나 듣거나 한 일이니까 공개를 금지할 필요가 없다고 생각합니다. 이번의 암살은 우리들의 의견을 얘기할 기회를 얻기 위해서 한 일인데, 공개를 금지당한 이상에는 얘기할 필요가 없다고 생각합니다"라고 말하고, 이토를 '역적'으로서 고발하는 것은 더 이상 하지 않겠다고 언명했다.

안중근이 '우리들'이라고 말하는 것은 한국국민의 입장을 대변하려고 하는 의식을 나타내고 있는 것 같다. 그러나 판사의 '목적'에 대한 질문에 대해서, "나는 일본 4천만, 한국 2천만의 동포를 위해, 또 일본 천황폐하 및 한국 황제폐하에게 충의를 다하기 위해 이번 행동을 일으켰습니다"라고 말하고, 일본과 한국의 양국민을 위해서 이토를 암살했다는 것을 명언하고, 더 나아가 '동양평화'의 목적에 대해서 얘기했다.

"일·한 양국민들 사이에서는 서로가 격의없이 동국인이라는 관념으로 진력하지 않으면 안 된다고 생각합니다. 이토는 한국에 통감으로 부임하고 나서 한국의 인민을 죽이고, 선제를 폐위하고, 현 황제에 대해서 자신의 부하처럼 압제하고, 인민을 파리를 죽이듯이 죽였습니다. 본래 생명을 아끼는 것이 인정입니다. 그러나 영웅은 항상 신명을 내던져서 국가에 봉사하도록 교육받고 있습니다. 그런데 이토는 함부로 타국민을 죽이는 것을 영웅이라고 생각하고, 한국의 평화를 깨뜨리고, 10여 만의 인민을 학살했습니다.

나는 일본 천황폐하의 선전(宣戰)의 소칙에 있는 것처럼, 동양의 평화를 유지하고 한국의 독립을 강고히 해서 일·한·청(日韓淸) 세나라가 동맹해서 평화를 기리고 8천만 이상의 국민이 서로 화합하여 서서히 개화의 지역으로 들어가고, 더 나아가서는 유럽 및 세계 각국과 함께 평화에 힘을 쏟는다면, 시민은 더욱더 편안하게 생활할 수가 있으며 선전의 소칙에 부응하는 것이 됩니다. 그러나 이토 공작이 살아 있어서는 동양평화의 유지는 불가능하다고 생각했기 때문에 이번의 거사를 일으킨 것입니다."

안중근은 '역적'으로서의 이토를 처벌하는 것이 아니라, 일본과 한국과 청국이 동양평화의 공동체를 만들고 유럽 및 세계 각국에 그 평화의 굴레를 넓히는 이상을 믿고 있었던 것이다. 그러나 안중근은 공개재판을 계속하기 위해서 공정한 재판에서 주장하려고 한, '정치상의 의견'을 얘기해서 이토의 해악을 명백히 밝히는 것을 단념하고, 판사에게 "그런 것은 말하지 않을 생각"이라고 약속했다. 마나베 판사는 공개의 금지를 풀 것을 선언하고 오후 4시25분에 폐정하고 이튿날인 10일 오전 9시의 개정을 고했다.

이토 히로부미를 역적이라고 하는 안중근의 '정치상의 의견'은 10일로 끝낼 예정인 재판일정을 늦추게 하는 결과가 되었으나, 공개법정에서 세계여론에 호소하려고 한 안중근의 의견은 끝내 발표기회를 잃었던 것이다. 그런 분한 마음을 안중근은 '안응칠 역사' 속에 기록하고 있다.

"마나베 판사가 법률을 모르는 것이 이 정도인가? 천황의 소명이 중요시되지 않는 것이 이 정도인가? 이토 공이 세운 관제(官制)는 이러한 것인가? 왜 이렇게 된 것일까? 가을바람에 크게 취해서 이렇게 된 것인가? 내가 오늘날 조우하고 있는 것은 진실인가? 꿈인가? 나는 당당한 대한국(大韓國)의 국민인데도, 왜 일본의 감옥에 가둬지고 일본의 법률을 받아들이지 않으면 안 된단 말인가? 이것은 왜인가? 내가 언제 일본에 귀화했단 말인가? 판사는 일본인, 검찰도 일본인, 변호사도 일본인, 통역관도 일본인, 방청객도 일본인…. 이래 가지고서는 벙어리의 연설회를 귀머거리가 방청하고 있는 것과 마찬가지다. 정말로 이것은 꿈속의 세계다. 만일 꿈이라면 빨리 깨다오. 기분 좋게 깨다오. 빨리 깨다오. 기분 좋게 깨고 싶다. 이 상황을 설명해도 도움이 되는 것은 없고, 공평한 말을 해도 이익 될 것이 없다."

안중근은 자신이 받고 있는 재판을 이렇게 이해하고, 마나베 판사의 요구에 대해서 웃으며 대답하고 "재판관은 마음대로 해주십시오. 나는 달리 할 말이 없습니다"라고 말했다.

검찰관 논고

안중근이 분노에 불탄 하룻밤은 지나가고, 제4회 공판은 2월 10일 오전 9시에 개정했는데, 미조부치 검찰관의 논고 구형은 오전 9시반에 시작되어 정오까지도 끝나지 않고 오후까지 계속되었다. 공판기록에는 미조부치의 법률적 견해만 기록되고, 사건의 개요에 대한 논고는 법률론만 기록되고, 사실론은 생략되어 있었다.

안중근은 이 논고에 대해서 '안응칠 역사' 속에서 이렇게 쓰고 있다.

"검찰관은 피고의 죄상을 설명하느라고 종일 끊임없이 입술이 부르트고, 혀가 마비되기에 이르렀다. 기운이 다해서 논고를 끝냈다. 최후에 청구한 것은 나를 사형에 처하는 것뿐이었다. 사형을 청구하는 이유는 이 사나이를 이 세상에 살려두었다가는 많은 한국인이 그 행위를 모범으로 삼고, 일본인은 무서워 떨고 있지 않으면 안 된다는데 있었다. 전혀 통용되지 않는 이유이다. 그때 나는 혼자서 생각하고, 냉소하며 생각했다.

옛날부터 오늘날까지 세계 각국에서 협객 의사(義士)가 나타나지 않은 날이 없다. 이것은 모두 내 탓이란 말인가? 항간에 열 명의 재판관과 친해지려고 하는 것보다 하나의 죄를 짓지 말라는 말이 있는데, 좋은 격언이다. 만일 일본인에게 죄가 없다면, 무엇 때문에 한국인을 두려워하고 겁을 먹을 일이 있겠는가?

수많은 일본인이 있는 가운데 왜 이토만이 피해를 입었는가? 지금도 또 한국인을 무서워 떨고 있는 일본인은 이토와 목적을 함께하고 있는가? 내가 사원(私怨)을 가지고 이토에게 해를 입혔다고 검찰관은 말하고 있는데, 나는 본래 이토에게 사원이 있을 수가 없다. 내가 이토에게 사원이 있었다고 검찰관이 말한다면, 검찰관은 나에게 어떤 사원이 있다고 그렇게 말하는가? 만일 검찰관이 말하는 대로라면, 세상에 공법(公法), 공사(公事)에서 사정사원(私情私怨)에 의하지 않는 것은 없다고 할 수 있다.

그렇다면 미조부치 검찰관이 사원을 가지고 나에게 사형의 죄를 청구한다면, 또 다른 검찰관은 미조부치씨의 죄를 심사해서 형을 청구하는 것이 공리에 맞는다. 그렇게 된다면 세사(世事)의 종말의 날이 있겠는가? 이토 공이 일본 천지에서 제1등의 높고 큰 인물이기 때문에 일본 4천여 만의 인민이 깊이 외경하고 경복하고 있다면, 나의 죄는 매우 크고, 반드시 비상(非常), 극중(極重), 극대(極大)의 형벌이 청구될 것이라고 생각한다. 왜 그냥 사형을 청구하는가? 일본인은 재능이 없어서, 사형 위의 위, 극중극대의 형법을 아직 정비하지 못하고 있는가? 정상을 참작해서 감형하여 이렇게 되었는가? 나는 천사만량(千思萬量, 천만가지의 생각과 헤아림)하여 사형의 이유의 곡직을 생각했지만, 의심이 갈 뿐이었다."

안중근은 이토 히로부미 암살의 동기를 사업을 실패한 '사원(私怨)'에 의거하는 것으로 미조부치 검찰관이 논고한 것에 화를 내고, 안중근의 진술을 무시한 재판은 '공법, 공사'가 아니라는 것을 고발하고 있다.

마나베 판사와 와타나베 료이치 서기에 의한 공판기록에는, 미조부치 검찰관의 논고 중 '사실'에 관한 부분은 생략되어 있고, 다만 한국인 안중근에 대한 재판적법성은 일한보호조약 제1조에 있는 '일본국의 외교 대표자 및 영사는 외국에서 한국의 신민 및 이익을 보호해야 한다'에 의거해서 일본의 외무대신의 명령에 의해서 관동도독부 지방법원에 재판권이 있다는 것에서 구해졌다.

미조부치 검찰관은 모르고 있었겠지만, 일·한합병을 추진하고 있던 고무라 외무대신은 그 국책에 영합하는 재판결과를 요구하고 있었던 것이며, 법률의 정당성을 고려하고 있지는 않았다. 일·한보호조약 자체가 한국의 독립을 빼앗는 일·한 병합을 가져올 것이기 때문에 반대하고 의병이 된 안중근으로서 납득할 수 있는 것이 아니었다. 또 안중근은 이토 히로부미만을 암살할 목적이었다는 것을 계속 주장했음에도 불구하고, 미조부치는 안중근의 살인의 죄를 이토 히로부미에 대한 '살인 기수(旣遂)의 죄'와 함께, '가와카미 총영사, 모리 궁내대신 비서관, 다나카 만주 철도주식회사 이사'에 대한 '3개 살인미수죄를 포함한 4개의 병합죄'로 날조하여, '법정 가장 많은 주형(主刑) 사형(死刑)'을 구형하는 근거로 삼고 있었다.

마나베 판사는 안중근이 사업에 실패하고 그 사원에 의거하여 이토

등 4명을 살해하려고 했다고 하는 미조부치의 논고를 부당한 것으로 판단하고, 기록에서 삭제했던 것이다. 미즈노와 가마다 두 변호사는 검찰관의 논고를 듣고 변론준비를 위해 연기를 신청하고, 마나베 판사는 검찰관의 동의를 얻어 연기를 인정하고, 2일 후인 2월12일 오전 9시에 개정하기로 하고 폐정했다.

변호와 변명

제5회 공판은 오전 9시반에 개정되고, 우선 가마다(鎌田) 변호인이 일어나서 피고는 한국적을 가지고 있어서 일·한협약에 따르면 일본은 한국의 위임에 의해서 한국을 보호하기로 되어 있으나, 외국에서의 한국민은 한국의 법령에 의거해서 일본의 보호를 받아야 하는데, 본건의 경우는 한국의 법익을 보호하기 위해 제국형법을 적용해서는 안되며 한국법에 의거해야 한다고 주장했다.

그리고 "피고 안중근은 이미 죽음을 각오하고 실행한 것이며, 사형을 과했다 하더라도, 형법의 주의(主義)인 징계, 또는 사회를 위협하는 효과는 없기 때문에 안중근을 사형에 처할 필요는 없다. 특히 피고들은 나라를 걱정한 나머지 본건의 범행을 했기 때문에, 그 심사(心事)를 참으로 가상하게 생각해야 할 것이므로, 피고들에 대해서는 정상참작을 하여 가능한 한 감등해서 가벼운 징역에 처해야 한다고 생각한다" 하고 말하고, 정오가 되어 오후 1시까지 휴정했다.

오후 1시부터 개정이 되어 미즈노(水野) 변호인이 오후 1시반부터 변론을 시작했는데, 가마다 변호인이 법리를 중심으로 하는 변호론을 편 데 반해서, 역사적 사건으로서의 사실론을 밀고나갔다. "한국의 현상은 막부말기(幕府末期)의 일본과 비슷하며, 당시 일본인의 이이 다이로(井伊大老) 암살, 일·청 강화 담판 때의 청국전권(淸國全權) 이홍장(李鴻章) 살인 미수, 러시아 황태자를 부상시킨 오오츠 사건, 대의사(代議士) 호시 도오루(星亨)를 살해한 이니와 소타로(伊庭想太郎)의 소행 등과 비교해서 한층 더 애국충정에 의한 것이어서 동정할 여지가 있으며, 살해당한 이토 공도 청년시절에는 영국공사관 방화사건에 참가하는 등 안중근과 같은 행위에 나선 적이 있으며, 열국의 환시(環視, 많은 사람이 주목하고 있음) 가운데서 과중한 형에 처하는 것보다는 3년형에 처해야 한다"고 말했다.

미즈노 변호인은 메이지 7년(1874년) 일본의 자유민권운동이 시작되는 해에 고치시 교외에 있는 도미가무라(富家村)의 촌장 가문에서 태어났다. 이 재판 후에 귀국해서, 다이쇼 9년(1920년) 중의원선거에 입후보 당선되어서 정우회(政友會)지부장을 지낸 인물이다. 그러나 다음 선거에는 입후보하지 않고 변호사에 전념했고, 도미가무라의 조상 대대로 내려온 저택과 논밭을 마을에 기부해버렸다고 한다.

만주사변 이후 일본의 대륙침략이 계속되고 마침내 태평양전쟁에 돌입해서 군벌이 익찬(翼贊, 제왕의 정치를 잘 인도함)정치로 권력을 장악했을 때, 미즈노는 자유민권운동의 선각자 이타가키 타이스케(板垣退助)의 집을 이전하여 보존에 힘쓰고, 또 '헌정의 조국'이라는 비를 세워서 자유민권운동의 정신을 지키려고 했다. 그는 친한 사람들에게 "안중근은 훌륭한 인물이었다. 만일 살아있었다면, 한국을 위해서 큰일을 할 사람이 되었을 텐데…" 하고 안중근의 처형을 애석해하고 있었다.

미즈노 변호사와 동향인 화가 고마츠 도시무네(小松利宗)는 안중근 재판의 법정스케치를 남기고, 안중근의 '志士仁人 殺身爲仁(지사인인 살신위인)'이라는 글을 소중히 간직하고 있었다. 그것은 안중근이 옥중에서 써서 미즈노에게 증정한 것으로 생각되며, 안중근은 자신의 심정과 함께 미즈노의 변호에 감사를 나타낸 것일 것이다.

안중근 재판에서 히라이시 고등법원장, 미조부치 검찰관, 야스오카 검찰관 및 미즈노 변호사 등 고치현 출신자가 많은 것은 조슈벌에 반감을 갖는 문화전통에 의한 것이었을 것이다. 돗도리현 요나고 출신의 가마다 변호사도 귀국 후에 고치시에서 개업하고 고치시 시의원이 되었다. 다이쇼 8년(1919년)에 현의회 의원, 쇼와 6년(1931년)에는 현의회 의장, 정우회 고치지부장이 되고, 전후에 미즈노에 앞서서 사망했다.

안중근의 재판에서 미즈노와 함께 변호를 맡은 것이 가마다를 고치에 끌리게 만들었던 것이리라. 안중근은 두 변호사의 변론을 요약해서 '안응칠 역사'에 썼다.

"미즈노·가마다 두 변호사, 4명의 피고의 범죄를 변론하여, 실제로 명백히 의심할 바가 없지만, 이것은 오해 때문에 그런 것으로 그 죄는 무겁지가 않다. 하물며 한국 인민이니까 일본 사법관의 관할권은 전혀 없다"라고 한문 3행으로 요약했다.

미즈노의 변론이 끝내고 판사는 각 피고에게 최후진술 할 것을 명했다. 유동하와 조도선은 모두 본 사건과는 관계가 없다고 진술했다. 우덕

단지(斷指)한 안중근 사진이 실린 당시의 일본어 엽서

순은 "이토는 일본과 한국 사이에 장벽을 만드는 사람이니까 죽이려고
생각한 것이고, 특별히 할 말은 아무 것도 없지만, 앞으로 일본의 천황

폐하는 일본인과 한국인을 균등하게 취급하고 한국의 보호를 확실히 해주기를 바란다"라고 안중근과 같은 내용을 진술했다. 그리고 마지막에 일어선 안중근은 한 시간이 넘는 진술을 했다. '안응칠 역사' 속에서 그는 그 요지를 이렇게 쓰고 있다.

"이토의 죄상은 천지신인(天地神人)이 모두 알고 있는데, 무엇 때문에 내가 오해를 하겠습니까? 하물며 나는 개인의 살인 범죄인이 아닙니다. 나는 대한국(大韓國) 의병 참모중장의 의무에 따라서 임무를 띄고 하얼빈에 이르고 습격을 감행한 뒤 붙잡혀서 이곳에 왔습니다. 여순구 지방재판과는 아무런 관계도 없습니다. 그야말로 만국공법(萬國公法)을 가지고 국제공법(國際公法)의 판결이 내려져야 합니다."

안중근은 1시간의 진술을 5행으로 요약했다. "이것으로 시간이 되어서 판사는 모레 재판을 재개한다"고 했다. 안중근은 2일 후인 2월14일, 판결이 난다는 것을 알고 "모레, 일본국 4천7백만의 인격의 무게가 나타나니, 그야말로 경중고하를 볼 수가 있다"고 생각했다고 한다. 그래도 공정한 재판이 행해지기를 기대했다.

막부 말기에 막반체제(幕藩體制)를 해체하고 대정일신(大政一新)을 실현하기 위해서 제반동맹(諸藩同盟)을 제창하고, 만국공법의 이념을 믿고 '선중팔대책(船中八大策)'을 쓰고 '일신(一新)'에 신명을 건 사카모토 료마(坂本龍馬, 일본 에도시대의 무사로 대정봉환을 주도해 실질적으로 일본의 근대화를 이끈 인물)처럼, 제국주의의 국제사회 속에서 자신의 영혼과 이토 히로부미의 죄악을 '정의의 여신'이 심판해줄 것에 기대를 걸었다.

법과 정의

최후의 재판은 2월14일 오전 10시에 개정하고, 마나베 판사는 오전 10시 반부터 판결문을 읽어 내려가기 시작했다. '안응칠 역사'에는 "이날 법원에 이르니까 마나베 판사가 선고하기를 안중근은 사형에 처한다. 우덕순은 3년 징역, 조도선과 유동하는 1년 반 운운"하는 주문에 이유는 '운운'이라고 밖에 쓰여져 있지 않다.

판결문은 안중근을 사형에 처하는 것을 목적으로 쓰여지고, 미조부치 검찰관의 '사원(私怨)'에서 나온 것이지 정치적 목적은 아니라고 하는 주지는 변경되고, '그 결의사분(決意私憤)에 의한 것은 아니라 하더라도, 심모숙려(深謀熟廬)로 나와 엄숙한 경호를 침범하고 저명한 인사가 집합하는 장소에서 감행한 것인 이상, 이것에 살인죄의 사형에 처해야 하는 것'이라 하여 이토 암살만으로 사형에 상당하다고 하고, 미조부치 검찰관이 '기수'와 '미수'의 4개의 집합죄로 했던 것을 피하고 "다른 3건의 살인죄에 대해서는 그 형을 과하지 않는다"고 고심한 흔적을 남겼다.

오오츠 사건에서 러시아황태자 상해사건을 범한 츠다 산조 순사에게 정부가 극형을 지시한 것과 달리, 고지마 고레가네를 비롯한 재판관계자가 정치의 개입을 배제하고 무기징역과 법의 권위를 끝까지 지켜낸 데에 반해서, 일러전쟁 후의 대일본제국의 타락을 나타내주고 있다. '안응칠 역사'에는 "검찰관과 함께 공소한다면 5일간의 기한이 있다"는 말을 판사가 하고는 재판이 종료되었다고 쓰여 있다. 안중근은 감옥으로 돌아가 계속해서 재판에 대해서 생각했다는 것을 기록하고 있다.

"때는 1910년 무술년 정월 초 3일이다. 감옥에 돌아와 옥중에서 스스로 생각하고 자신에게 말했다. 내가 생각하고 있던 그대로 된 것 뿐이다. 옛날부터 지금까지 다수의 충의(忠義)의 지사는 죽음을 가지고 끝나더라도, 충성스런 마음을 가지고 한 충고는 반드시 드러나게 될 것이다. 지금 내가 우려하는 것은 동양의 대세이다. 참된 정성을 모두 바치고 책략을 세웠지만, 끝내는 무로 돌아가고 말았다. 통탄해야 할 일이다. 그러나 일본국의 4천만 민족이 안중근을 크게 외치는 날이 그다지 머지 않다.

동양평화의 상황은 이렇게 결렬되어 백년의 풍운은 언제나 그치려는가? 근래의 일본 당국자는 지식만은 조금 있지만, 이 정략(政略)을 실행하려고는 하지 않는다. 만일 염치와 정직한 마음이 있다면, 어째서 이런 행동을 할 수 있겠는가? 지난 1895년에 재한일본공사 미우라는 군대를 지휘하여 궁정을 침범하고, 한국 명성황후(민비)를 시살했으나 일본 정부는 미우라를 처형하는 일없이 방면했다. 그 내용으로 본다면 반드시 명령한 자가 있었던 것은 명백하다.

그러나 오늘날 나의 일이 되니까, 개인 사이의 살인죄라고 한다. 미우라의 죄와 나의 죄 중 어느 쪽이 가볍고, 어느 쪽이 무거운가? 머리가 깨어지고 가슴이 터질 것 같다. 나에게 무슨 죄가 있으며, 내가 무슨 잘못을 저질렀단 말인가? 천사만량(千思萬量)하고 있는 동안에 크게 깨우칠 수가 있었다. 손뼉을 치고 크게 웃고, 나는 역시 대죄인이다. 나의 죄는 다른 것이 아니다. 나의 인(仁)을 이루는 것이 약했던 것은 한국인민의 죄이다. 그때 의혹이 풀려서 마음을 편안히 할 수가 있었다."

사형판결을 받고, 의병(義兵)에 대한 부당한 처치에 분격했으나, 며칠 후에 유학의 '인(仁)', 그리스도교의 '사랑(아가페)'이 아직도 부족하다는 것을 죄로 인정하고, 마음의 평화에 도달했던 것이다.

공소의 기한이 다가오고, 재판의 법정에서는 충분한 의견표명을 할 수 없다는 것을 알면서, '쓸 수가 없다'고 법정에서는 말을 했으면서도 이미 쓰기 시작하고 있던 자서전, '안응칠 역사'를 완성하고 또한 '동양평화론'을 쓸 시간을 벌기 위해서 공소까지도 결의하고 있었다. 그러나 히라이시 고등법원장이 구리하라 전옥(감옥소장)을 통해서 안중근에게 면회를 청하여 2월17일에 회견이 행해졌다. 안중근은 이렇게 쓰고 있다.

"나는 사형판결에 불복하는 이유를 대충 설명하고 나서, 동양의 대세 관계와 평화의 정략에 대한 의견을 진술하자 고등법원장이 탄식하며 대답하기를, 나는 군에게 깊이 동정하고 있지만 정부의 주권기관이 결정한 것을 뒤집는 것은 어렵다. 군이 말한 의견은 정부에 품달하기로 하겠다. 나는 군의 말을 듣고 이것은 좋다고 생각했다. 이와 같은 공담정론(公談正論)은 벼락이 귀를 씻어내는 것 같다. 일생에 다시는 들을 수 없는 설이고, 이 공의(公義) 앞에서는 목석이라 하더라도 감탄할 것이 틀림 없다.

그 말을 듣고 나는 힘을 얻어 '만일 허가해 준다면 '동양평화론' 1권을 저술하고 싶은데, 사형집행의 일시나 달은 여유가 있겠습니까?' 하고 물으니까, 고등법원장은 달에는 여유가 있으며 몇 개월간이라도 특별히 허가한다고 대답했다. 이 말에 감사의 마음이 넘쳐서 감방으로 돌아왔다. 그리고 공소권의 청원을 포기했다. 공소를 해도 이익이 없을 것은 불을 보듯이 뻔한 일이고, 고등법원장이 말한 것이 거짓말이라 해도 이 생각은 더이상 바꾸지 않기로 했다."

히라이시 고등법원장이 안중근에게 면회를 요청한 것은 2월19일까지의 공소를 단념시키기 위해서였으나, 다음 달 26일에 처형되리라고는 생각하지 못했을 것이다. 안중근은 마침내 '안응칠 역사'를 3월15일까지 완성할 수 있었으나, '동양평화론'에 남겨진 날짜는 10일 밖에 없었다. 본국 정부의 의향을 받아서 한국통감부는 일·한 병합을 촉진하기 위해서 될 수 있는 대로 빠른 처형을 원했던 것이며, 히라이시는 안중근을 기만한 결과가 되어서 평생 회한의 감정에 사로잡혀 지냈다. 그러나 '안응칠 역사'에서 안중근은 조금도 히라이시를 원망하지 않았다. 안중근이 '동양평화론'을 쓰기 시작하려고 하니까, 사형을 기다리는 죄수에게 여순재판소나 형무소의 일반관리들이 기념을 위해서 글을 써줄 것을 부탁하며 비단이나 종이를 수백 매 갖고 왔기 때문에, 매일 몇 시간은 '자기의 필법의 부족은 생각하지 않고 타인의 조소를 돌아보는 일 없이' 글씨를 썼다고 한다.

안중근은 이미 구상 중에 있는 '동양평화론'을 완성하기 위해서 구리하라 전옥에게 15일간의 사형집행 연기를 희망했다. 구리하라는 경성에 귀임한 사카이 경시에게 3월18일에 편지를 보내 '안응칠 역사'는 탈고했기 때문에 복사해서 송부하겠지만, '동양평화론'은 서문과 본론의 3, 4절까지이고 사형집행까지 완성하는 것은 곤란해서 본인도 완성하기 위해서 15일간의 처형연기를 희망하고 있으나 허가의 가능성은 없고 본론의 완성은 절망적이라고 전하고 있다.

구리하라 전옥은 히라이시와 안중근과의 회담에 입회하고 있었을 것이고 '안응칠 역사'도, 미완성인 '동양평화론'의 가치도 이해하고 있어서 안중근의 희망을 들어주지 못한 것을 서운하게 생각하고 있었을 것이다. '동양평화론'이 한국과 일본에서 이해되기 시작한 것은 사건 후 70년, 안중근 탄생 백년을 넘긴 1980년대에 들어서고 나서의 일이다. 헤겔은 그 '역사철학 서설'에서 '세계 역사는 세계 심판이다'라고 말했으나, 인간의 법에 의한 재판은 역사의 전환 속에서 심판을 받게 된다.

안도 마사야스(安藤昌益)의 인간의 '법세(法世)'에 대한 '전정(轉定)'의 '회전(回轉)'은 지금 안중근 재판의 정당성을 둘러싸고 동아시아의 국제공동체의 발전속에서 진행되기 시작하고 있다. 독일어의 법(Recht)에는 법률과 권리와 정의의 3중 의미가 있는데, 일본어의 법에는 법문의 적용이 전부가 되고, 권리도 정의도 애매해져 있으며, 영어의 'The Department of justice'도 '사법성'이라고 번역되어 정의는 완전히 무시되고 있다. 1910년의 안중근 재판과 처형에 이어지는 '대역(大逆) 사건'은 부당한 관료제 횡행의 시초였다.

안응칠 역사, 동양평화론

일본과 한국 사이의 일·한기본조약에 의해서 일본과 한국의 국교는 1965년 6월22일 체결되었으나 깊이 일그러진 관계는 좀처럼 수복되지 않는다. 이토 히로부미가 메이지 시대의 '대정치가'였던 것처럼 받아들여지고 있는 현재의 일본의 상식을 파괴하지 않으면, 일본의 역사를 동아시아의 제국민과 공통의 보편사로 통용시켜 나갈 수가 없기 때문이다. 암살자 안중근의 눈을 가지고 이토 히로부미의 '대정치가'의 허상을 간파하고, 그 실상을 분명히 밝혀나가는 것이 불행한 역사의 궤적을 답습한 대일본제국을 해체하기 위해 필요하다.

안중근은 이토 히로부미를 암살하고, 미조부치 검찰관의 심문과정과 국제재판에 의해서 '동양평화론'을 명백히 주장했다. 그와 동시에 일본의 대륙침략정책의 노선을 동아시아 공동체형성에로 전화시키려고 하는 목적을 펴보려고 했으나, 일본인에 의한 일본어에 의한 재판과 판사와 검찰관의 행동에 의해서 저지당했다. 그러나 사형판결을 받고 안중근은 '안응칠 역사'와 '동양평화론'을 옥중에서 써내어 그것이 공표됨으로써 진실이 밝혀지기를 원했다.

안중근이 자신의 생애를 '안응칠 역사'라고 이름짓고 1909년 12월13일에 쓰기 시작한 것은 사카이 경시의 권유와 구리하라 전옥의 관용에 의거한 것이었겠지만, 한문으로 저작을 하는 데는 추운 감옥에서 상당히 곤란했을 것이 틀림없다. 그러나 사형판결이 내려진 후, 히라이시 고등법원장과의 회담에 의해서 그가 '동양평화론'과 '동양공동체론'을 내세우자, 히라이시는 공명을 나타내고 그 의견을 정부에 전달할 것을 약속했다.

그래서 안중근은 '동양평화론'을 탄생시키는데 2개월의 시간이 필요하다고 생각하고, 공소를 하지 않더라도 그것을 완성할 시간은 있다는 히라이시의 말을 믿고 2월19일의 공소를 단념하고 2편의 저작을 죽음에 이르기까지 완성할 결심을 했다. 그러나 대일본제국 정부와 일본 한국통감부는 일한병합(日韓併合)의 촉진과 시일의 지연이 안중근에 대한 동정을 확산시킬 것을 우려해서 다음 달에는 사형을 집행하기를 원했다.

'안응칠 역사'는 이치카와 마사아키(市川正明)의 '안중근과 일한관계사'(1979년)에 실린 사카이 경시가 소장한 사본의 사진판과, 일본국회도서관이 소장한 '시치조 기요미(七條淸美) 문서 45, 안중근 전기 및 논설'(시치조에 의한 여순형무소 소장의 안중근 자필로부터의 사본)이 있다.

두 사본 모두 한문의 문장에는 행바꿈이 한번 밖에 없고, 다만 전반이 '1879년(기유년) 7월16일 대한국 황해도부 수양산 아래, 한 남자 태어나 성은 안, 이름은 중근'으로 시작되어, 일러전쟁 후에 해외탈출을 생각하고 상해로 가서 곽 신부(郭神父)의 설득에 의해서 고국에 머물 결심을 하고 기선으로 진남포로 돌아온 곳에서 끝나고, 행을 바꿔서, '1905년 12월, 상해에서 돌아와 진남포에 이르다'로 시작해서, '1910년 2월1일, 오후 4시경, 이상 안중근 32년간의 역사의 대강'으로 끝나고 있다. 12월13일부터 3월15일까지 95일 동안에 완성한 셈이 된다.

그러나 2월10일 오후의 공판에서 안중근이 "우리들은 일찍이 이토 공작이 일본을 위해 공로가 있다는 얘기를 듣고 있었지만, 다른 한편으로 일본 천황폐하에 대해서 역적이라고 듣고 있습니다"라고 말하고 고우메이천황 살해에 대해서 논하려고 하다가 폐정이 되고, 판사로부터 '정치상의 의견'은 "서면으로 써서 올리는 것이 어떤가?"하는 말을 들었다. 그때 안중근은 "나는 문장을 쓸 수가 없습니다. 옥중에서는 추워서 조금도 글을 쓸 생각이 들지 않습니다"라고 대답하고 있는데, '안응칠 역사'를 쓰는데 마음먹은 대로 진전이 되지 않는다는 것을 의식하고 있었음이 틀림없다.

히라이시와의 회담에서, 재판에서 이토가 천황의 역적이라는 것을 논해도 효과가 없다고 판단하여 자신이 어떤 인간이며 왜 이토 히로부미를 암살했는가의 '자기 역사'로서 '안응칠 역사'를 쓰는 동시에, 한국 일본 청국의 전도를 논하는 '동양평화론'을 쓰기로 마음속으로 결심했다. 남겨진 미완의 '동양평화론'의 서문은 '1910년 2월, 대한국인(大韓國人) 안중근, 여순옥중에서 쓰다'라고만 되어 있고 날짜는 적혀있지 않다. 음력이라면 2월1일은 양력 3월11일에 해당되니까 '안응칠 역사'를 완성한 날이 가까워오고 '동양평화론'의 서문은 그 이후에 쓰여진 셈이 된다.

전날인 13일에 소년시절 안중근을 그리스도교로 인도하고 세례를 준 홍석구(洪錫九, 빌헬름 Joseph Wilhelm) 신부에 의해서 감옥 내에서 미사가 행해지고 안중근에게 성체수여식이 행해졌다. 3월8일에 홍 신부는 한국에서 여순으로 와서 안중근과 면회하는데, 안중근은 홍 신부를 만나서 "꿈과 같이, 술에 취한 것 같이, 기쁨과 즐거움이 다 할 줄을 모르는" 감동을 받았다.

그리고 9일, 홍 신부는 안중근의 고해를 듣고 10일에 성체수여식을 행하고, 그리고 11일 오후 2시에 홍 신부는 안중근에게 최후의 작별을 고하고 한국으로 돌아갔다. 안중근은 '영생영락(永生永樂)'의 지복의 감정에 젖으면서, '안응칠 역사'를 그 4일 뒤인 3월15일 오후 4시에 완성했다. '동양평화론'을 쓰기 시작한 것은 그 뒤의 일일 것이다. 10일 후인 3월25일은 춘분 뒤의 만월날로 부활제가 시작되는 날이다. 그 이튿날에 안중근의 처형이 행해졌다.

'안응칠 역사'를 완성하고 10일 밖에 남겨져 있지 않았고, 히라이시의 말을 믿고 '동양평화론'의 완성을 원한 안중근에게는 커다란 충격이었을 것이다. 그러나 안중근은 소망하던 책에 '百忍堂中泰和(백인당중태화) 있도다'라든가, '天堂之福永遠之樂(천당지복영원지락)'이라고 쓸 수가 있었다. 그러나 '동양평화론'은 4페이지로 완성한 서문 외에는 전감(前鑑)1, 현상(現狀)2, 복선(伏線)3, 문답(問答)4라고 하는 '목록'과 10페이지가 안 되는 미완성의 '전감(前鑑)'이 쓰여졌을 뿐이다.

'동양평화론'의 서문은 다음과 같은 내용이었다.

"모든 것이 합쳐지고 흩어지는 것은 만고상정(万古常定)의 이치이다.

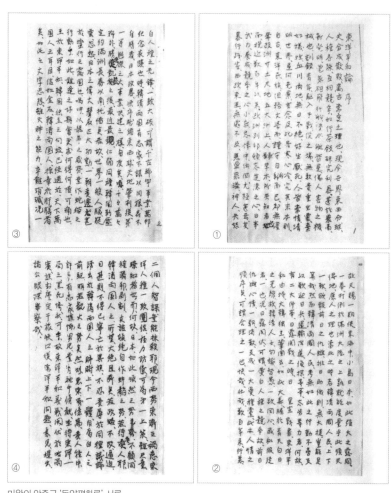

미완의 안중근 '동양평화론' 서론

오늘날의 세계는 동서로 양분되어 인종은 다르며 상호경쟁 하는 일은 일상의 다반사로 되어 있다. 편리한 기계의 연구는 농업과 상업분야를 크게 발전시켰으나, 새롭게 발명된 전기, 대포, 비행선, 잠수정 등은 모두 사람을 상하게 하고 물질을 해치는 기계인 것이다. 청년을 훈련시켜

전쟁터로 내몰고, 무수한 귀중한 생명을 희생시켜 짓밟아버려 피의 강과 시체의 땅은 날마다 끊이는 날이 없다.

살기를 원하고 죽기를 싫어하는 것은 인간의 상정이거늘, 청명해야 할 세계가 어찌 이 모양이란 말이냐. 이를 생각할 때마다 모골이 송연해지곤 한다. 이 본말을 구명(究明)할진대, 예부터 동양의 민족은 문을 중히 여기고, 자기의 나라를 수호할 뿐이었다. 전혀 구주(歐洲)의 한 치 땅도, 한 평의 대지도 약탈한 적은 없었던 것이다.

5대주 위에는 사람도, 짐승도, 초목마저도 모두가 제 각기의 대지에서 살고 있거늘, 최근 수백 년 이래, 구주(歐洲)의 열국들은 모두 도덕심을 잃고, 나날이 무력을 확장하는 경쟁심을 채찍질하며, 조금도 삼가는 모습은 찾아볼 수가 없게 되었다. 개중에도 러시아는 가장 심한 나라로서 그 무도 잔학성은 구주 및 동아시아의 사방에 미치어, 악이 가득하고 죄로 넘쳐서 신도, 사람도 함께 노하기에 이르렀던 것이다.

그래서 하늘은 기회를 주어 동해의 자그마한 섬에 불과한 일본에 이 강대한 러시아를 일거에 만주대륙에서 무찌르게 하였던 것이다. 도량(度量)의 차이가 있음에도 불구하고 하늘의 뜻에 따르고, 땅의 이를 얻어 사람에 순응하는 이치를 위함이었다. 이때를 맞이하여 만일 한·청 양국의 국민이 상하 일치가 되어 전일의 복수를 꾀하여 일본을 배척하고 러시아를 돕게 되었다면 일본은 승리할 수가 없었을 뿐 아니라 러시아를 농락하지는 못했으리라. 그러나 한·청 양국의 국민은 이와 같은 행동이 있으리라고는 미처 생각지도 못했을 뿐 아니라, 도리어 일본군을 환영하고 운수(運輸), 도로건설, 정찰, 수색작전 등에 수고를 아끼지 않고 힘

썼던 것이다.

왜 그랬느냐 하면 두 가지의 큰 조건이 있었다. 하나는 일러전쟁이 시작되자 일본천황의 선전서에는 '동양평화'를 유지하고 '대한독립'을 굳건히 한다는 내용이 있었다. 이와 같은 큰 의(義)는 청천백일의 빛줄기보다 뛰어난 것으로, 한국과 청국 사람들은 잘잘못을 가리기 전에 모두가 마음을 하나로 해서 찬동하여 따르게 되었던 것이다. 또 하나, 일러전쟁의 개전은 황·백(黃·白) 양인종의 다툼으로, 전일의 원수라는 마음은 일시에 사라지고 도리어 같은 인종의 단결이 주효했던 것으로 인정의 순리였고 이치에 합치하는 일이었다. 통쾌하고 장한 일이로다.

수백 년이래 악행만을 지속했던 백인종의 선봉이 북을 한번 침으로써 대파돼버린 천고에 드문 일대사로 만국에 기념해야할 공적이로다. 이때 한·청 양국의 사람들은 마치 자기들의 승리인양 기뻐했다. 일본의 정략은 이로부터 시작되어, 동서양분의 천지가 나누어진 뒤에 처음으로 위대한 대사업이 추진되어 기쁜 마음으로 건설을 응원하려고 생각했던 것이다. 그러나 전혀 천번만번 조금도 생각지 못했던 일은, 일본은 승리의 개선을 한 뒤에 가장 가깝고 가장 절친하며 인자한 동종인 한국에 대하여 조약을 강행하고 만주 장춘 이남을 강점하게 됨으로써 세계의 일반사람들의 머리에 의혹의 구름이 떠올라 일본의 위대한 명성과 정대한 공적은 곧 러시아의 만행보다도 더욱 심한 것으로 바뀌어져서 용호의 위세가 마치 뱀과 고양이의 행동으로밖에 생각되지 않았던 것이다.

이와 같이 좀처럼 만나기 어려운 기회에 다시 무엇을 바랐으며, 무엇을 아끼려 하였던가. 참으로 통탄할 일이었다. '동양평화' '한국독립'이라

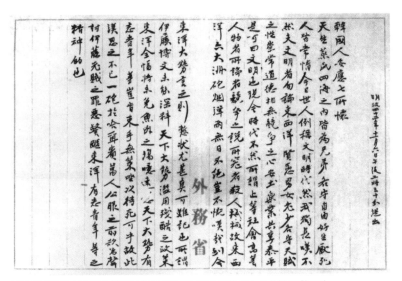

안중근의 '안응칠소회(安應七所懷)'를 일본 외무성에서 정서하여 그들 상부에 보고한 문건

는 말은 이미 천하만국의 국민들에게 알려져 있고, 신의는 금석과 같이 한·청 양국사람들의 뇌리에 새겨져 있었던 것이다. 이와 같은 글로 나타낸 사상은 천신의 능력으로도 지우기가 어려운 것이다. 더구나 한 사람 두 사람의 지모로 어찌 말살할 수가 있겠는가.

현재 서양의 세력이 동양으로 뻗어나오는 화근에 대해서는, 동양의 인종은 일치단결하여 극력 방어하는 일이 상책이라는 것은 삼척동자도 분명히 깨닫고 있는데, 어찌 일본은 이 순연의 대세를 돌보지 않고 동종의 우방을 분할하여 우의를 깨뜨리고 스스로 물고기다툼을 현출하여 낚시꾼을 기다리는 꼴을 하고 있는 것인가. 한·청 양국 사람이 희망하고 있는 것은 일본이 현재의 정략을 크게 단절하는 일이다.

만일 정략을 바꾸지 않고 핍박하는 일이 심해지면, 도리어 다른 민족에게 멸망을 당하는 한이 있더라도 같은 인종의 치욕을 받게 되는 것은 참을 수 없다는 의론이 한·청 양국사람의 폐부에서 솟아나와 상하일체가 되어 스스로 백인의 앞장을 서게 된다는 것은 불을 보는듯한 대세인 것이다.

그러므로 동아시아의 수억만 명의 황색인종 가운데에 수많은 유지들과 강개의 남아가 어찌 수수방관만 하고 동양의 일부의 참혹한 참상을 앉아서 기다리고만 있겠는가. 그 때문에 동양평화를 위한 선전(善戰)을 하얼빈역에서 시작하여, 몇 번이고 계속 설득했으나 여순구(旅順口)에 온 뒤로부터 동양평화의 문제에 관한 의견을 제공들이 보는 눈앞에 제출함으로써 통찰 있기를 바라는 것이다."

이 '서문'은 '동양평화론' 집필의 목적을 표명한 것으로, 당시에 있어서의 세계적 국제상황에 대한 안 의사의 견해를 잘 나타내고 있는 것이다. 안중근이 15일간의 처형 유예를 희망한 것은 그 뒤의 3장을 완성하여 그의 '동양평화론'에 기초를 둔 동아시아 공동체의 장래에 대한 전망을 명백히 밝히고 싶었기 때문이었다.

그러나 여순형무소에 그의 저작이 보관되어 있는 한 대일본제국 아래서는 햇빛을 볼 기회가 없었고, 더구나 그의 탄생 백년에 비로소 일본과 한국에서 '안응칠 역사'가 활자가 되어 '동양평화론'에 대한 관심이 되살아나서 가까스로 1990년대 중반이 되어서야 항일의 투사로서의 '의사 (義士) 안중근'은 '동양평화의 사도'로서 이해되기 시작됐다.

안응칠(安応七)과 안중근

　'안응칠 역사'에 의하면 안중근은 1879년 7월16일(양력 9월2일)에 황해도 해주부 수양산 아래에서 태어나고, 성은 안, 이름은 중근, 자는 응칠인데, '성질이 경급하기 때문에 중근이라고 명명하고, 배와 가슴에 7개의 검은 점이 있어서 응칠이라고 불렀다'고 주를 붙이고 있다.

　이토 히로부미의 가계는 슈보코(春畝公) 추도회의, '이토 히로부미전'(1940년)에 의하면 멀리 고레이 천황(기원전 290~215년)에게까지 거슬러 올라간다고 하는 믿을 수 없는 계보가 실려 있지만, 리스케로 농가에 태어난 히로부미의 유년기는 비참한 것이었다.

　안중근은 순흥(順興)을 본관으로 하는 고려의 유명한 주자학자 안유(安裕, 1243~1306년), 문성공까지 26대를 헤아리는 가계인데, 그 스스로 탄생부터 쓰기 시작하여 자신이 견문한 조부 인수(仁壽)를 소개한다.

　"성질은 인(仁)에 두텁고, 가산은 풍부해서 자선가로 도내에서 유명했다. 일찍이 진해군의 현감이 되어, 6남3녀를 낳았다. 6명의 형제는 모두 학식이 있었다."

조부 안인수는 유년기의 안중근의 교육에 아버지 태훈과 함께 관여하고 커다란 영향을 주었다. 그리고 안중근은 계속해서 아버지에 대해서 쓴다.

"나의 아버지는 재주와 지혜가 뛰어나고 영준하여 8, 9세까지 '4서(논어, 맹자, 대학, 중용)' 와 '3경(역경, 시경, 춘추)'에 통달하고, 13, 4세에 각종의 문자와 한자 6체를 졸업하고 '자치통감'을 모두 뗐다. 교사가 한 권을 펼치고서 한 글자를 가리키면서, 이 글자의 10장 아래의 문자를 알고 있느냐고 물으니까, 잠시 생각하더니 '잘 알고 있습니다. 그것은 반드시 천(天)이라는 글자입니다' 하고 대답하여, 들쳐보니까 과연 그것은 '천'이라는 글자였고 교사가 수상히 생각해서 십여 차례나 물어보았더니 모두 착오가 없었다고 한다. 견문한 자는 모두 칭찬하고 선동(仙童)이라고 하고, 그 명성은 원근으로 퍼져 나갔다. 중년에 과거를 보아서 진사 자격을 얻고, 조씨네 처녀를 아내로 맞아들여 3남1녀를 낳았다. 첫째가 중근, 둘째가 정근, 셋째가 공근이다."

중근이 태어났을 때 안인수와 안태훈이 그 장래에 기대를 걸고 붙인 이름이며, 7개의 검은 점도 북두칠성을 연상시켜서 희망을 갖게 하는 것이었다. 조부 인수는 중근이 훌륭한 학자가 되기를 바라서 그 이름을 붙였을 것이다.

그러나 이 문장에 이어서 '1874(갑신)년'의 사건이라고 쓰여 있는데, 이것은 1884년 12월4일의 갑신정변을 가리킨다. 그러나 주모자 중 한 사람인 김옥균(金玉均, 1851~1894년)의 이름은 적혀 있지 않다.

更還父靈柩葬于清溪洞去聽罷痛哭
氣絶數次翌日發程還到清汚洞設喪\~\~\~
後禮畢與家眷遍其冬節此時心盟新酒曰常大韓
獨立之日開領為限明年春三月寧家眷離清溪
洞移居鎮南浦建築洋屋一座安業後傾家
産設立學校二處一曰三興學校一曰敦義學校
也譽任校務教育青年英俊矣其翌年\~\~
何許一人來訪察其氣像則偉儀軒昂傾首
道之風通其姓名則金進士也家曰我素興

옥중에서 집필한 '안응칠 역사' 내용 일부

　"아버지는 경성에 가서 머물고, 그때 박영효(朴泳孝)씨는 국세의 위란
을 깊이 우려하여 정부를 혁신해서 국민을 개명하고, 영민하고 준수한
청년 70명을 선정해서 외국유학에 파견하려고 희망하고 있었다.

　나의 부친도 뽑혔다. 정부의 간신들이 박씨를 참소해서, 반역을 하려
고 한다면서 군대를 동원하여 체포하려고 했다. 박씨는 일본으로 도망

갔으나 동지들과 학생들은 어떤 이는 살육되고 어떤 이는 먼 섬으로 귀양을 갔다. 나의 부친은 몸을 숨기고 도망쳐서 고향으로 피신하고 부친과 의논하여 '국사는 나날이 기울어가고, 부귀공명은 도모할 값어치가 없다. 모든 것이 틀렸다. 빨리 산으로 돌아가 살면서 구름을 갈고, 달이 흐르는 대로 맡기고, 이 세상을 끝내기로 하자'고 결정하고 가산을 모조리 팔아 재정을 정리해서 마차를 준비하여 가족 친지 등을 합쳐서 7, 80명이 신천군 청계동의 산 속으로 이사를 갔다. 지형은 험준하고, 논밭이 함께 들어 있고, 산이 밝고 물도 맑아서, 별천지에 있는 것 같다. 내 나이 그 당시 6, 7세였다."

1879년생인 안중근이 6, 7세라면 갑신정변의 이듬해 1885년의 일일 것이다. 일청전쟁 후 동학당의 난에 참가하여 진압당하고, 난을 안태훈의 청계동 집으로 피한 김구(金九)는 안중근이 2세 때 일이라고 '백범일지'에 쓰고 있는데, '1834년'이라고 10년을 착각하고 있더라도 안중근의 기록이 옳은 것이다. 안중근과 3세 밖에 차이가 나지 않는 김구는 안중근과의 나이 차이를 지나치게 강하게 의식하고 있는 것 같다.

청계동으로 이사를 갈 때 학령기에 도달한 안중근은 '조부모의 애육(愛育)에 의지해서 8, 9년 간 보통학문을 배우고, 14세 때 조부 인수가 세상을 떠나자 조부의 애육의 정을 잊지 못하고 애통이 너무나 심해서 병에 걸렸는데 반년쯤 지나 간신히 회복할 수가 있었다'고 쓰고 있으며, 인수의 인애(仁愛)에 의해서 유소년기의 발육이 이루어졌던 것이다.

청계동 의려소(義旅所)와 동학당(東學黨)

안중근은 일본의 군함외교에 의한 조선개국 3년 후에 태어나 만6세에 갑신정변을 맞이하고, 안씨 일가는 황해도 해주의 자산을 처분해서 청계동으로 이사 갔는데, 안중근은 조부모와 부모, 2명의 백부와 3명의 숙부에게 둘러싸여 자라났다. 옥중에서 쓴 글씨의 훌륭한 필적과 '안응칠 역사'와 미완성의 '동양평화론'은 안중근이 어렸을 적에 받은 한문교육이 이토 히로부미보다 훨씬 우수하다는 것을 나타내주고 있다.

더구나 안중근 자신은 "나의 어릴 때의 특성은 사냥을 좋아했다는 것이다. 늘 사냥꾼을 따라 산과 들을 유렵하며 자랐고, 조금 커서는 총을 둘러메고 산에 올라가 짐승들을 사냥하고, 학문을 하지 않았다. 그 때문에 부모와 교사는 심하게 꾸짖었으나 끝내 복종하지 않았다"고 쓰고 있다.

친구인 학생들은 "자네 아버지는 문장으로 세간에서 유명한데, 자네는 왜 무식하등한 사람들이 하는 짓을 하고 싶어하는가?" 하고 모두 말했으나, 안중근은 "그대들이 말하는 대로일세. 그러나 패왕 항우(項羽)는 글은 성명만 쓸 수 있으면 충분하다고 말했지만 만고의 영웅 초나라 패왕의 명예는 천 년을 넘어서도 전해지고 있네. 나는 학문으로 출세할 생각 없네. 그가 남자라면 나도 남자일세. 자네들은 나에게 학문을 권하지 말아주게" 하고 대답했다고 한다. 안중근은 안씨 일족이 학자인데도 청계동에 안주하고, 도읍에서의 영예를 단념하고 주연(酒宴)에 몰두하는 것에 불만을 품고, 사냥꾼과 산과 들을 뛰어다니며 동물의 생태를 관찰하는 것을 통하여 양반의 신분의식을 버리고 서민으로서의 패기를 몸에 익혀갔을 것이다.

일청전쟁이 종말에 가까워질 무렵, 청계동의 안가에 반년 정도 은거하고 있던 김구(金九)는 학자 고능선(高能善)과 안태훈을 접함으로써 학문을 알고, 상놈의 의식을 뛰어넘은 국민의 입장에 서는 것을 배우기 시작했다. 김구는 당시의 안중근의 모습을 이렇게 그리고 있다.

"안 진사의 장남인 중근은 13세로 상투를 틀고 있었으나 머리를 자색 천으로 단단히 묶고, 톰반총이라는 단총을 둘러메고 매일 사냥으로 날을 보내고 있었는데, 보기에도 용감하고 씩씩해 보였다. 청계동의 병사들 가운데서도 사격술이 발군이고, 짐승이든 새든 노린 짐승을 놓친 적이 없다고 소문이 나 있었다." 《백범일지》에서)

안중근은 김구보다 3세가 어린 17세였을텐데 김구는 7세나 어리게 보고 있다. 안중근은 이미 김아려와 결혼하여 있었고, 청계동을 습격해

온 동학당의 일파를 격파하는데 일익을 담당했지만, 김구는 그것에 대해서는 언급하지 않았다. 그러나 중근의 부친은 차남인 정근과 3남인 공근에 대해서는 "전혀 글을 읽을 줄 모른다"고 하며 불평을 늘어놓았다고 하는데 중근에 대해서는 간섭을 하지 않았다고 김구는 쓰고 있다. 부친인 태훈은 안중근이 수렵과 산야를 사랑하면서 학문에의 지혜가 열릴 것을 기대하고 있었던 것이리라.

조부의 죽음을 슬퍼하면서 병에 걸린 안중근은 간신히 원기를 되찾아 다시 산야를 걸어 다니기 시작했다. 15세를 맞이한 봄의 어느 날, 학생들과 산에 올라갔을 때 경치를 구경하고 절벽 위에서 꽃을 바라보고 있다가 발을 헛디뎌 수십 척 아래로 떨어졌으나 한 그루의 나뭇가지에 손이 걸려 있는 힘을 다해 몸을 지탱했다.

사방을 둘러보니까 몇 척만 떨어지면 수백 척 아래의 바위로 떨어져 '뼈가 으스러지고 몸이 가루가 될' 상황이었다. 친구들은 산 위에서 내려다보고 있었으나 얼굴은 흙색이 되어 있었다. 새끼줄을 늘여서 안중근을 끌어 올렸는데, 상처는 없고 다만 땀으로 등이 흠뻑 젖어 있을 뿐이었다. 친구들과 악수를 하고 '천명에 감사하고 산을 내려와 집에 돌아올 수가 있었다.' 안중근은 이 사건을 '위기의 상황에서 죽음을 면할 수 있었던 첫 번째 일이었다'고 쓰고 있다.

그 이듬 해 일청전쟁이 시작되었는데, 안중근은 결혼하고 청년시대를 맞이했다. 그리고 동학당의 난이 각지에서 일어나고 청계동의 안가에도 위험이 찾아왔다. 김구가 동학을 민족운동의 시작이라고 파악한 것에 대해서 안중근은 '현금의 일진회(一進會)의 본조(本組)'라고 하고, 일·

한 병합을 촉진하는 사대파(事大派)라고 쓰고 있다.

"동학당은 각처에서 봉기하고 외국인을 배척한다고 하는 명목으로 군현을 횡행하고, 관리를 살해하고 인민의 재산을 약탈했다. 이때 한국 위급의 기초가 만들어지고, 일본·청국·러시아의 개전 원인이 됐다. 관군은 진압할 수가 없었고, 그 때문에 청국이 군대를 움직여서 건너오고 일본도 또한 군대를 움직여서 도래했다.

일·청 양국은 서로가 충돌해서 대전쟁이 되려고 했다. 그때 나의 아버지는 동학당의 폭행에 분개해서 동지들을 단결시켜 격문을 돌리고, 사냥꾼을 소집하고, 처자들도 대오에 편입시켜 정병 70여 명을 모아 청계산의 산속에 진을 치고 동학당에 항거했다"라고 쓰고 있다. 청국에서 '태평천국의 난'을 청조가 관군으로 진압하지 못하고 영국군의 원조를 요청한 것이 식민지화를 촉진한 것처럼, '동학당의 난'도 대일본제국에 의해서 청국의 세력을 조선반도에서 배제한다는 구실로 이용되었던 것이다.

안씨 일가는 의병의 명분으로 자신들의 생명과 재산을 지키기 위해 자위수단을 취했던 것이다. 일·청, 일·러 양 전쟁의 원인의 '백분의 일의 균'이 되었다고 하는 '안응칠 역사'의 서술은 안중근의 '동양평화론'의 시야의 일단을 나타내주는 것이라고 할 수 있다. '안응칠 역사'에는 1894년 12월, 동학당의 수령 원용일(元容日)이 도당 2만여 명을 이끌고 청계동을 습격하려고 포진했을 때, 안중근은 겨우 7명으로 습격을 꾀하여 큰 비가 내리는 가운데 기습했는데 적의 반격에 의해서 궤멸당할 뻔했을 때, 우군이 배후에서 공격했고 그 위에 본진으로부터 원군이 도착하여 적을 괴멸시켜 패주시켰다. 전리품으로 병기탄약, 여러 마리의 말들, 식량 천여 포를 노획할 수가 있었다.

적병의 사상자는 수십 명이었으나 아군은 한 명 손해를 입었을 뿐이어서, '천은에 감사하고' 만세를 삼창했다고 한다. 그러나 김구가 쓴 바에 의하면, 김구가 소속된 '8봉도소'에는 총을 가진 병사 7백 명을 모으고 관군과 일본군과 싸울 태세에 들어가면서 청계동의 안가의 '의려소'와는 공수동맹을 9월에 맺었으나 12월에는 괴멸상태에 들어가 있었으며, 청계동을 습격한 '동학당'도 이미 '도적떼'로 전락해 있었다. 3개월 후에 안가에 몸을 의탁한 김구는 계속 의병봉기를 희망했으나, 안태훈은 '이길 승산이 없는데도 일을 일으키면 실패한다. 천주교의 교리라도 배우면서 시기를 봐서 봉기하자'는 태도였기 때문에 '척양척이(斥洋斥夷)'를 지향하는 고능선이나 김구와는 길을 갈라서게 되었다.

30년 전, 일본의 미도반이나 조슈반의 양이(攘夷) 봉기가 실패해서 제1차 바쿠초(幕長, 막부와 조슈) 전쟁 후에 조슈에서 기병대 혁명 '회천(回天)'이 성공한 것에 비해 한국 국민은 대일본제국의 침략정책에 의해서 보다 가혹한 짐을 짊어지게 되는데, 안태훈 부자는 아직 그 미래를 예상하지 못하고 있었다.

청계동에서의 승리 소식을 황해도의 관찰부에 보고하자, 일본군의 스즈키(鈴木安民) 대위의 이름으로 축하문서가 보내져 오고, 그 소문이 멀리 퍼져나가서 더 이상 청계동을 공격하려고 하는 자가 없어졌다. 그러나 안중근은 전투 뒤 무서운 병에 걸리고 3개월 가량 병상에서 신음했으나 죽음을 모면하고, 그 뒤 15년간 병에 걸린 적이 없었다고 쓰고 있다.

안 가(家)의 고난과 천주교

　안씨 일가가 청계동의 '의려소'에서 방위에 성공하고 있는 사이에, 대일본제국의 조선침략은 진행되고 있었다. 일본에 망명해 있던 김옥균(金玉均)은 청국과의 교섭에 의해서 동양평화를 실현해보려고 상해로 건너갔으나, 한국 황제의 자객 홍종우(洪鐘宇)에 의해서 3월28일에 암살되었다. 한국의 전라도에서 농민폭동이 일어나고 '동학당의 난'으로 5월에는 동학당군이 정부군을 압도했다.

　조선왕은 청국에 원군을 청하고, 일본은 갑신사변 후의 천진조약을 근거로 6월5일에는 대본영을 설치하고 출병을 개시했다. 청국과의 전쟁에 대비하고, 조선국왕에게 정치개혁을 강요하며, 김홍집(金弘集) 내각에 의한 갑오개혁을 추진케 하는 동시에, 동학당군을 진압하여 청국의 세력을 조선반도에서 일소하고 대만 및 요동반도의 점령을 기도했다.

　바다와 육지에서 전투에 패한 청국은 배상금을 지불하고 대만의 할양과 요동반도의 할양까지도 인정했으나, 러시아와 독일과 프랑스 3국의 간섭에 의해서 동양평화의 명목으로 요동반도의 할양에 반대했다.

일본은 양보했으나, 러시아와 독일 양 제국은 요동반도의 여순과 청도를 아시아 침략의 기지로서 손에 넣게 되고, 전후 외교의 실패로 대일본제국은 10년 후에 러시아와 20년 후에 독일과 복수전을 벌이게 되었다. 이토가 자랑하는 '축제'와 같은 상황이 아니었다. 아시아를 분할하는 불행한 첫걸음은 가쓰 가이슈의 예견에도 불구하고 추진되게 되었다.

이 국제상황의 물결은 한국정치의 방향을 뒤흔들고, 또 청계동의 안씨 일가의 생활까지도 뒤흔들어 놓게 되었다. 일청전쟁 중에 개화정책에 착수했던 김홍집 내각은 12월에 일본 망명에서 귀국한 박영효(朴泳孝)를 내무대신에 임명하고, 1월부터 '홍범(洪範)14조'의 개혁조항을 선포하고 개화정책을 추진했으나, 3국 간섭에 의해서 일본의 압력이 약해져서 박영효는 다시 추방되었다.

정변 후 두 사람의 손님이 청계동으로 찾아와서 안태훈에게 지난해의 전쟁에서 안가가 손에 넣은 1천 포 가량의 양곡은 본래 절반은 탁지부 대신 어윤중(魚允仲), 절반은 전혜당 민영준(閔泳駿)의 장원 수확물이니까 즉각 반환하라고 요구했다. 안태훈은 "어씨나 민씨의 쌀인지 아닌지 나는 모른다, 동학당으로부터 빼앗은 전리품이니까 당신들은 억지를 부리지 말라"고 거절했다.

손님은 아무런 대답도 하지 않고 돌아갔으나 얼마 뒤 경성의 지인인 김종한(金宗漢)으로부터 긴급서한이 와서 어윤중과 민영준이 황제에게 상서하여 안태훈은 국고의 돈을 중하게 여기지 않고 손에 넣은 1천여 포의 쌀을 무단으로 횡령하고, 그 쌀을 가지고 수천 명의 병사를 양성하고 음모를 꾸미고 있으니, 만일 군대를 보내 진압하지 않으면 국가의 대사가 될 것이라고 고하고 즉각 군대를 출발시키려고 하고 있다. 즉시 경성으로 올라와서 앞으로의 방침을 세우라고 권해왔다.

안태훈은 즉각 상경하여 사실을 법관에게 호소하여 세 차례나 재판이 열렸으나 끝내 판결이 내려지지 않았고, 김종한이 "안태훈은 도적은커녕 국가의 공신이며 훈공을 표창해야 하는데도 부당한 송사를 해서 음해하려고 하는가" 하고 어윤중의 호소를 반박했다. 권력을 등에 업은 어윤중은 끝내 양보하려고 하지 않고, 안가에 대한 압박이 계속되었다.

일본이 10월7일 밤에 단행한 민비(閔妃, 명성황후) 시해에 의해서 친일정권을 지속하려고 하는 쿠데타는 실패하고 반일의병운동이 각지에서 일어나서, 이듬해 2월11일 고종은 세자와 함께 러시아공사관에 비호를 요청했다. 친러시아파의 쿠데타에 의해서 김홍집 내각은 쓰러지고 김홍집은 역적으로 살해되고 어윤중은 도망쳤으나 난민에게 돌을 얻어맞고 죽었다.

일청전쟁에서는 '조선의 독립'을 명목으로 해서 조선반도를 이익선(利益線)으로 확보하려고 했던 이토 내각의 정책은 3국 간섭에 의해서 실패하고, '대일본제국'은 러시아제국과 타협하여 야마가타·로바노프 조약을 맺고, 조선은 일·러 양 제국의 균형 위에서 10월에 국명을 '대한제국(大韓帝國)'이라 고쳐 독립적인 이름을 세웠다.

친일정권에서 친러정권으로 흐름이 바뀌는 속에서 안가에 압력을 가하던 고관 하나는 파멸했으나, 민씨 일족의 복권을 등에 업은 민영준이 안가의 재산을 노려서 압박을 가해왔다. 안씨 일족은 대항할 수가 없어서 프랑스인 천주교 교회에 숨어서 몇 개월을 지내고, 프랑스인의 도움을 빌어서 민씨와의 사건을 무사히 해결할 수가 있었다.

이 천주교 교회에서 몇 개월을 지낸 안중근은 빌헬름 신부의 설교를 듣고 성서를 읽기 시작하고 진리라고 느껴서 입교하여 세례를 받고 예수의 복음을 전도하게 되었다. 입교하기 전의 안중근에 대해서 '안응칠 역사'는 이렇게 말하고 있다.

"17, 8세경, 나이에 비해서는 힘이 세고, 기골이 장대하고 남에게 지지 않았다. 평생의 특성으로 좋아하는 것이 네 가지가 있는데, 첫째는 친구와의 결합이고, 둘째는 술을 마시고 노래하고 춤추는 일이고, 셋째는 총으로 사냥을 하는 것 그리고 넷째는 준마를 타고 신나게 달리는 것이었다. 원근을 가리지 않고 의협기질이 있는 사나이가 있다는 얘기를 들으면 언제나 총을 가지고 말을 달려서 방문하고, 만일 동지라고 한다면 담론하고 비분강개하고 좋은 술을 통음하고 술에 취해서는 노래를 부르거나 춤을 추었다.

유곽에 가서는 기녀에게 절묘한 색과 모습을 하고 있으니 훌륭한 남자와 결혼을 하면 좋을 텐데, 돈 소리만 들으면 군침을 흘리며 본성을 잃고 부끄러운 줄도 모르고 매일 다른 사내들과 금수와 같은 짓을 계속하고 있느냐고 책망하였다. 기녀가 말을 듣지 않고 경멸하는 태도를 보이면, 그녀들을 욕하거나 때리거나 했다. 그 때문에 친구들은 나에게 '벼락'이라는 별명을 붙여주었다."

이 부잣집의 한량 소년은 일러전쟁 후의 고난 속에서 아버지의 노력에 의해 천주교의 신자들이 청계동의 주민들 사이에 퍼져나가는 가운데, 수렵 중에 엽총의 폭발사고를 두 번이나 체험했다. 그러면서 난을 피해 그리스도의 가르침을 전도할 것을 결심하게 되었고, 1897년 1월10일 안태훈 부자를 포함해서 36명이 세례를 받았다. 그리고 얼마 뒤에 30명 그리고 36명이 부활절에 세례를 받고, 주민 99명이 신자가 되었다.

아버지 안태훈은 베드로, 안중근은 도마(多默)의 세례명을 받았다. 옛날의 방탕소년은 그리스도교에 의해서 인류의 미래를 생각하는 크리스천 청년이 되었던 것이다. 안태훈은 그 전년 10월 하순, '교리문답집' 120권을 청계동으로 사가지고 돌아와 '안베드로의 요청'이라는 글을 덧붙여서 전주민에게 나누어 주었던 것이 아들과 함께 온 마을의 입교로 열매를 맺은 것이다.

안도마의 신앙 고백

안도마가 입교하고 나서 몇 년이 지나 홍 신부의 교회는 확장되었고, 홍 신부를 교사로 해서 프랑스어와 함께 그리스도교의 교리를 배우고 있었는데, 전도를 할 것을 권유받고 포교를 위해 연설을 했다. '안응칠 역사' 속에 그 주지(主旨, 주장하는 뜻)가 요약되어 있다.

"형제여, 나의 한 마디를 시험삼아 들어봐 주십시오. 한 사람의 인간이 혼자서 맛있는 것을 먹고 가족에게 주지 않고, 재능을 가지면서 타인에게 가르쳐주지 않는다면, 동포의 정리(情理)라고 할 수 있겠습니까? 나는 지금 특별한 음식과 특별한 재능을 가지고 있습니다. 이 음식은 한 번 먹기만 하면 장수를 하고 죽는 일이 없습니다. 이 재능은 일단 알고 나면 하늘 위를 날을 수가 있는 재능입니다. 이것을 가르쳐주고 싶으니까 동포 여러분, 귀를 기울여서 들어주십시오.

천지 가운데서, 만물 가운데서 인간만이 가장 귀한 이유는 영혼이 있기 때문입니다. 혼(魂)에는 세 종류가 있는데, 첫째는 생혼(生魂)으로, 풀이나 나무의 혼으로 잘 성장하는 혼입니다. 둘째는 각혼(覺魂)인데, 새나 짐승의 혼으로 잘 지각할 수가 있습니다. 셋째가 영혼(靈魂)인데, 인간의 혼으로 잘 성장하고, 잘 지각하고, 잘 선악을 분별하고, 도리(道理)를 추론할 수가 있고, 만물을 관할할 수가 있습니다. 인간이 가장 귀한 것은 혼의 영이 있기 때문입니다. 만일 영혼이 없다면, 육체는 새나 짐승보다 못합니다. 짐승은 의복이 없어도 따뜻하고 일을 하지 않아도 포식할 수가 있고, 잘 날고 잘 달리고 재능과 용맹이 인류를 능가하고 있습니다.

짐승이 인간에게 지배당하는 것은 혼에 영이 없기 때문입니다. 영혼이 귀중한 것은 이것에서도 알 수 있습니다. 천명(天命)의 성(性)을 지존이신 천주(天主)가 태속에 주어서 영원무궁합니다. 집에는 집의 주인이 있고, 나라에는 왕이 있으며, 천지의 위에 천주가 있는데, 천주는 시작도 끝도 없으며 성스러운 아버지, 성스러운 아들, 성스러운 신의 3위1체이지만, 그 의미는 심오해서 알 수 없습니다. 전능하고 전지, 전선, 지공, 지의, 천지만물, 일월성신을 조성하고, 선악을 상벌하고, 단 한분 둘도 없는 대주재자(大主宰者)이십니다. 만일 집의 주인이 가옥을 건축하고, 가구를 갖추고, 산업을 일으켜 그 아들에게 주었는데도 그 아들이 제멋대로여서 부모를 섬기는 도를 모른다면 불효막심하고 그 죄도 무겁습니다.

한 나라의 군주가 정치를 공평하게 하고, 갖가지 일을 하는 신민을 보호하고, 태평을 누리게 해주고 있는데도, 신민이 명령에 복종하지 않고 충군애국의 성질이 없다면, 그 죄는 무겁습니다. 커다란 아버지, 커다란 군주인 천주는 하늘을 만들어서 우리를 덮어주고, 땅을 만들어서 우리를 얹어주고, 일월성신의 빛을 만들어서 우리를 비추고, 만물을 만들어서 우리에게 사용케 하고, 그 은혜는 막대합니다. 만일 인류가 함부로 오만해지고 충효를 다하지 않고 근본에 보답하는 의를 잊는다면, 그 죄는 끝이 없습니다. 두려워하고 삼가해야 하지 않겠습니까? 공자는 죄를 하늘에 돌리면, 빌 곳이 없다고 말하고 있습니다.

천주는 공평해서 선이 없는 사람에게 보복하지 않고 죄가 없는 사람을 벌하지 않습니다. 공죄(功罪)의 심판은 신체가 죽는 날에 합니다. 선인의 영혼은 천당에 올라가서 영원무궁한 즐거움을 받고, 악인의 영혼은 지옥으로 들어가 영원무진한 고통을 받습니다. 한 나라의 군주가 상벌하는 권한을 갖고 있는데, 천지의 천주가 갖고 있지 못할 리가 없습니다. 만일 인간이 태어나서 현세에서 선악의 상벌을 받지 않는 것은 어째서입니까?

이 세상의 상벌은 한계가 있고 선악은 무한합니다. 만일 재판에서 무죄라면 그것으로 끝나고, 유죄라면 범인의 신체를 처단하면 됩니다. 만일 한 사람이 수천만 명을 죽인 죄가 있다면, 한 사람의 신체로 대신할 수 있겠습니까? 만일 한 사람이 수천만 명을 살린 공적이 있다면, 눈 깜빡할 사이의 세상의 영화로 보상할 수가 있겠습니까? 인간의 마음은 어떤 때는 선을 행하고, 나중에 악을 행할 때가 있습니다.

혹은 오늘은 악을 행하고, 내일은 선을 행하고, 만일 그 선악에 따라서 상벌을 내리려고 한다면, 이 세상의 인류는 생명을 유지할 수가 없을 것입니다. 또 현세의 벌은 다만 범인의 신체를 다스릴 수는 있어도 그 마음은 다스릴 수가 없습니다. 천주의 상벌은 전능, 전지, 전선, 지공, 지의이기 때문에 관대하게 인간의 목숨이 끝나기를 기다리고, 현세가 끝나는 날에 선악의 경중을 심판하여 불사불멸의 영혼에 영원무궁한 상벌을 받게 하는 것입니다. 상은 천당의 지복이며, 벌은 지옥의 영원한 고통입니다. 승강(昇降)이 결정되면 옮겨 다니거나 하지 못합니다.

아아, 인간의 목숨은 백 년을 넘기는 일이 드물고, 현우(賢愚) 귀천(貴賤)을 논하는 일이 없고, 벌거벗은 몸으로 이 세상에 태어나 벌거벗은 몸으로 후세로 돌아갑니다. 이것은 공수(空手)로 와서 공수로 떠나가는 것으로, 현세의 일은 이처럼 공허한 환영과 같습니다. 이제 이러한 일을 알면서, 왜 이욕(利慾)의 장(場)속에 머물면서 악을 행하고 후회하지 않는 것일까요? 만일 천주의 상벌이 없다면, 그리고 영혼도 또한 신체의 죽음에 따라서 멸한다고 한다면 한 순간의 세상, 한 순간의 영예를 도모해도 좋을 것입니다. 그러나 영혼이 불사불멸이라는 것은 불을 보듯이 뻔한 일입니다.

옛날에 요(堯)는 저 흰구름을 타고 제향에 가면 얼마나 좋을까 하고 말하고, 우(禹)는 삶은 들리는 것, 죽음은 돌아가는 것이라고 말하고 있으며, 또 혼은 올라가고 몸은 내려간다고 말하고 있는데, 이것은 영혼불멸의 증명입니다. 천주의 천당과 지옥을 보지 않고 믿지 않으면, 아버지가 죽고 나서 태어난 자식이 그 아버지를 본 적이 없기 때문에 그 아버지가 없었다고 믿고, 눈이 먼 사람이 하늘을 보지 못한다고 해서 하늘에 태양이 있는 것을 믿지 않는 것과 꼭 같습니다. 화려한 가옥을 보고, 건축할 때 보지 못했다고 해서 목수나 장인이 있다는 것을 믿지 않는다면, 웃지 않을 수가 없습니다.

지금 저 천지, 일월, 별들은 광대하며, 뛰어다니는 동물, 기기묘묘한 만물은 만든 자 없이 자연히 생겨난 것입니까? 만일 자연히 생성했다고 한다면, 해나 달이나 별이 그 회전을 한 치도 틀리지 않고 춘하추동의 순서가 틀리지 않는 것은 어째서입니까? 한 칸의 집, 한 개의 가구, 만일 만드는 사람이 없다면 조성될 리가 없습니다. 바다에도 육지에도 많은 기계가 있습니다만, 만일 주관하는 사람이 없다면 자연히 운전될 리가 없습니다. 무엇을 믿고, 무엇을 믿어서는 안 되는가는, 보이느냐 보이지 않느냐에 달려있는 것이 아니라, 이치에 맞느냐 맞지 않느냐에 달려 있습니다. 여기에 몇 가지 증거를 들어서 지존하신 천주의 은위를 확신하고, 의심 없이 온몸을 바치고, 그 만분의 일이라도 보답하는 것은 우리들 인류의 당연한 본분입니다.

지금부터 1800여 년 전, 지극히 인자하신 천주는 이 세상을 불쌍히 여겨서 만민의 죄악을 구제하기 위해서 천주의 제2위인 성자를 처녀 마리아의 태 안에 내리시고, 유대나라의 베들레헴에서 탄생케 하셨습니다. 이름하여 예수 그리스도라 하고, 33년간 사방을 돌아다니면서 사람들의 죄를 바로잡고, 많은 기적을 행하여 장님의 눈을 뜨게 하고, 벙어리를 말할 수 있게 하고, 귀머거리를 들을 수 있게 하고, 걷지 못하는 사람을 걷게 하고, 문둥병을 고치고, 죽은 자를 부활시키고, 보고 가까이서 예수의 말씀을 들은 자들은 모두 복종했습니다. 신자들 가운데서 12명의 사도를 고르고, 또 12명 가운데서 특히 베드로를 뽑아서 교주로 삼고, 그 위계에 대신하는 정규(定規)를 만들고 교회를 설립했습니다.

현재 이탈리아 로마교회 교황의 지위는 베드로로부터 전래한 지위입니다. 지금 세계 각국의 천주교인은 모두 존경하고 숭배하고 있습니다. 그 무렵, 예루살렘 고유의 오랜 종교(유대교)의 사람들은 예수의 포교 확대를 증오하여, 구세주의 권능을 의심하고 죄를 씌워서 체포하고, 무수한 악형을 가해 천고만난을 겪게 한 뒤에 십자가에 못박아 공중에 세우자, 예수는 하늘을 향해서 기도하고, 만민의 죄악을 용서해줄 것을 큰 소리로 외치고 끝내 기절했는데, 그때 천지는 진동하고 태양은 캄캄해지고 사람들은 모두 두려워 떨면서 상제(上帝, 하느님)의 아들이여! 하고 외쳤습니다.

그 유해를 내려서 땅 속에 매장했으나, 3일 후에 예수는 부활하여 무덤에서 나와 사도들 앞에 나타나서 40일 동안 사죄(赦罪)의 권능을 전해주고 하늘로 올라갔습니다. 사도들은 하늘을 향해 배사하고, 돌아가서 세계에 널리 천주교를 알리고 전했습니다. 지금까지 2천 년간, 가르침을 믿는 사람은 수억수만을 넘고, 또 천주교의 진리를 증거하고 주를 위해서 생애를 바치는 사람도 수백만 명이나 있습니다.

근래 세계에서 문명 박학한 신사로서 천주, 예수 그리스도를 신봉하지 않는 사람이 없습니다. 그러나 현세에는 위선의 종교가 수없이 많고, 예수는 사도들에게 예언하여 말했습니다. 후세에 반드시 위선자가 나와서 내 이름으로 대중을 감동시키는 자가 있을 것이다. 주의해서 악에 빠져서는 안 된다. 천국의 문에 들어가려면 오로지 천주교회의 한 문뿐이다. 대한의 동포형제자매들은 크게 반성하고 용감하게 나아가 죄과를 뉘우치고, 천주의 의사(義士)가 되어서 현세를 도덕의 시대로서 함께 태평을 향수하지 않으시겠습니까? 사후에는 하늘로 올라가 상을 받고 무궁한 영복과 함께 즐기십시다. 내가 천만 번이라도 엎드려 비는 것은 이것뿐입니다."

이것은 20세기 초기의 전도(伝道)의 말로 쓰여졌으나, 사형을 각오한 죄수 안도마의 신앙고백으로 읽을 수가 있다. 아버지 베드로와 함께 황해도의 포교에 전심해서 신자들이 수만 명을 넘었다.

안중근은 홍 신부와 의논해서 한국 천주교회에서 대

▶ 찰스 뮈텔 주교.
1890년부터 1932년까지 조선교구장으로 재임, 한국천주교회를 이끌었다.

학을 설립하는 것을 계획하고 경성으로 가서, 민덕효(閔德孝, Mutel) 주교에게 계획서를 제출했다. 주교는 반대하면서, 한국인에게 학문이 있으면 천주교를 믿는데 좋지 않으니까 그와 같은 계획은 두 번 다시 내지 말라는 말을 했고, 재삼 권고했으나 받아들여지지 않아서 포기하고 귀향했다.

그 이후 프랑스어 학습을 단념하고, 친구에게 "영어를 배우는 자는 영국의 노예가 되고, 프랑스어를 배우는 자는 프랑스의 노예가 된다. 한국의 국위가 세계에 떨치게 되면 세계에서 한국어가 통용하게 된다"고 이야기했다. 만일 한국천주교회가 안씨 일가에 의한 대학설립을 인정했더라면 안중근은 대학교육에 생애를 바칠 수 있었겠지만, 민 주교가 그 길을 막아버렸던 것이다.

상해 곽 신부의 조언

1900년 청국에서 배타적인 의화단(義和團)의 운동이 일어났는데, 그 진압에 열강이 가담하여 북청사변(北淸事變)이 되었다. 대한제국에서도 관리들은 그리스도교의 탄압을 구실로 개화파를 압박했다. 안베드로도 관헌의 체포를 피해서 몸을 숨기고, 시세를 통분하며 매일 술을 마셨다. 심장을 앓아서 중태가 되어서 몇 개월 있다가 자택으로 돌아왔으나, 치료는 지지부진했다. 안중근은 병든 아버지를 끌어안은 채 생활과 신앙을 지키지 않으면 안 되었던 것이다.

프랑스인 홍 신부는 안중근이 신자들과 의논해서 홍 신부의 압제적인 방식을 비판하고, 민 주교에게 호소하고, 다시 로마 교황에게까지 보고하려 하고 있는 것을 알고, 화가 나서 안중근을 몇 번씩이나 구타했다. 안중근은 화가 머리끝까지 났으나 꾹 참고 지내고, 후에 신부는 중근에게 사과를 하고 회개하고 있으니까 용서해달라고 말했다. 안중근도 자신의 잘못을 뉘우치고, 두 사람은 사제(師弟)의 정을 되찾았다고 한다. 안중근은 관헌의 탄압과 민중의 그리스도교에 대한 편견에 저항하면서, 복권(福券)의 총괄역으로서 만인계(채표회사)의 사장을 역임하는 등 재산의 활용에도 마음 쓰지 않으면 안 되었다.

대일본제국은 조선반도를 영원히 차지하려 러시아제국과의 결전을 각오하고, 1902년 1월에 일·영동맹을 체결하고 2년 후에는 일러전쟁에 돌입했다. 이 개전을 알고 홍 신부는 "한국이 위태롭다"고 안중근에게 얘기하고, "러시아가 이기면 러시아가 한국을 지배하고, 일본이 이기면 일본이 한국을 '관할'하려 들 것이다"라고 말했다. 25세가 된 안중근은 신문 잡지를 읽고, 각국의 역사를 연구해서 과거, 현재, 미래를 추측할 수 있게 되었다고 한다. 일러전쟁에 일본이 승리하고 1905년 11월 17일에 이토 히로부미는 일·한보호조약을 체결하여 한국의 외교권을 박탈하고 통감부를 설치하여 한국통감이 되어 '대한제국'을 지배했다.

안중근은 심장을 앓는 부친의 병이 중태라서 한국인이 다수 이주한 청국의 산동성이나 상해로 망명할 것을 결심하고 시찰에 나서고, 부친이나 친척은 진남포로 이사해서 그 결과를 기다리기로 했다.

안중근은 산동에서 상해로 가서 민영익(閔泳翼)을 찾아 면담을 청했으나 끝내 만날 수가 없었다. 또 상인인 서상근(徐相根)을 만나 한국이 망국의 위기에 처해있다는 것을 설명했으나, '쇠귀에 경 읽기'여서 어쩔 수 없이 며칠간 여관에서 깊은 생각에 잠겨 있었다.

어느 날 천주교의 교회에 들어가 기도를 올리고 문을 나오려니까, 옛 친구인 프랑스인 곽원량(郭元良, Le Gac) 신부를 만나 같은 여관에 묵었다. 안씨 일족은 일시적으로 외국에 망명해서 재외동포와 연락을 취하고,

외국에 한국의 딱한 입장을 설명하고, 시기를 보아서 운동을 일으켜 독립의 목적을 달성할 생각이라고 말했다.

곽 신부는 국외망명은 잘못된 생각이라고 하면서 프랑스의 알자스 로렌지방의 체험을 들어 설명하고, 세계 여러 나라에서는 이미 한국의 참상을 알고 있지만 자국의 일에 매달려서 다른 나라를 지켜줄 여유가 없다고 설득했다.

"오늘날에는 자네의 설명은 효력이 없다네. 옛날 말에 하늘은 스스로 돕는 자를 돕는다고 하였네. 자네는 즉시 고국으로 돌아가서 우선 자네가 해야 할 일을 충실히 수행하는 것이 좋네. 첫째로 교육을 발달시킬 것, 둘째로 사회를 확장할 것, 셋째로 민중의 마음을 단결시킬 것, 넷째로 실력을 양성할 것. 이 네 가지가 확립된다면, 2천만 명의 마음의 힘은 반석처럼 굳어서 4만 문의 대포의 공격으로도 파괴할 수가 없을 걸세. 필부의 마음도 빼앗으면 안 된다고 하네. 하물며 2천만 명의 마음의 힘이 있으면, 국토를 빼앗겨도 형태뿐이고 강요된 보호조약은 종이 위의 공허한 문자가 되고, 공허하게 원상으로 돌아갈 것일세. 그 날에 사업은 훌륭하게 달성되고, 반드시 목적을 이룰 수가 있을 것일세. 이것은 만국에 통용되는 진리라네. 이것을 잘 고려해서 자네 생각대로 하게."

곽 신부의 말을 모두 듣고 나서 안중근은 "말씀대로 하겠습니다" 하고 대답하고, 즉시 출발 준비를 갖추고 상해에서 배로 진남포에 돌아왔다.

교육자 안중근에서 의병중장으로

'안응칠 역사'는 진남포 도착부터 행을 바꿔서 쓰여지고 있다.

진남포에 도착해 보니까 일족이 청계동에서 진남포로 왔다가, 부친
태훈이 사망하여 매장을 하기 위해 청계동으로 돌아가 있다는 것을 알
려왔다. 안중근은 부친의 죽음을 알고 '통곡하다가 몇 번이나 기절'했으
나 이튿날 청계동으로 돌아가 장례를 치루고 일족과 함께 겨울을 보내
고 나서, 춘3월 일족과 함께 청계동을 떠나 진남포로 이주했다. 서양풍
의 집을 건축하여 주거를 정하고, 재산을 처분해서 두 곳에 학교를 설립
하여 교무를 담당하고, 청년의 교육에 전념했다.

그 이듬해 봄, 김 진사라고 자칭하는 남자가 찾아와서 백두산의 북쪽
시베리아에서 블라디보스토크에 걸쳐 백만 명을 넘는 한국인이 거류하
고 있으며, 물산은 풍부하니까 무장하는 데 좋다고 안중근에게 시베리
아행을 권했다. 안중근이 교육을 지키겠다고 대답하니 김 진사는 떠나
갔다. 학교경영의 재정을 위해 평양 부근에서 석탄을 채굴하려고 했으

나, 일본인의 방해를 받아 실패하고 수천 원을 날렸다.

이토 통감이 취임에 임해서, 일본흥업은행으로부터 기업채 1천만 원을 한국정부에 대여하였으나, 민중 가운데 일본의 채권을 반대하는 국채상환운동이 일어나 안중근도 열심히 참가했다. 어떤 집회에서 일본인 경관의 횡포에 격분하여 경관에게 반론하다가 얻어맞았는데 한동안 주먹이 오가다가 주위의 만류로 가까스로 수습이 되었다고 한다. 일찍이 한국의 고관과 재판에서 다툰 안중근은 민중의 입장에서 일본인 관헌과 정면으로 대결을 하게 되었다.

1907년 6월5일, 네덜란드의 헤이그에서 제2회 국제평화회의가 열리고, 40개국의 대표가 참가했다. 한국 고종황제는 밀사를 보내 일본의 식민지지배의 진상을 호소하려고 했으나, 이것을 알게 된 이토 총감은 황제가 일·한보호조약을 위반했다고 양위를 강요하고 7월20일에 황태자에의 양위의 소칙을 내게 하였을 뿐 아니라, 제1차 일·한보호조약의 5개조를 7개조로 강화시키고 군사권도 '병제개혁을 위해서'라고 칭하며 빼앗고, 8월1일에 군대 해산을 강행했다.

폐제와 군대의 해체에 대해서 군대와 민중이 힘을 합해 의병 항거가 각지에서 일어났다. 천주교 신자 안도마는 교육자 안중근에서 의병 안응칠이 되었던 것이다.

이토 한국통감은 일본으로 돌아가 9월21일에 공작으로 승작하고, 당시 만주철도 총재인 고토 신페이로부터 회담을 제의받았는데, 9월27일부터 2일간 미야지마의 이와지마 신사 참배의 명목으로, 이토와 고토의 회담이 열렸다. 고토는 대만총독을 역임한 고다마 겐타로를 보좌하여

헤이그에 밀사를 보냈던 고종이 강제퇴위되자 그 뒤를 이은 순종(오른쪽)

대만 식민지의 발전을 실현하고, 일러전쟁 후 만주철도의 총재에 취임했으나 고다마의 급사로 선각자를 잃고, 이토의 각성에 기대를 했던 것이다.

고토는 이 회담을 기록하여 '이와지마 야화(夜話)'라고 일컬었는데, 이토에게 한국통감을 그만둘 것을 권하고, 유럽과 미국의 대서양세계와 미국과 아시아의 태평양세계를 시야에 둘 것을 권고했다. 그러나 고토와 이토의 회담은 단 한 번의 야화로 끝나고, 1년 반 후에 이토는 가츠라 내각의 일한병합에 찬성하여 통감을 사임하고, 고토가 마련한 코코프체프와의 회담에 참석하려고 하다가 안중근한테 사살되었다.

그 현장에서 상처를 입은 만주철도 이사 다나카 세이지로는 고다마와 고토를 잘 아는 사이로 대련에서 하얼빈까지 이토와 동행하고, 사건 후 이토의 유해와 함께 대련으로 돌아가면서 '안중근이 제일 훌륭하다'고 계속 생각했다. 만주 철도와 아시아의 장래에 생애를 건 다나카는 안중근의 '동양평화론'을 이해하고, 이토 암살의 뜻을 인정하고 있었을 것이다.

군대해산 후, 일본의 한국병합을 확신한 안중근은 시베리아로 가서 각지를 돌아다니며 동지를 구하고, 블라디보스토크에서 엄인섭(嚴仁燮)과 김기룡(金機龍)을 동지로 삼아 한국내의 의병과 호응하여 의병을 일으킬 것을 연설하며 다녔다. 한국내의 의병운동은 동년 12월, 이인영(李麟榮)을 13도 의병 총대장으로 하여 양주에 집합해서 경성으로 향했으나, 일본군에게 격파 당했다. 시베리아에서도 김두성(金斗星), 이범윤(李範允) 등이 의병을 일으켰고, 안중근도 사령관 의병중장으로서 참가했다.

3백여 명의 의병으로 출격하는 것보다는 의병의 근거지를 만들 것을 제안했으나 기각되고, 1908년 6월 국경을 넘어서 진격하게 되었다. 두만강을 건너서 함경북도로 들어가 두 차례 일본군과 교전하여 일본인 4명을 포로로 잡았다. 안중근은 포로들이 일본과 이토의 잔인한 행위를 인정했기 때문에 석방하고 무기도 지참케 했다.

의병 가운데 그러한 처치를 비난하는 자가 나타나서 안중근은 의병 조직을 만들 수가 없었고, 의병은 뿔뿔히 흩어지고, 안중근도 고난 끝에 가까스로 블라디보스토크로 돌아올 수가 있었다. 블라디보스토크의 한국동포는 안중근의 귀환을 축하해서 환영회를 열었다고 한다.

안중근은 다시 체력을 회복하고 나서 의병활동을 시작하고, 1908년 정월 노보키에프스크 방면에서 12명의 동지를 얻어 단지동맹으로 독립운동을 맹세하고 각자 왼쪽 약손가락을 절단해서 태극기에 피로 '大韓獨立'이라고 쓰고 '대한독립 만세'를 삼창했다.

그러나 독립운동의 기반도 미처 마련하지 못하고 있었을 때, 포프라니치나야의 정대호를 찾아가 안중근은 2년 동안 소식이 없었던 가족의 소식을 알 수가 있었고, 동지들도 한국의 동정을 알 수가 있었으나, 운동비를 조달할 수가 없어서 독립운동은 정체되어 있었다.

9월이 되어 노보키에프스크에 있을 때 안중근은 우울한 기분에 잠겨서 블라디보스토크에 가지 않으면 안되겠다고 생각하고 그것을 알렸고, 언제 돌아오느냐고 물었을 때 이제 다시는 돌아오지 않겠다고 대답했다. 포셋트 항에서 운좋게 블라디보스토크행 배가 있어서 그날 안에 도착할 수가 있었다.

여기서 이토 히로부미가 블라디보스토크에 온다는 소문을 듣고, 여러 가지 신문을 보고, 하얼빈에 오는 것이 틀림없다는 것을 알아냈다. "오랫동안 염원했던 목적을 이룰 때가 왔다. 늙은 역적을 내 손으로 쉽게 해줘야지" 하고 결심하고 이토 히로부미 암살을 결의했다.

평화의 사도, 안중근

안중근이 4개월여 만에 완성한 '안응칠 역사'는 이토 히로부미 암살의 동기와 이유를 암살자 자신이 자기 생애의 역사 속에서 명백히 밝힌 것이다. 만일 이것이 일본국민 및 한국국민에게 읽혀졌더라면 일·한 병합은 저지되었을지도 모른다. 그러나 이것이 소수의 사람들에게 알려지기는 했어도 발간에 이른 것은 안중근의 사후 70년과 탄생 백년에 해당하는 1979년 이후의 일이다.

'이코노믹 파워(Economic power)'라는 영어가 '경제대국'으로 번역되고, 정치력이 결여된 '이상한 나라'라는 신랄한 비판의 의미를 까맣게 잊어버린 일본. 이토 히로부미가 '메이지의 원훈'이며 천황의 신임이 두터웠던 대정치가라는 허상이 지금까지도 통용되고, 메이지 이래의 일본 근대사의 실상은 국민의 마음속에 그려져 있지 않다.

안중근은 '안응칠 역사'를 3월15일에 완성하였는데, 한국과 일본과 청국이 협력하여 유럽의 열강을 배제하고 동아시아에 평화를 가져다주는

'동양평화론'을 완성할 것을 염원하고, 구리하라 전옥에게 15일간의 사형연기를 희망했으나 외무성의 지시를 받은 한국통감부는 3월26일에 처형할 것을 결정했다. '동양평화론'의 서문만 완성되고, 4장의 구상 가운데 제1장만이 도중까지 쓰여지고 다른 3장은 미완인 채로 끝났다.

안중근은 히라이시 고등법원장의 말을 믿고 '안응칠 역사'와 함께 '동양평화론'을 구상하고, 한 장의 글에 '弱肉強食風塵時代(약육강식풍진시대)'라고 쓴 것과 같은 제국주의 쟁란시대에 '동양의 평화'를 확립하는 길을 열고, 이 길을 방해하는 역적 이토 히로부미를 암살하여 대의를 분명히 밝히려고 했다.

여순형무소의 구리하라 전옥은 안중근의 염원을 달성할 수 없었던 원통함을 생각하고 일본귀국 후 집안에 '安重根 大明神(안중근 대명신)'의 제단을 만들어 그 영혼을 제사지냈다. 변호사 미즈노 요시타로(水野吉太郎)는 안중근으로부터 형의 집행에 입회해 줄 것을 요청받았으나, 그럴 마음이 들지 않아서 안중근이 쓴 '志士仁人 殺身成仁(지사인인 살신성인)'의 글을 평생 소중하게 간직하고 그의 죽음을 애석해했다.

3월26일은 이토 히로부미가 살해된 지 꼭 5개월이 된다. 그 상월명일(祥月命日)에 사형을 집행하게 된 것은 일본 측으로서는 이토를 공양하는 의미가 내포되어 있었으리라. 사형집행의 시간은 오전 10시로 이토의 절명의 시간에 해당된다. 그 아침에 형장을 향해 출발하기 직전 안 의사는 여순감옥에서 간수의 역직에 있었던 육군 상등병 지바 도시치를 위해 붓을 들어 비단에 '爲國獻身 軍人本分(위국헌신 군인본분)'이라 크게 썼다. 훌륭한 글씨였다.

지바 도시치는 하얼빈에서 있었던 사건 이후, 안 의사를 호송하는 일원이 되고 난 뒤부터는 여순감옥 간수로서 안 의사를 주야로 접촉할 수가 있었다. 지바 도시치는 1918년 1월15일 미야기현(宮城縣) 구리하라군(栗原郡)의 산골에서 농업을 하는 지바 신기치(千葉新吉)의 3남으로 태어났고, 음력으로 메이지 17년에 해당되어 이름을 도시치(十七)라 하였다. 도시치는 농촌의 전형적인 3남이었으며 하사관을 지원함으로써 헌병이 되는 길을 택했다. 그 소년시절은 정확히 청일전쟁, 러일전쟁의 군국시대에 해당되고 있었기에, 군인으로 가는 길이 순박한 청년들에게는 청운을 펼치는 꿈의 대상으로 매혹되던 시대이기도 했다.

헌병 상등병 지바 도시치는 당초 안 의사는 일본의 원훈(元勳) 이토 히로부미를 살해한 흉악범으로 인식하였음이 틀림없으리라. 신문할 때 응답하는 태도나, 전부터 감옥의 관계자들에게 대하는 안 의사 태도를 언제나 익히 보아왔고, 또한 옥중에서의 생활태도를 보게 됨으로써 증오심은 점차적으로 사라져갔던 것이다.

지바의 조카뻘 되는 가노 타쿠미(鹿野琢見)가 도시치로부터 듣고 기억하는 바에 의하면, 지바가 안 의사와 이야기할 수 있는 기회를 갖게 된 것은 세 번으로, 첫 번째는 사건 후 2개월이 지났을 때쯤 지바가 안 의사에게 담배를 권하면서 부모들의 안부를 물으니 의사는 부모에 대한 이야기를 하면서 자기의 경력과 가족의 소식까지도 이야기한 다음, 지바의 양친에 대해서도 문안하자 지바는 "양친은 모두 잘 계시다"고 말했더니 안 의사는, "무척 부러운 일"이라고 말하면서 "아버지 어머니를 잘 뫼십시오"라고 이야기했다 한다. 간수인 지바가 죄수인 안 의사에게 친밀

감과 존경하는 마음이 생기게 된 것은 이때부터였다.

한 해가 밝아서 지바가 당직근무를 하고 있을 때, 그는 안 의사에게 이토 히로부미를 살해한 동기를 물었다. 안 의사는 미조부치 검찰관에게 진술했던 취지와 거의 같은 이야기를 하면서 그가 염원하고 있는 것은 러일전쟁의 선전서에 기록되어 있는 '동양의 평화를 유지하고, 한국 독립을 굳건히 하는' 이것 밖에는 아무것도 없다하고, 러일전쟁 뒤의 일본의 정책이 한국을 침략하여 동양평화를 파괴하는 것 외에는 없었고, 이토의 살해는 그 정책을 전환케 하기 위한 것이었다고 설명했다.

최후로 지바 도시치가 안 의사와 이야기한 것은 사형집행이 절박해 온 일요일의 당직근무 때였다. 이날의 이야기 내용에 대하여 가노는 다음과 같이 쓰고 있다.

생각 끝에 지바는 이러한 말을 했다.

"안씨, 일본이 당신 나라의 독립을 위협하게 된 것은 정말 미안한 일이오. 일본인의 한 사람으로서 깊이 사과드리고 싶은 심정이오" 하고 이야기했더니, 안 의사는 손을 잡으면서 "지바씨 그 말에 가슴이 찡하오. 일본사람, 특히 군인의 신분인 당신으로부터 그와 같은 말을 듣게 된 것은 뜻밖이오. 역사의 흐름은 개인의 힘으로는 어찌할 수 없는 것이오. 전에 말한 바와 같이 한·일간이 이렇게 불행한 사이가 된 것도 이토 한 사람만의 책임은 아닐지도 모르겠소. 그리고 나의 이번과 같은 행동에 의해서 역사의 흐름이 바뀌지는 않을 것이오. 그러나 내가 저지른 이 같은 불상사가 장차, 머지않아서, 아니, 먼 훗날에 있을지도 모르는 일이나, 우리 한국동포의 애국심과 독립심을 자각케 하는 계기가 되어주기를 기대하고 있소. 특히 나는 나의 뒤를 이을 조국 젊은이들의 애국심을 굳게 믿고 있소."

지바는 안 의사의 손을 양손으로 잡고 흔들면서 "안씨, 나는 일본의 군인, 특히 헌병이기 때문에 당신과 같은 훌륭한 분을 중대범인으로, 간수하게 된 것이 매우 괴롭소" 하자, 안 의사는 "아니오, 당신은 군인으로서 당연한 임무를 수행하고 있는 것이오. 이토 때문에 굴욕적으로 한국 군대가 강제로 해산된 뒤에, 나는 동지들과 대한민국 의병대를 결성하고 그 참모중장이 되었고, 이 의병에 속하고 있는 동지들은 각기 생업에 종사하면서 독립과 평화를 위해 동맹하는 것이며, 농부는 농사에 선전유세를 담당하는 사람은 선전유세로, 이와 같이 각기의 임무를 별도로 하고 있소. 이토를 죽이게 된 것도, 나의 임무를 수행하기 위해서였소. 군인은 나라를 지키고, 일단 유사시에는 나라를 위해 목숨을 바치는 것이 그 본분이기 때문에 서로의 입장에서 어쩔 수 없는 일이고, 자기의 임무에 최후까지 충실하는 것만이 중요한 것이오."

지바의 손을 힘주어 잡고 있던 안 의사의 손은 따뜻하기만 했다.

마지막으로 지바는 전부터 염원하고 있었던 것을 용기를 내어 말을 했다.

"안씨, 비단을 준비하였으니, 나에게 무언가 한 폭의 글을 써주지 않겠소? 앞으로 소중히 간직하고 싶소⋯."

실은 조금 전에 젊은 야스오카(安岡) 검찰관이 양말 두 켤레를 사들고 와서 안 의사에게 차입해준 데 대하여 며칠 뒤에 사례로서 비단 폭에다가 "國家安危 勞心焦思(국가안위 노심초사)"라고 글을 써준 것을 보고, 자기도 꼭 써달라고 부탁하려고 마음먹고 있던 참이었다. 안 의사는 이 부탁에 대하여 "오늘은 쓰고 싶은 생각이 없으니, 용서해 달라"고 정중하게 거절을 하였다.

안 의사는 글씨를 쓸 때는 정신을 집중하여 정신이 안정된 뒤에 흥에 도취될 때 비로소 붓을 잡는 습관이 있었다. 지바가 부탁할 때는 '동양평화론'의 완성을 위한 15일간의 유예기간이 허락되지 않아서 단념할 도리밖에 없어 심정이 착잡한 때의 일이었으리라. 그러나 지바는 거절당해 서운한 생각에 사로잡혀 있었을 것이다.

사형집행이 되던 그 날, 안 의사는 친족들이 이 날을 위해서 준비해두어 차입시킨 하얀 한복을 입고 출발을 기다리고 있던 바로 직전에 지바는 안 의사로부터 "전일에 당신이 부탁한 글 한 폭을 씁시다"라는 말을 듣고, 비단 한 폭, 붓, 벼루, 먹을 준비했다. 안 의사는 붓을 잡고 '爲國獻身 軍人本分(국가를 위해 몸을 바치는 것은 군인의 본분이다)'라고 단숨에 쓰고, '庚戌三月 於旅順獄中(경술3월 어여순옥중) 大韓國人 安重根 謹拜(대한국인 안중근 근배)'라 쓴 다음, 무명지를 절단한 왼손 손바닥의 수인을 찍었다. 이것은 안 의사 자신이 의병중장으로서 목숨을 나라에 바치는 것이 군인의 본분임을 나타내는 동시에, 지바 도시치의 장래를 위한 글월이었음은 짐작하고도 남음이 있다.

그리고 안 의사는 지바에게 "친절하게 대해 주시어 정말 감사합니다. 동양의 평화가 찾아와서 한일간의 우호가 되살아나면, 다시 태어나서 만나 뵙도록 하겠습니다"라고 말함으로써 지바는 감격하여 자기도 모르게 "감사합니다"라고 큰 소리로 외쳐 대답했다. 잠시 후에 감옥의 문을 나서 형장으로 출발한 것이 오전 9시의 일이었다. 1시간 후에 안 의사는 태연히 죽음을 맞이했다.

지바 도시치는 한국에서 재임 중이었던 1913년(오쇼 2년) 2월 20일 고향근처의 마을인 오오카무라(大岡村)의 니카이도 요시사부로(二階堂吉三郎)의 셋째 딸과 결혼했다. 3·1만세 사건에 의한 한국독립운동이 전개됐던 다음해 조장(曹長)의 계급에 있었으나, 36세에 퇴역하여 고향으로 돌아가서 처갓집 가까이서 그 여생을 보냈다. 일본이 소위 '15년 전쟁'의 늪 속을 헤매던 1934년(쇼와 9년) 12월 17일 향년 50세로 병사했다.

그는 귀향한 뒤에도 안중근 의사의 유덕을 그리며 안 의사의 사진과 함께 '爲國獻身 軍人本分(위국헌신 군인본분)'의 족자를 소중히 하며, 그의 조카 되는 가노 타쿠미에게 늘 안 의사의 인품을 전해주고 있었다. 아내도 남편의 유지를 받들어 불단에 안 의사의 영정을 남편의 위패와 나란히 모시고 조석으로 불공을 지속하다가 1965년(쇼와 40년) 10월 22일 향년 73세로 세상을 떠났다.

안 의사의 유품을 보고 숙부인 지바 도시치의 영향을 받게 된 가노 타쿠미는 육군이 될 것을 지망하여 1940년(쇼와 15년) 4월 센다이(仙台) 야포병 제2연대에 입대했다가 3년 뒤에 육군사관학교 예과시험에 합격해 직업군인의 길을 선택했다. 종전(終戰)에 의해서 1945년(쇼와 20년) 8월에 퇴역하고, 다음해 4월에 도후쿠(東北)대학에 입학해서 '군인의 본분'을 변호사사업으로 바꾸어 법의 정의를 위해서 일평생을 바치려는 노력을 계속했다.

안중근이 사형판결을 받은 후 의뢰받은 휘호가 2백 매라고도, 3백 매

안중근의 사형집행 전말을 보도한 19010년 3월 27일자 〈만주일일신문(滿洲日日新聞)〉 기사

라고도 전해지고 있다. 그는 의뢰받은 사람의 인품과 입장에 따라서, 자신의 마음과 공명하는 사구(辭句)를 골라서 훌륭한 글을 남겼다. 여순형무소에서 안중근에 접한 일본인들 모두가 그 인물을 평가하고, 그 사상에 공명한 것은 놀랄만한 일이다. 그러나 사건을 보도하는 일본의 모든 신문들은 이토 '원훈'을 암살한 '한국인 흉한'으로 보도를 계속하여 평론가도 학자도 그 진상에는 다가갈 수가 없었다.

안중근은 천주의 천당을 믿고, 한국의 독립과 동양평화의 달성을 염원하면서 이 세상을 떠났다. 1965년에 일본과 한국은 국교를 회복하고, 한국의 경제와 문화가 '세계' 속에서 발전하고, 한반도의 평화통일도 이뤄져야 할 시기, 항일 애국지사 안중근은 아시아와 세계의 '평화의 사도'로서 새롭게 이해되기 시작하고 있다.

사실 정의를 밝혀야 할 재판이 러시아제국과 독일제국을 본받은 후발 제국주의 일본의 제단에 바쳐지고 만 것이다. 메이지유신 이후 40년은 순조로운 시대이며, 이후 40년은 실패의 시대라고 하는 역사관이 널리 퍼져있다. 하지만 안중근과 이토 히로부미의 참다운 실상이 이해되지 않는 한, 막부 말기의 '대정일신(大政一新)'을 짓밟은 대일본제국의 망령은 앞으로도 21세기 일본의 장래를 계속 좀먹어 갈 것이다.

후기

　내가 안중근의 연구에 착수한 것은 이치가와 마사아키(市川正明) 저(著), 《안중근과 日韓(일한)관계사》를 단서로, '가깝고도 먼 나라'라고 불리우는 일본과 한국과의 국제관계를 알기 위해서였지, 안중근의 인물에 깊은 관심이 있었던 것은 아니다. 그러나 이 책에 수록되어 있는 이토 히로부미 암살사건 재판의 심문조서와 공판기록, 그리고 무엇보다도 사진판으로 수록되어 있는 안중근의 자서전, '안응칠 역사'의 내용에 충격을 받고 말았다. 검찰관의 심문에 대해서 '이토 히로부미 죄상15개조'를 들어, 이토를 암살한 것은 메이지천황의 일청·일러 양 전쟁의 개전 조칙에 있는 '동양의 평화'와 '한국의 독립'을 지키는 정책으로의 전환이 목적이라고 하는 진술과 '안응칠 역사'에 그려진 안중근의 인물과 사상은 바로 '살해당한 자(이토)에게 죄가 있다'는 것을 분명히 하고 있었다.

　한국사를 연구하고 일본의 근대사를 한국인 안중근의 눈으로 보게 되자, 비로소 아편전쟁 이후의 일본의 역사와 대일본제국(1890~1945년)

의 괴물같은 모습이 보이기 시작했던 것이다.

나는 오래전《정치가, 나카노 세이코》를 출판하고, 보편적 세계사 속에서 망부의 생애사를 썼다고 자부하고 있었다. 그러나 도쿠가와(德川)의 막반(幕藩) 체제를 해체로 이끈 '대정일신(大政一新)'과 '메이지유신' 이후의 정부와의 연속을 믿고 있었으나, 안중근의 이토 비판에 의해서 가쓰가이슈의 '서남전쟁과 일청전쟁은 해서는 안 되었다'고 하는 '벌말(閥末) 비판'이 동아시아 공통의 민족주의와 이어지는 것을 깨달을 수가 있었다. 고분샤판, '아버지, 나카노 세이코'는 나의 안중근 연구에 의해서 '정치가 나카노 세이코'의 결함을 시정(是正)하는 것이었다.

나의 '안중근, 일한관계의 원상(原像, 1984년)'은 국회도서관 소장의 시치조 기요미 문서 45, '안중근 전기 및 논설'로서 정리된 '안응칠 역사'와 미완성의 '동양평화론'을 주축으로 해서 쓰여지고, 암살당한 이토 히로부미의 생애에 대해서 언급하는 것은 아니었다. 다만 안중근의 동양평화론의 중요성에 착안한 연구는 그다지 많지 않기 때문에, 이 연구가 테러리스트(흉한), 항일의 애국자로서의 의사(義士)에서 동아시아의 '평화의 사도' 안중근에로의 이해에 도움이 되는 바가 있다.

아시아에서 경제발전을 계속하고, 남북의 통일을 지향하고 있는 대한민국이 '대한국인 안중근(大韓國人 安重根)'의 '동양평화론'에 더욱 높은 이해를 지향하고 있다고 본다. 그 때문에 매년 '태평양 전쟁'의 망령에 들씌워져 망언과 실언을 되풀이하는 대신들이 속출하는 일본의 정치문화의 풍토에서 이 책이 조금이라도 망언을 줄이는 것에 도움이 되기를 바라마지 않는다.

庚戌三月

於旅順獄中

大韓國人

安重根書

안중근 의사 주요 유묵
안중근 의사 주요 기념유적지

안중근 의사 주요 유묵
(보물지정 26選)

◆ ◆ ◆

안 의사 유묵은 모두 낙관대신 먹물로 찍은 왼쪽 수인(손바닥 지문)이 있다.

자세히 살펴보면 약손가락과 새끼손가락이 비슷한 길이임을 알 수 있는데, 이는

1909년 1월 동지 11명과 함께 단지혈맹(斷指血盟)을 맺은 흔적이다.

유묵은 50여 점이 전해지고 있으며, 2020년 현재

총 26건이 보물로 지정되어 있다.

01

一日不讀書口中生荊棘
일일부독서구중생형극

——

하루라도 글을 읽지 않으면
입안에 가시가 돋는다

——

안 의사의 독창성이 돋보이는 명구로 실천운동에
참여하면서도 학문을 게을리 해서는 안된다는 경
구라 할 수 있다. 이 글귀의 내용은 선현들의 글에
서도 찾아볼 수 있다. 즉 "一日讀書千載寶(하루의
독서는 천년의 보배요), 百年貪物一朝塵(백년간 물
질만 탐하는 것은 하루아침의 티끌과 같다)"와 비
슷하다. 어려서 한학을 배운 안 의사는 선현들로
부터 듣고 배운 문장들을 촌철살인(寸鐵殺人)의 경
구로 구성해낸 것이다.

• 가로 34.9cm 세로 147.7cm 크기 (보물 제569의 2호)

02

百忍堂中有泰和 백인당중유태화

백번 참는 집안에 태평과 화목이 있다

인내를 강조한 말. 선현들의 구전 글귀로 "一勤天下無難事(한결같이 부지런히 일하는 세상에는 어려움이 없다)"와 짝을 이루는 말이다.

- 가로 33.2cm 세로 137.4cm 크기 (보물 제569의 1호)

03

年年歲歲花相似 연년세세화상사
歲歲年年人不同 세세년년인부동

해마다 같은 꽃이 피건만 해마다 사람은 같지 않다

사람들은 변하고 있는데 세태는 아직도 암울한 현실을 걱정하는 구절이다.

- 가로 109.3cm 세로 41cm 크기 (보물 제569의 3호)

04

恥惡衣惡食者不足與議
치악의악식자부족여의

———

굳은 옷, 굳은 밥을 부끄러워 하는 자는
더불어 의논할 수 없다

———

가난하고 천한 것을 결코 부끄러워하지 않는 안
의사의 인생관이 반영된 말이다. 역시 '논어(論語)'
이인(里仁)편에 "선비로서 도에 뜻을 두고(士志於
道) 나쁜 옷, 굳은 음식을 부끄럽게 여기면(而恥惡
衣惡食者) 같이 얘기할 수 없다(未足與議也)"는 구
절을 인용한 내용이다.

• 가로 31cm 세로 130.5cm 크기 (보물 제569의 4호)

05

東洋大勢思杳玄 有志男兒豈安眠
동양대세사묘현 유지남아기안면

和局未成猶慷慨 政略不改眞可憐
화국미성유강개 정략불개진가련

___

동양대세 생각하매 아득하고 어둡거니
뜻 있는 사나이 편한 잠을 어이 자리
평화시국 못 이룸이 이리도 슬픈지고
정략(침략전쟁)을 고치지 않으니 참 가엾도다

___

안 의사의 동양평화에 관한 지론이 담긴 글이다. 미완성의 유작 '동양평화론'에 나타나 있듯
이 안 의사의 동양평화사상은 한·청·일 동양3국이 각기 독립을 유지하면서 단결하는 '아시
아연대주의'로 집약된다.

- 가로 30.2cm 세로 138.8cm 크기 (보물 제569의 5호)

06

見利思義 見危授命 견리사의 견위수명

___

이익을 보거든 정의를 생각하고 위태로움을 보거든 목숨을 바쳐라

___

국가 존망의 기로에서 노심초사하던 안 의사가 여순옥중에서 쓴 이 글귀는 '논어' 제14편
헌문(憲問)편에 나온다. '정당하게 얻은 부귀가 아니면 취하지 않는다' '의를 보고 행하지 않
는 것은 용감함이 아니다'는 뜻을 담고 있다.

- 가로 30.6cm 세로 140.8cm 크기의 한지에 쓴 유묵 (보물 제569의 6호)

07

庸工難用 連抱奇材
용공난용 연포기재

———

서투른 목수는
아름드리 큰 재목을 쓰기 어렵다

———

큰 인물이 아니면 뛰어난 인재를 기용하지 못한다
는 말의 다른 표현이다. 자사(子思)가 위왕에게 "열
아름의 가래나무는(杞梓連抱而) 썩은 부분이 있더
라도(有數尺之朽) 훌륭한 목수라면 버리지 않는다
(良工不棄)"고 한 내용과 일치한다. '통감'에 나온
다. 이 유묵은 불의를 보면 참지 못하고 구국운동
에 앞장선 안 의사의 지도자관이 잘 나타난 구절
이라 할 수 있다.

• 가로 33.4cm 세로 137.4cm 크기로 국립중앙박물관에
　원본이 소장돼 있다. (보물 제569의 7호)

08

五老峯爲筆 靑天一丈紙 오로봉위필 청천일장지
三湘作硯池 寫我腹中詩 삼상작연지 사아복중시

———

오로봉(五老峯)으로 붓을 삼고
삼상(三湘)의 물로 먹을 갈아
푸른 하늘 한 장 종이 삼아
뱃속에 담긴 시를 쓰련다

———

장부의 기개가 흘러넘치는 구절이다. 중국 시인 이백의 오언절구로 전해져온다. '산을 뽑아
서 하늘을 종이로 삼아 가슴에 담긴 말을 쓰고 싶다'는 표현은 문체상의 기교보다 안 의사
의 호연지기를 읽을 수 있는 대목이다.

- 가로 31.8cm 세로 138.4cm 크기 (보물 제569의 9호)

09

歲寒然後 知松栢之不彫 세한연후 지송백지부조

———

눈보라 친 연후에야 잣나무가 이울지 않음을 안다

———

달리 말하면 날씨가 추워진 후에야 소나무와 잣나무의 절개를 알 수 있다는 뜻이다. 평상시
에 애국자니 충신이니 하고 떠들어대도 나라가 위험할 때 스스로 희생의 길을 택하는 사람
은 드물다. 안 의사가 옥중에서 자신의 심경을 토로한 말로, '논어' 자한(子罕)편에 나온다.

- 가로 30.6cm 세로 133.6cm 크기 (보물 제569의 10호)

10

人無遠慮 難成大業
인무원려 난성대업

사람이 멀리 생각지 못하면
큰일을 이루기 어렵다

'논어' 영공(靈公)편에 "사람은 멀리 생각지 않으면
(人無遠慮) 반드시 가까운 근심이 있느니라(必有近
憂)"고 한 공자의 글귀를 변용하고 있다. 주자(朱
子)는 이를 "생각이 천리 밖에 있지 않으면(慮不在
千里之外) 걱정이 책상 아래에 있게 된다(則患在几
席之下矣)"고 해석하고 있다.

- 가로 33.5cm 세로 135.8cm 크기 (보물 제569의 8호)

11

思君千里 望眼欲穿 사군천리 망안욕천
以表寸誠 幸勿負情 이표촌성 행물부정

———

님생각 천릿길에 바라보는 눈이 뚫어질듯 하오이다
작은 정성을 바치오니 행여 이 정을 버리지 마소서

———

의리와 절개만 지닌 것처럼 보이는 안 의사에게서 따뜻한 애정을 살필 수 있는 드문 유묵
중 하나다. 여순감옥을 찾아온 어느 가까운 사람에게 써준 것으로 보이는 이 유묵은 안 의
사의 독창성이 담겨있다.

• 가로 31.5cm 세로 96.3cm 크기 (보물 제569의 11호)

12

博學於文 約之以禮 박학어문 약지이례

———

글공부를 널리 하고 예법으로 몸단속하라

———

안 의사의 수신(修身)철학이 담긴 글이다. '논어' 안연(顔淵)편에 "널리 글공부를 하며(博學於
文) 예법으로 몸단속을 하면(約之以禮) 빗나가는 일이 좀처럼 없을 것 아니냐(亦可以弗畔)"로
돼있다.

• 가로 33.3cm 세로 137.9cm 크기 (보물 제569의 13호)

13

丈夫雖死心如鐵
장부수사심여철

義士臨危氣似雲
의사임위기사운

———

장부가 비록 죽을지라도
마음은 쇠와 같고
의사는 위태로움에 이를지라도
기운이 구름 같도다

———

죽음을 두려워하지 않는 결연한 자세와 굳
센 기개가 드러난 글이다. 오른쪽 윗부분에
증 맹경시(贈 猛警視)라고 쓰여 있는 점으로
보아 여순감옥을 찾아온 일본인 경찰관에
게 써준 것으로 보인다. 사형이 확정된 후
에도 안 의사는 일본인들에게 조금도 비굴
하지 않은 자세로 일관했다. 오히려 당당하
게 대한남아의 기개를 펼쳐보였다. 안 의사
의 이런 의연한 모습에 감복한 때문인지 현
전하는 유묵의 대부분은 당시 안 의사를 지
켜봤거나 주위를 감시하던 일본인들이 보
관해오고 있다. 현재 국내에 들어온 유묵
중 상당수가 일본인들이 기증한 것들이란
점만 봐도 알 수 있다.

• 가로 31.7cm 세로 135.4cm 크기

  (보물 제569의 12호)

14

第一江山 제일강산

———

경치가 매우 좋은 곳

———

삼천리 금수강산 한반도에 대한 사랑을 나타낸 글이다.

- 가로 96.6cm 세로 38.6cm 크기 (보물 제569의 14호)

15

青草塘 청초당

———

푸른 풀이 자라는 연못

———

- 가로 66.7cm 34.4cm 크기 (보물 제569의 15호)

16

仁智堂 인지당

———

어질고 지혜로워야 한다는 의미를 담은 당호(堂號)

———

- 가로 67cm 세로 37.6cm 크기 (보물 제569의 17호)

17

孤莫孤於自恃 고막고어자시

―――

스스로 잘난 체 하는 것보다 더 외로운 것은 없다

―――

평소 남에게 자신의 용렬함을 드러내지 않고 뛰어남을 과시하지 않은 안 의사의 겸손이 잘
나타난 구절이다. 1909년 10월26일 하얼빈 거사 이후 이듬해 3월26일 순국하기까지 안 의
사가 보여준 의연함도 바로 이 좌우명에서 비롯됐다.

· 가로 74.9cm 세로 39.7cm 크기 (보물 제569의 16호)

18

忍耐 인내

참고 견딘다는 사실 자체가 안 의사 평생의 좌우명이었다. 특히 조선침략의 원흉 이토 히로
부미(伊藤博文)를 처단하고 순국하기까지의 그의 일생을 관통한 계율이었다 해도 과언이 아
니다.

· 가로 72.1cm 세로 26.8cm 크기 (보물 제569의18호)

19

極樂 극락

안 의사의 신앙과 종교관이 나타난 글귀이다.

- 가로 67cm 세로 33.3cm 크기 (보물 569의 19호)

20

雲齊 운재

———

하늘 위에 있는 나의 집

———

- 가로 67.8cm 세로 32.8cm 크기 (보물 제569의 20호)

21

欲保東洋 先改政略 時遇失機 追悔何及
욕보동양 선개정략 시과실기 추회하급

———

동양을 보존하려면 먼저 정략을 바꾸어야 한다.
때가 지나고 기회를 놓치면 후회한들 무슨 소용이 있으랴

———

1910년 안중근 의사가 만주 여순감옥에서 동양평화를 주장하며 쓴 유묵.

- 가로 23cm 세로 100.3cm 크기 (보물 569의 21호)

22

國家安危 勞心焦思
국가안위 노심초사

———

국가의 안위를 걱정하고 애태운다

———

여순법원의 당시 검찰관 야스오카 세이시
로(安岡靜四郎)가 친절하게 대해준 보답으
로 친필한 이 묵서는 이후 야스오카의 장녀
우에노 도시코(上野俊子)씨가 가보로 소장
해오다 한국에 기증했다.

명주천에 쓴 이 유묵의 위쪽에는 '贈安岡檢
察官' 아래쪽에는 '庚戌 三月 於旅順獄中 大
韓國人 安重根謹拜'라고 씌어있다.

• 가로 42cm 세로 152cm 크기

　(보물 569의 22호)

23

爲國獻身 軍人本分
위국헌신 군인본분

——

나라 위해 몸 바침은 군인의 본분이다

——

이 글은 안 의사가 여순감옥에서 공판정을 오갈
때마다 경호를 맡으면서 안 의사의 사상과 인격에
감복, 자신을 스승으로 받들었던 간수 일본군헌병
지바 도시치(千葉十七)에게 써준 유묵으로 후손들
이 한국에 기증했다. 명주천에 쓴 유묵.

• 가로 25.9cm 세로 126.1cm 크기 (보물 569의 23호)

24

志士仁人 殺身成仁
지사인인 살신성인

―――

지사와 어진 사람은
몸을 죽여 인(仁)을 이룩한다

―――

'논어' 영공(靈公)편에서 인용된 이 글귀는 "지사
와 인자(志士仁人)는 살기 위해 인을 해치는 일이
없고(無求生以害仁) 몸을 죽여 인을 이룩한다(有殺
身成仁)"는 의미다. 여기서의 인(仁)은 넓은 의미로
의(義)와 상통한다. 맹자도 "목숨을 버리더라도 의
를 취하라"(捨生取義) 했고, 고자(告子)는 "삶도 또
한 내가 바라는 것이며 의도 역시 내가 바라는 바
이지만 두 가지를 겸할 수 없다면 삶을 버리고 의
를 취해야 한다"고 했다. 안 의사에게 인(仁)은 곧
의(義)와 같은 의미였다고 할 수 있다. 1910년 당
시 안중근 의사 공판 장면을 삽화로 그려 〈만주일
일신문(滿洲日日新聞)〉에 보도한 고마쓰 모토코(小
松元吾)의 종손이 간직하다 기증했다.

• 가로 37.8cm 세로 149.3cm 크기 (보물 569의 24호)

25

臨敵先進 爲將義務
임적선진 위장의무

———

적을 만났을 때 선봉에 서는 것이
장수된 자의 의무이다.

———

해군사관학교 박물관에서 소장하고 있다. 안중근
의사 서거 106주년(서거일 1910년 3월26일)과 개
교 70주년을 맞아 해사박물관에 소장된 안중근 유
묵을 활용해 해군사관학교 교정 내에 안중근 의사
유묵비를 가로 2m, 세로 9m, 60t의 화강석으로
건립, 제막했다.

• 가로 35cm 세로 138.5cm 크기 (보물 569의 26호)

26

言忠信 行篤敬 蠻邦可行 언충신 행독경 만방가행

——

말이 성실하고 신의가 있으며 행실이 돈독하고 경건하면
오랑캐 나라에서도 제대로 행할 수 있다

왼쪽에 작은 글자로 '경술삼월(庚戌三月)에 여순옥중에서(於旅順獄中) 대한국인(大韓國人) 안
중근 쓰다(安重根書)'라 쓰여 있으며, 그 밑에 안중근 의사의 왼쪽 손바닥 도장이 찍혀 있다.
종이의 규격은 가로 34.1㎝ 세로 137㎝로, 4매의 종이가 연접되었다. 왼쪽 손도장은 손금
이 선명하게 찍혀있다. (보물 569의 25호)

기타 안 의사 유묵 중에는 소재를 알 수 없는 것들도 상당수 있다. 일본 등에서
제보로 들어오기도 하지만 크기와 사진만 보내올 뿐 실물은 접할 수 없는 것들
도 많다고 한다. 안 의사 유묵은 모두 2~3백여 점으로 추정되고 있어, 이런 유
묵들이 앞으로도 계속 발굴될 것으로 기대된다.

안중근 의사 주요 기념유적지

· · ·

01
안중근의사기념관

1963년에 (사)안중근의사숭모회가 설립되면서, 1970년 남산 현 위치에 안중근 의사기념관이 최초 건립됐다. 조선시대 국사당이 지어졌다가 일제강점기 조선신 궁이 있었던 자리이다. 2005년 안의사건립위가 새로 발족하며 국고와 국민성 금을 바탕으로 기념관 신축공사에 착공, 2010년 10월 현재의 모습으로 재탄 생했다.

지상2층 지하2층의 기념관은, 제1~3전시실, 기획전시실, 체험전시실 등으로 구 성되어 각종 안 의사 관련 유물 유적 등을 전시하고, 역사적 의미, 사건현장 등 을 시대별 사건별로 재구성해 안중근 의사의 일생이 오롯이 담겨 있다.

안 의사 초상화 등 관련 사진, 당시의 공판 소식이 담긴 신문기사, 안 의사가 생 전에 남긴 붓글씨, 지인들과 주고받은 서한, 사후에 받은 건국훈장 등 관련 유물

안 의사 유묵 전시실

과 자료 등이 총망라되어 있다. 유품 가운데 안 의사가 직접 쓰거나 그린 유묵들은 국가지정 문화재인 보물(제 569호)로 지정돼 있다. 기념관 안팎에서는 늠름하게 앉아 있거나 서 있는 안 의사 상들과 안 의사 유지를 새긴 명문석들도 볼 수 있다.

지하1층 참배홀을 거치면서 안 의사 출생과 성장과정, 1층에 오르며 안 의사의 해외망명 등 당시 항일운동의 각종 전개양상을 살펴볼 수 있다. 아울러 의병투쟁과 동의단지회의 역사적 자료 등이 전시되어 있으며, 2층에는 안 의사 하얼빈 의거 법정투쟁 옥중 유묵 순국관련 전시실이 마련되어 있다. 한마디로 안 의사의 출생부터 순국까지 전생애를 아울러 볼 수 있다.

안중근의사기념관은 성인 대상 안중근 아카데미, 초등학생 대상 안중근 체험교실 평화학교, 중학생 대상 안응칠 역사이야기 등 다양한 프로그램을 기획해서 전시뿐만 아니라 교육활동도 병행하고 있다.

02
하얼빈 안중근의사기념관

하얼빈 안중근의사기념관은 1909년 10월26일 안중근 의사가 이토 히로부미를 저격한 중국 헤이룽장성 하얼빈역에 위치한다. 당시 중국은 외교적 민감성 때문에 극비리에 설립을 추진해 2014년 1월19일 전격 개관했다. 역 개축공사로 이전과 재개관을 거치면서, 2019년 3월30일부터 재개관한 새 하얼빈기념관은 기존보다 두배정도 규모도 커졌고, 역사내 이토 히로부미 저격지점의 바닥 표지석도 삼각형과 원형으로 각각 복원해 유리창으로 내다볼 수 있게 다시 만들어졌다.

하얼빈 안의사기념관은 역사중앙 출입구 바로 왼편으로 기념관 외양을 옛 하얼빈역사를 본떠 공들여 만들고, 입구 위에 설치된 시계를 거사시간이었던 오전 9

하얼빈역사에 마련된 안중근의사기념관

하얼빈 안중근의사기념관 내부모습

시30분에 고정하는 등 중국측도 세심한 배려를 했다. 약 3백여㎡ 면적의 기념관 내부에 들어서면 흉상을 비롯해 안 의사 생애를 담은 각종 사진과 사료들이 전시되어 있다. 중국 내에서도 존경받는 저명한 항일의사인 안중근이 하얼빈에 11일간 머물며 진행한 역사적 의거의 기획, 준비과정 등이 꼼꼼히 기록되어 있다.

하얼빈은 이토 히로부미를 저격했던 하얼빈역과 안중근의사기념관을 비롯해, 거사의 밑그림을 그리며 거닐었다고 알려진 조린공원, 거사 전까지 머물렀던 한인회 회장 김성백 거주지 터 등 안 의사 자취가 많은 곳이다. 또한 그리스 정교회 성당인 성 소피아 성당, 러시아풍의 이국적 거리 중앙대가, 중국 3대 음악가로 꼽히는 정율성 기념관, 일본군의 생화학 실험기지였던 731부대 등 다양한 기념유적지도 함께 찾아볼 수 있다. 중국측이 안 의사의 항일정신을 높이 평가해 조성했다는 하얼빈 안중근기념관, 이제는 중국 당국의 적극적인 안 의사 유해발굴 기대감으로 이어가야 할 것이다.

03
여순일아감옥구지(旅順日俄監獄舊址)

중국 대련에 위치한 여순일아감옥구지(旅順日俄監獄舊址)은 일제강점기 형무소였으며 수많은 항일 열사들이 수용돼 잔인한 고문으로 생을 마감한 곳이기도 하다. 1905년 러일전쟁이 끝난 후 일본은 여순과 대련 구역을 점령했고 두 번의 공사를 거쳐 여순감옥을 지었다.

감옥은 부지 2만7,500㎡에 감방 253곳과 지하감방 4곳, 15곳의 부설공장을 가진 규모로 2천명을 수감할 수 있으며 높이는 4m이며 길이 725m의 붉은 벽돌로 지은 담이 주변을 둘러싸고 있다. 이 모양은 서울 서대문형무소와 매우 흡사했다. 담장 안으로는 검색실, 고문실, 교수형실 등 15개의 혐오시설과 벽돌공장, 과수원, 채소밭 등 수감원들의 강제 노동현장이 보존돼 있다.

안 의사 영정이 모셔진 교형실

일제의 고문실에서 쓰였을 각종 도구들

여순감옥은 안중근 의사와 신채호 선생 등 독립운동가들의 흉상과 기록들이 남겨져 있다. 여순감옥은 일본 통치시기 1,000여 명이 갇혀 있었으며 많을 때는 2,000명을 초과했다. 평균 15㎡되는 감옥에 7~8명 내지 10명이 갇혀있었다. 감옥 동남쪽에 사형실이 있는데 독립된 2층 건물이며 밖으로는 보통 건물과 차별이 없다. 1942년부터 1945년 8월에까지 700여 명 항일투사를 처형했던 곳이다. 여순감옥 특별전시관은 안중근 의사의 사진과 함께 유언, 자서전, 법정투쟁을 소개하고 있다. 조선 독립과 '동양평화론'에 대한 설명도 있다. 1963년 당시 저우언라이(周恩來) 총리의 담화가 있다. '일본제국주의에 대한 반대 투쟁은 안중근 의사가 이토 히로부미를 처단할 때부터 시작됐다'는 내용이다. 안중근의 수감 감방과 순국지, 유해매장지 등은 일본의 철저한 은폐로 아직도 정확한 위치를 찾기 어려운 상태다.

04
여순일본관동법원구지(旅順日本關東法院舊址)

대련시 여순구구에 위치한 여순관동지방법원 최초 건물은 러시아에 의해 세워졌다. 러시아는 1902년 군사들의 휴식을 위해 이곳에 병영(兵營)을 설치했다. 러일전쟁에서 승리한 일제는 여순을 점령한 후 1906년 9월 이곳에 관동도독부 고등법원과 지방법원을 세웠다. 이곳서 안중근 의사를 비롯한 독립운동가들의 재판이 이어졌다.

원래 전체 면적 5,300㎡ 규모였던 법원은 현재 1,300㎡만 남은 상태다. 법원 건물은 1945년 해방 후 잠시 다롄시에서 이용하다가 1953년부터 병원으로 운영됐다. 1999년 뤼순커우 인민병원이 건물을 헐고 신축건물을 지을 계획을 세우는 바람에 철거 위기에 몰렸었다. 다행히 한국 '여순순국선열기념재단(여순재단)'은 대련시 정부에 건물의 중요성을 강조해 난관을 뚫고 문화재 지정을 받는데 성공했다. 또 병원측과 협상을 거쳐 건물을 매입, 원형복원 후 전시관으로 만들었다.

원형복원된 여순일본관동법원구지 건물

안 의사 공판이 있었던 대법정

2003년 8월 '여순일본관동법원구지진열관'이 조성되어 2006년 5월 일반인에게
공개된 진열관의 전시는 크게 다섯 개의 주제로 구성되었다. 첫째 관동법원의
연혁과 함께 대련과 여순에 건립되었던 일제의 군사·정치·사법 기구들에 대한
연혁들이 소개되어 있다. 둘째 당시 현장에 대한 복원으로 대법정실과 2급 법정
실, 원장실·검사관실·법인 출정 통로가 당시 모습 그대로 복원되어 있다. 셋째
당시 법정에서 사용했던 물건 및 수형자 압류 차량 등의 자료를 모아 전시하고
있다. 넷째 법정에서 일제의 침략에 맞섰던 안중근 등 항일지사들의 모습을 사
진과 설명 등을 통해 보여주고 있다. 다섯째 일제가 항일지사들을 탄압할 때 사
용했던 도구 등을 전시해 놓고 있다.

안중근 의사는 이곳 재판에서 사형선고를 받았다. 초고속으로 진행된 재판에서
안중근은 분명한 어조로 동양의 평화사상과 일본 제국주의의 죄상을 세계에 폭
로해 대한국인의 기개를 떨쳤다.

05
기타 안 의사 유적지

서울 효창공원에는 안 의사의 허묘가 있어, 지난 1946년부터 유해발굴과 봉환을 애타게 기다리고 있다. 그곳은 이봉창 윤봉길 백정기 의사의 묘가 나란히 있어 삼의사 묘라고 부른다. 그러나 실제는 묘가 세 개가 아니라 네 개인 가슴 아픈 이유다. 안 의사의 마지막 유언은 자신의 시신을 고국에 묻어달라는 것이었지만, 사형된 날 일본 간수는 그의 시신을 여순감옥 터 뒤에 황급히 매장했단다. 독립운동의 성지가 될 것을 두려워한 일제가 유해를 넘겨주지 않고 묻은 곳도 남기지 않았다는 것. 여러 차례 유해 발굴 시도가 있었지만, 아직도 풀지 못한 민족적 과제로 남아있다.

안 의사 허묘가 있는 서울 효창공원

지난 1952년부터는 "이토록 의로운 분이 잊혀져서는 안 된다. 국내에서 제사모시는 곳이 없다하니, 안타깝다. 우리가 모시도록 하자"며 장흥 유림과 군민, 죽산 안씨 문중이 십시일반 성금을 모아 안씨 문중의 사당 '만수사'에 또 다른 사당을 마련했다. 직접적인 연관은 없지만, 안 의사의 항일정신, 애국심, 평화주의를 잊지 않기 위해 만든 한 칸 사당 '해동사'는 1955년 10월27일 영정 봉안식을 시작으로 장흥 군민들이 해마다 잊지 않고 안 의사의 제를 모신다. 또 사당 체험교육장과 애국 탐방로 등 역사체험 공간도 조성해나가고 있다.

이밖에 광복 70주년(2015)을 맞아, 국회 헌정기념관 바로 옆과 육군사관학교 교정에 뜻있는 인사들의 기념운동과 기금모금으로 각각 안중근 의사 동상이 세워졌다. 아울러 하얼빈에서의 의거를 기념하기 위해 2006년 하얼빈시 중앙대가에 세워졌다가 실내보존 중이던 안 의사 동상이, 2009년 10월 하얼빈시의 자매도시인 부천에 기증된 바 있다. 부천시는 안중근 의사 의거 100주년을 기념하며, 그 거룩한 뜻을 기리기 위해서 당시 '중동공원'을 '안중근공원'으로 명칭 변경하고 이곳에 동상과 각종 기념물을 조성해 도심속 역사공원이 되고 있다.

韓·日 知性이 서로 만나게 되는
STORY 안중근

인쇄일	2020년 10월 16일
발행일	2020년 10월 20일

편저	여순순국선열기념재단

발행인	이경현
발행처	(주)천원사
신고번호	제302-1961-000002호
주소	서울시 용산구 청파로 63길 3(청파동1가)
대표전화	02-701-0110
팩스	02-701-1991

정가   16,000원

ISBN 978-89-7132-791-3 03300